モダン・エコノミックス 15

国際金融

浜田宏一

岩波書店

はしがき

　フロート下にある日本経済は，たえず大幅な為替レート変動の波にさらされている．1995年内でも円レートは25％以上も変化している．これが輸出，輸入価格等を通じて国内経済に大きな影響を及ぼすことはいうまでもない．

　このように国民経済にとって切実な問題であるにもかかわらず，国際金融の現象は一般の人々からみるとかなり迂遠な，神秘的なものにみえるらしい．為替レートが，投機筋を含めたさまざまな経済主体の行動と通貨当局の政策スタンスのいわば集計値として決まってくることも，国際金融現象の明確な認識を難しくしているのかもしれない．そこで，国際金融現象に対する一般均衡的な理解の不足が，「円高の犯人探し」といった，経済論理からみれば不可解な試みを生むことにもなるのである．

　本書は，一見複雑にみえる国際金融現象の底に流れる経済メカニズムの論理を，わかりやすく説明することを目標にしている．国際金融を教室で学ぶ学生の方はもとより，日常業務で国際金融現象に直接，間接に影響をうける銀行員，ビジネスマン，政策担当者の方々にも読んでいただければ幸いである．

　本書は，当初『金融』(現代経済学シリーズ，岩波書店，1972年)の共著者である館龍一郎教授と共著の予定であった．ところがその後，私がアメリカに転職し，また体調を崩したことから，執筆が大幅に遅れてしまった．そのため，館先生が公務を含め大変お忙しくなった関係で，私の単著とさせていただくことになった．先生には，本書の構成と内容に関して有益な御指導をいただいた．一生にわたる永い間の学恩とともに，心から感謝申し上げる次第である．

　本書の内容は，東京大学，大阪大学，イェール大学などでの講義が中心となっており，そこでの同僚，学生の皆様からの反応に本書は多くを負っている．あまり長い時間がかかったので，お世話になった方をすべて記すことができないが，講義の筆記をとって講義案を作成していただいた佐藤節也，安孫子勇一(ともに日本銀行)，草稿の一部に有益なコメントをいただいた深尾京司(一橋大)，テープを起こしてパソコンで編集していただいた西尾洋子(元大阪大秘

書),山内裕子(元東京大秘書)の皆様に心から御礼を申し上げる.またイェール大学で図表の作成,原稿のチェック,校正にお世話になった堀内勇作(MIT大学院),竹内俊久,松本孝一,森本喜和(ともに日本銀行),中沢正彦(大蔵省)の皆様にも感謝の意を表する.

　本書のほとんど完成した頃イェールを訪ねられた東京銀行(当時)の菊地悠二氏からは実務面を中心として国際金融メカニズムについて啓発いただいた.どれだけ消化できたかは別として,得がたい経験であったことを記してお礼申しあげる.在米中には,色々な方々から研究上の便益,研究費の補助そして心のこもったはげましをいただいた.特に国際経済の分野では,野村證券株式会社,三井海上基礎研究所,ジェトロ(ニューヨーク)の皆様から大変お世話になった.厚く感謝の意を表したい.もとより,本書中の意見は私個人のものであり,以上の諸機関のそれとは無関係である.

　前にのべた事情で,本書の企画から10年以上の月日が経過してしまった.円レートもその間に2倍以上の円高となった.この間,岩波書店モダン・エコノミックスシリーズの関係者の方は,実に忍耐強く待って下さった.本シリーズの企画に尽力いただいた竹田行之氏にやっとまた原稿の負い目なくお目にかかることができると思うと肩の荷がおりる思いである.そして杉田忠史氏は,永い間しんぼうしていただいた上に,私の乱雑な原稿をこのような形にしっかりまとめていただいた.お二人に心から感謝申し上げたい.

　最後に私事にわたるが,本書の校正中に短いが充実した一生を終えた広太郎の思い出に,本書を捧げることにしたい.

　1996年4月

浜　田　宏　一

目　　次

はしがき

序 ·· 1
　　経済学を学ぶ際のいくつかのヒント

第1章　国際金融とは ·· 8
　　経済学の基礎概念について　　ストックとフロー

第2章　対外決済と外国為替市場 ·· 20

第3章　為替市場と為替レート ··· 27

第4章　国 際 収 支 ··· 42

第5章　国民経済計算の枠組みと国際収支 ···························· 47

第6章　投機の経済的機能 ·· 60

第7章　先物為替市場の機能 ··· 70

第8章　通貨オプションと金融派生商品の機能 ····················· 81

第9章　為替レート決定理論 I：古典派的世界 ····················· 90
　9.1　は じ め に ··· 90
　9.2　購買力平価説(Purchasing Power Parity Doctrine; PPPと略称) ·· 92
　9.3　貨幣接近(Monetary Approach) ································· 98
　9.4　古典派的世界像と財政・金融政策の効果 ··················· 101

第10章　為替レート決定理論 II：ケインズ的世界 ··············· 108

第11章　為替レート決定理論 III：折衷モデルと
　　　　資産接近(Portfolio Approach) ································ 115
　11.1　は じ め に ··· 115
　11.2　合理的期待形成の意義 ··· 116
　11.3　為替レートの跳び越し(Overshooting)モデル ············ 120

11.4　資産接近(Portfolio Approach) ･････････････････････････････ 131

第12章　円の国際化(通貨代替モデル) ････････････････････････････ 141

第13章　変動制下の円相場 ･･････････････････････････････････････ 150
　13.1　円レートの推移 ･･ 150
　13.2　学説の説明力 ･･ 152
　　　　A　購買力平価説　　B　貨幣接近　　C　資産接近
　13.3　為替市場に関する効率性仮説 ････････････････････････････ 158

第14章　為替介入の効果 ･･ 162
　14.1　は じ め に ･･ 162
　14.2　国際金融と国内金融 ････････････････････････････････････ 163
　14.3　不胎化介入の効果 ･･････････････････････････････････････ 166
　14.4　ターゲット・ゾーン ････････････････････････････････････ 168

第15章　経常黒字と資本輸出 ････････････････････････････････････ 171
　15.1　は じ め に ･･ 171
　15.2　世界への資金の供給主体，日本 ･･････････････････････････ 172
　　　　(i) 対外資産蓄積の諸形態　　(ii) 経常黒字と異時点間の選択
　　　　(iii) 外国側の事情　　(iv) マクロ動学の2類型
　15.3　累積債務危機 ･･ 180

第16章　国際通貨制度と円 ･･････････････････････････････････････ 186
　16.1　国際通貨制度――歴史と現状 ････････････････････････････ 186
　16.2　戦後IMF体制(アジャスタブル・ペッグ制度) ･････････････ 189
　　　　ユーロ・ドラー
　16.3　円 の 歴 史 ･･ 196
　16.4　戦 後 の 円 ･･ 201
　16.5　補　　　論 ･･ 204

第17章　通貨改革と政策協調の政治経済学 ････････････････････････ 207
　17.1　は じ め に ･･ 207

17.2 国際通貨制度の便益と費用 ·················· 209
　(イ) 金本位制復帰　(ロ) ドル本位体制　(ハ) 世界中央銀行に
　よる集権的通貨発行　(ニ) 変動為替制度
17.3 国際通貨制度選択のゲーム ················ 213
17.4 制度与件の下でのポリシーゲーム ·············· 217
　(1) 固定為替制　(2) 変動為替レート
第18章　21世紀の国際通貨体制——ブレトン・
　　　　ウッズ体制を超えて ·················· 225
18.1 は じ め に ························ 225
18.2 投機アタックの理論 ···················· 226
18.3 最 適 通 貨 圏 ······················· 228
18.4 通貨統合の便益と費用 ··················· 232
18.5 むすびに代えて ······················ 239

参 考 文 献 ···························· 244
人 名 索 引 ···························· 247
事 項 索 引 ···························· 249

序

　日本が変動為替制度の洗礼を受けてからすでに20年あまり経過し，戦後長らく1ドル360円の平価に固定されていたドル・レートは，71年のニクソン・ショック，73年の変動制への完全移行を経て，1994年7月には1ドル100円の壁を突破した．日本経済は世界経済の網の目に密接に組み込まれ，東京は世界の中心的な金融センターの一つとなった．このような発展に相応するかのように，国際金融の実際を，分かりやすく説明する多くの良書が生まれ，国際金融とマクロ経済学との接点であるオープン・マクロ経済学についても，優れた理論的書物が出現しつつある．

　そこで本書を書くにあたって，自分の比較優位を発揮するにはどうしたらよいかを考えた．皆の書くのとは，一味ちがう教科書が書きたかったからである．私自身，国際金融の実務に携わったことは皆無である．外国と日本とを行き来している間に，外国為替銀行の顧客として銀行からサービスを受けることはしばしばある．しかし，自ら外国為替業務を行ったり，国際貿易や国際投資業務を行ったりしたことはない．また，政府ないし国際機関の一員として，国際金融の政策的実務に直接携わったこともない．もっぱら，経済学の研究者として，国際金融現象を論理立てて理解しようと努めてきた．そして，国際金融の背後にある経済論理を，できるだけ分かりやすく理解してもらおうと考えながら講義を続けてきた．このような事情から，本書は，次の2つのことを目標にして書いた．第1に，為替レート決定要因など国際金融現象が現代経済学の分析手法によってどれだけ解明できるか（そして未だ解明できていないか）を明らかにすることである．第2に，国際金融現象の分析を通じて，基本的な経済学の論理と現代経済学の先端とをできるだけすっきりと読者に伝えることである．

　いうまでもなく，国際金融現象は，われわれの国民生活に大きな影響をもつ現象である．同時に，経済学の一分野としても，経済学の重要で新しい概念が効果的に応用されている分野である．たとえば，国際金融は，ストックとフローとの関係，ミクロ経済学とマクロ経済学の両者の関係を理解するのにとても

有益な領域である．そして，マクロ経済学の様相を一変させてしまった合理的期待形成仮説や，証券市場論でよく用いられる資産価格のランダム・ウォーク(酔歩)の理論なども為替レート決定理論で重要な役割を果たしている．

　国際金融は，生活に究極に重要な，消費，生産，輸出入といった実物的，実質的(real)な経済現象と，円とかドルといった貨幣で表された名目的(nominal)な経済現象とがどのように交錯するかを学ぶのにもいい分野である．さらに国際通貨制度の歴史の変遷をたどることによって，ある国際通貨制度がどのような理由で採用され，生成して，そしてそれが経済主体の行動や国民経済にどのような影響を与えていくかという，制度と経済行動の相互関連を学ぶにもいい領域である．

　したがって，国際金融は現代経済学のフロンティアについて知るためにふさわしい領域なのである．そこで本書では国際金融現象を筋道を立てて理解するのを助けるだけでなく，国際金融を通じて，経済現象の底を流れる基本的論理を明らかにするように努めたい．その意味で，本書は国際金融を通じてみた経済学入門の試みである．

　本書は，経済学を学ぶ学生のためだけでなく，実社会で国際金融問題に強い関心をもっているビジネスマンをも対象としている．したがって，いたずらに経済学の専門用語やグラフ，数式等を多用することを避けるように最大限の努力を払った．しかし，どうしても，数式を使った方が説明がすっきりするところでは数式を用いている．とくに，為替レート決定の現代理論を説明するところでは，位相図を使わないとその構造を十分に説明することができないため，第11章は多少難しいかもしれない．しかし，(字の大きさを一段落としてある)数学的部分をとばして読んでも，全体の筋道が十分に理解できるように配慮してある．

　本書の予備知識としては，もちろんマクロ経済学の基礎知識と，金融論の基礎知識があるにこしたことはない．また国際金融制度や国際金融の実務に関する平易な教科書を読むことも，本書の理解を助けるであろう．マクロ経済学でも，金融論などの応用分野は，最近経済行動のミクロ経済学的な基礎を問題とするので，ミクロ経済学の知識があることも本書の理解を助けるであろう．

しかし，本書は，ほとんど予備知識がなくても全体を統一的に理解できるように努めて書いた．したがって，実務的な関心から国際金融論の現状を知りたいと思う読者も，本書によって，ミクロ経済学やマクロ経済学の論理の現代的理解をえることも可能となるであろう．たとえば，新しい金融の派生商品，先物とかオプションのかげにどんな経済的論理が働いているのか，そして日々の為替レートを決定する要因は何かを，現代経済学のツールが明らかにしていくさまを理解できると思う．

本書では，議論の必要最小限の骨格だけを指し示すというユークリッドの幾何教本に端を発する教科書式，つまり巻き物的な記述の方法をとらない．むしろ言葉を多くして，冗長になる危険を冒しながらも，「なぜ」ある経済現象が生ずるのかに関して読者が判断する目を養うことを目標にしている．したがって，同じことでもいろいろな形で言い換えて，理解を深めるように工夫したつもりである．そして，実務家でないので国際金融の現場の雰囲気を十分に伝えることができないにしても，経済学の最新のフロンティアがどのように生成し発展しつつあるかの息吹を伝えようと努めたつもりである．

本書は，国際金融に現れる経済論理を，直観的に最新の経済学の感覚に即しながら読者に伝えることを目標にしている[1]．読者は本書によって，技術的な細部に至らないでも，国際金融論のフロンティアにおける基本的に重要な概念と理論とを理解していただき，日々刻々と変化する国際金融現象を論理的にすっきりと理解し，マクロ経済政策に対する妥当な判断ができるようになっていただけることを希望したい．

本書の一部にはやや難しい箇所が出てくるかもしれない．が，そのようないわば本書の関所にあたる部分をマスターした読者は，いつのまにかプロの経済学者になるためのセンスの一部を身につけていることになるであろう．そしてそのような読者の中から，学説の輸入だけでなく，自ら経済学の知的遺産を創造できるような，若い世代が育ってくることを期待したい．

現在，国際金融を学ぶことは，いろいろな意味でエキサイティングなことである．まず，第1に1970年代初頭における先進諸国による変動相場制の採用以来，変動相場制の機能について経済学の認識が日々新たになりつつある．そ

して，すでに述べたように理論経済学上の基本的なさまざまな分析用具が，国際金融に応用されて日々新しい成果を生んでいる．国際金融を理解しようとすることは，同時に現代経済学の多くの分析用具を身につけるのに役立つ．

　第2に，国際金融情勢は日々刻々と変化しつつある．このことが，国際金融を学ぶことをいっそう興味あるものとしている．1970年以降，ニクソン大統領による米国の金本位制の完全離脱（いわゆるニクソン・ショック），先進諸国の変動制への移行（ブレトン・ウッズ体制の崩壊），日本による新外為法の施行，オイル・マネーの石油産出国への累積，開発途上国累積債務の発生，プラザ合意以来の国際協調政策，バブルとその崩壊，ヨーロッパ通貨統一の困難さの露呈，平成不況と並行した円高，ドルの瞬間的ではあるが80円割れ等，さまざまな事件が頻発した．現に，私がこの書物を執筆している間にも，日本をとりまく国際金融環境は急激に変化しつつある．往々にして，一学期の国際金融の講義はまるで「同時進行ドラマ」のようになるのである．

経済学を学ぶ際のいくつかのヒント

　学生の頃，サムエルソンの教科書と並んで，近代経済学の教科書の双璧であったボールディングの教科書に，経済学を学びはじめるときに次のようなことが起こると書いてあった．同書の内容はほとんどは忘れてしまったが，これだけは印象に残っている．経済学を学びはじめると，いろいろな基礎概念が出てくるが，何でこんなことを議論するのかわからないという状態が続く．ところが，あるとき突然，経済学で使う論理にはみな一貫性があることがわかる．たとえば，個々の経済主体の合理的経済活動の結果が，国民経済全体とどのように連関しているかを学ぶのが経済学であるといった勘どころがわかると，経済学はいっぺんに分かりやすくなる学問だというのである．ボールディングを読んだときには信じられなかった．また私自身が一度に経済学に明るくなるという奇跡も起こらなかった．しかし，ボールディングの指摘には一理ある．経済学を学ぶには，概念や用語やモデルの部分品を習得するだけではだめで，全体としての体系と部分との関係，そして経済論理のはこび方がわかってくると，経済学が理解しやすくなることを示している．

さて，経済学の特色は，経済学はさまざまな形で理解できる学問であるということである．ある人は言葉で経済学を理解しようとする．言葉で，しかも歴史的実例で理解するのがもっとも容易だという人がいる．あるいは経済学を，概念的に，時にはその哲学的な意味の上から理解するのが得意だという人もいるであろう．またある読者にとっては，実際の数値例を使った理解の仕方がもっとも飲み込みが早いらしい．グラフを用いればよくわかるという人もいるし，そして最後には経済モデルの数学的構造を理解することによって，経済学をもっともすっきりと理解した感じになるという学生もいるはずである．私の経済学の学習過程を振り返ってみても，初めは式やグラフに書いてある方がわかりやすかった．しかし，最近は言葉で議論する方が楽になっている．年齢や経験に応じて，得意な面が変わってくることもあるのである．

　ともかく，読者は，どういう側面からでもよいから，ある経済命題のロジックがわかったという感じを早くつかんでいただきたい．一つの仕方で，たとえば数値例で理解できると，今度はグラフや数式を用いた説明もわかりやすくなる．逆に数学的証明がまずわかったとすると，それに対応する概念的あるいは現実的意味も次第に明らかになってくる．どのような理解の仕方であれ，自分がもっとも得意とする形で経済の論理にとっかかりをつけてほしい．一つの見方でわかったある経済現象は，他の見方でも理解しやすくなるからである[2]．

　もちろん，経済学者になりたいと思っている大学院生，あるいは会社の調査部や経済官庁のプロのエコノミストになることを目標にする者にとっては，数学的なモデルの構造を通じて経済現象を理解できることが要求される．そして，他人の学説の説明がわかるだけでなく，自分でも経済現象をグラフを用いたり数学的にモデル化し，操作することによって結論を引き出す能力をつけることが必要となる．より抽象的・数学的な形で理解しておくと，後で具体的に実例・数値例等を理解するのはより容易であり，その逆はより難しいという事情があるからである．しかし，くりかえしていえば一般の読者にとっては，自分のもっとも理解しやすい形で，ある経済現象の論理的な仕組みを理解することが経済学の理解への第一歩なのである．

　本書は，できる範囲内で，経済学のインサイド・ストーリー（内部事情）をも

伝えようと思う[3]．さて，経済学者のインサイド・ストーリーを書くということは，経済学にはこんなこともできないのだ，ということを告白することにもなる(医者が誤診率を発表するようなものである)が，今何がわかっていないかをはっきり認識することも重要だからである．

序 注

1) したがって，以下は「馬にもわかる国際金融」ではない．読者には国際金融のわかる「人」になってもらいたいからである．いわずもがなかもしれないが，最近の日本の漫画化の風潮，それから若い人が，きわめて平易な入門書でも長時間かけて勉強しないと理解できないという傾向は，日本の知的状況の未来に一抹の不安をいだかせる．ちなみに，新聞の経済記事を理解するために経済学を勉強するという態度も，私には食い足りない．新聞には時折まちがいが書いてあることもある．ためにする政府の意見の受け売りであったり，経済学の無理解に基づいた記事であったりする．したがって，新聞に騙されなくなるようになることが，経済学を学ぶ目標であると考える．

2) ある豪州の有名な国際経済学者から，次のような話を聞いたことがある．彼がある日本人の，これまた高名な数理経済学者の前で，彼の論文を説明した．すると，数理経済学者が「あなたは大変グラフの使い方がうまい」と言ったので，豪州の国際経済学者はびっくりしてしまったという．相手の数理経済学者は大変抽象的な数学ができる．だからグラフなどを使うのはその数理経済学者にとっては朝めし前だと思っていたからだというのである．まさに，人によって経済学の一番理解しやすい次元がそれぞれ違うことを示す例である．

3) いわゆる経済学の「制度化」という議論がある(佐和隆光『経済学とは何だろうか』岩波書店，1982年)．その主旨は，科学と称する近代経済学の内容も，その大部分が必ずしも本質的でない学者どうしの約束ごとに依存しているというのである．学界の主流からのいわば儀式やファッションの押しつけに従わないと，学者として成功しにくい．多くの経済学者は，真理に近づこうとする努力よりも，学界での流行様式に従って仲間から評価されるための業績をあげようとして競争している．これを経済学の「制度化」と呼ぶらしい．

このような，クーンにはじまるパラダイム論の主張には一面の真理がある．たとえばマクロ経済学でいえば，ケインズとか，合理的期待形成学派といった様式，範

例(パラダイム)を変更するような大きな影響力のある革新的なアイディアの出た後に，新しく入れ替わった体系を精緻化することに学者が憂き身をやつすことは，よく見られるところである．

　しかしながら，学界の流行がこのようなスタイルだから，それに従って何か論文を書こうというような経済学者，いわば経済学の制度化に埋没してしまう学者は，経済学の新しい発展に寄与することはできない．私の尊敬する世界の(もちろん日本人も含む)一流の経済学者たちは，どうしたら経済学の制度化から脱却することが可能なようなアイディアが出せるかを苦しみながら研究しているのである．単なる儀式ではなく，経済論理の真髄を僅かでも，従来よりいくらかでも正しく，新しい視角からとらえようとして日夜努力しているのである．

第1章　国際金融とは

　国際金融現象は，2つの観点から見ることができる．

　第1に，「国際金融」は国際貿易や国際投資その他実物的(real)な経済活動の，名目的(nominal)金融的(financial)な側面である．国際間では，国際貿易や国際投資などさまざまな形で経済活動が行われているが，それらの取引は貨幣によって媒介される．ミクロ経済学の初歩(無差別曲線の分析を思い起こしてほしい)では貨幣を抜きにして実物体系での相対価格の資源配分を論ずるが，貨幣的な現象つまり名目的な現象との交錯を理解するためには，金融論，マクロ経済学が必要となる．貿易論は，交易条件とか実質賃金とか実物的な要因を重んじて，相対価格が国際的な資源配分に与える影響を明らかにする．しかし，貿易や国際投資は貨幣に媒介されている．貿易の名目的な側面と実質的な側面の関係を学ぶのが国際金融論である．

　国際貿易論のもっとも基本的なメッセージは，いわゆる比較優位の原理(比較生産費説)である．世界経済において，各国が貿易の利益を享受するためには，自国の生産力が絶対的に他国より優れている必要はない．その国の相対的に有利な生産に特化することによって，絶対的には生産性が優位でない国も貿易によって利益をあげることができる．これが，比較優位の原理である．リカードの挙げた例によれば，イギリスがかりにブドウ酒とラシャの生産においてともにポルトガルより劣っていたとしても，イギリスの方がラシャの生産に相対的に優れていれば，イギリスはラシャに特化し，ポルトガルはブドウ酒に特化すればよい．お互いに比較優位のある生産に特化することによって，両国民とも消費の可能性を増加させることができる．かりにアインシュタインがタイピストよりタイプが速くても，自らタイプを打たずに，タイピストにタイプを任せて，物理学に専念した方が良いというわけである[1]．そして，各国がお互いに相対的に有利な財の生産に特化することにより，賃金や利潤率など生産要素の収益率が両国間で均等化する方向に向かう．比較優位に基づく貿易が行わ

れるときに，価格が相対的な機会費用(opportunity cost)〔その財の生産に用いられた希少資源の有用性の程度，いいかえれば生産のために必要な社会的費用〕を反映することになる．

しかし，国内財相互の交換の場合には，価格が機会費用をおのずから反映するのに対して，国際間の取引の各財の名目価格のみを見ただけでは，機会費用にどれくらい差があるかがわからない．すなわち，日本でトランジスターが1万円で生産され，アメリカでグレープフルーツが10セントで生産される場合に，両者の機会費用を比較するためには，円とドルとの交換比率が必要である．外国為替市場の一つの重要な機能は，100円が1ドルといった通貨間の交換基準を決定することによって，生産のための機会費用(限界費用)をお互いに翻訳する点にある．1ドル100円の為替相場が与えられてはじめて，10セントのグレープフルーツが日本円で10円となり，1万円のトランジスターがアメリカで100ドルであることが明らかになる．したがって，価格機構のもつ情報伝達機能が，為替相場に媒介されて，国際間にも働くようになる．ここに外国為替市場の一つの重要な機能がある．為替相場は計算単位を明らかにすることにより，価格メカニズムの情報伝達の機能を助ける．

「国際金融」をみる第2の観点は，それを金融の国際的側面としてみることである．国際間の経済交易，特に資本移動が活発になると，一国の金融政策を他国の金融政策から独立に決定することが困難になる．たとえば，外国より国内金利を低く保とうと思っても，資本が流出してその効果が妨げられてしまうからである．特に，固定相場制の下においては，この傾向が著しい．固定制下で国際収支が大幅な黒字になると，獲得した外貨を預金として国内の銀行に預ける過程を通じて，国際収支がさまざまな影響を国内金融に与える．このような意味で，国際金融論は国内金融の国際的連関を学ぶものとみることもできる．

したがって，国際金融を学ぶ場合の一つの有益な方法は，国際金融現象を国内金融現象と類推・対比して考えてみることである．ここでは，そのような仕方の一つの例として貨幣の機能をとりあげてみよう．よく知られているように，貨幣の主要な機能には価値尺度，取引支払手段，富の保蔵手段の3つの機能がある．

貨幣の価値尺度としての機能とは，人々が財相互間の相対価格を知らずに，財の貨幣で表した価格のみを知ることによって，取引に必要な情報を得ることができるという情報節約の機能である．国際金融の場においては，多数の国々の通貨の交換が行われるので，各国通貨間の相対価格である為替相場が，すでに述べたように，各国の名目価格の間の翻訳の機能を果たす．さらに，中心的な基軸通貨であるドルに対する各国の為替レートを知ることによって，他国通貨相互間の為替相場（クロス相場という）を知らずにも，取引ができるという情報節約の機能が働く．

貨幣の取引支払手段としての機能は，われわれが取引の決済や債務の支払の手段として貨幣を用いることにあらわれる．国際間の取引の決済，債務の支払の主要な手段としては，19世紀から今世紀前半にかけてポンドが用いられてきたが，現在はドルがそれに代わって主要な国際的決済通貨の地位を占めている．しかし，ポンドやマルク，スイスフラン等の他の通貨も国際取引の手段として用いられている．そして，最近の円の国際化への要請は，円が国際的決済手段として用いられるような環境を，整備せよという要請に他ならない．

貨幣の富の保蔵手段としての機能は，経済主体が富を流動的な形態である貨幣の形で保有することができるという機能である．国際金融の場合には，他国通貨を家計，生産会社，商社，銀行等の私的な経済主体が保有するだけでなく，各国政府が，必要な外貨準備として保有するという特徴がある．

現在各国に通用する国内通貨は，通貨の以上の3つの機能をすべて備えているという意味で「全体」貨幣であることが多い．しかし，歴史的にはすべての国内通貨が全体貨幣ではなかった．全体貨幣でなく，一部の機能しか果たさない貨幣を部分貨幣というが，国際金融においては部分貨幣の例が現存する．たとえばIMF（国際通貨基金）のSDR（特別引き出し権）は部分貨幣である．産油国が石油消費国にSDR表示で石油価格の契約を求めたときがあったが，SDRはあくまでも計算単位であって，取引の決済までSDRによることを要求しなかったのである（実際の決済にはドルが多く用いられた）．

また，通貨発行権（seigniorage）の問題についても，国際金融現象は金融論の理解を深める．昔，通貨を発行する権利はその他の諸特権とともに領主の権利

であり，財政収入の重要な部分を占めていた．そこで通貨発行権はseigniorageと呼ばれる．現在，ほとんどの国において，通貨発行権はすでに国の中央政府に帰属しており，それがあたかも自明のことのようにみえる．しかし，歴史的には必ずしもそうではなかった．実際，国際金融の現状を見ると，誰が世界通貨を発行するのか(国際的に流通する取引手段を発行するのか)によって，通貨発行権に伴う利益の分配があり，深刻な国際的な利害の対立を生む可能性がある．統一ヨーロッパの通貨統合が困難な理由の一つはこの点に求められよう．

また貨幣の需要についても，なぜ家計が現金を保有するかという問題と，なぜ国が外貨準備を保有するかという問題には，一種の類似性がある．このように，国際金融現象を国内金融現象から類推して考えることによって，両者の理解が深まることが多い．

もちろん，国際金融での経済主体は国である場合が多く，それは国内金融の経済主体である個別の家計や企業とは違った性質をもつ．したがって類推が常に成り立つわけではない．たとえば，家計の赤字と国民経済の赤字とは性質を異にしているし，また国際金融の場合には，外貨準備は単に取引の需要をまかなうためだけでなく，経済変動の波及を防ぎ，一国の経済活動の安定的な運営を保つために保有される．このように類推が成り立たなくなる場合でも，どこでなぜその類推が成り立たないのかを突き詰めてみることが，金融現象そして国際金融現象の理解を助けるのである．

ちなみに，国際金融とかなり重複する分野として，「オープン・マクロ経済学」がある．上の第1の側面で述べたように，実物面と名目面との相互連関を明らかにするのがマクロ経済学であることからも，国際金融がオープン・マクロ経済学と呼ばれる理由がある．特に，開放体系では国内のマクロ経済のバランスが国際収支を通じて外国からの影響を受けることに，オープン・マクロ経済学の存在理由があるのである．しいて区別すれば，国際金融は為替市場の仕組み，先物市場の仕組み等マクロ経済学とは直接に関係のないことをもその領域としていることに両者の差異がある．したがって，国際金融の方が「オープン・マクロ経済学」よりもやや広い領域であるといえよう．

経済学の基礎概念について

本論に入る前に，国際金融の準備として必要な経済学とマクロ経済学のいくつかの基礎概念を復習しておこう．はじめに注意してほしいのは，経済量は実質量(real な量)としても，また名目量(nominal な量)としても計ることができるということである．円とかドルで表示した経済量は名目量である．われわれが経済活動を営む究極の目的は，現在から将来にわたる消費活動を豊かにするためである．消費活動を豊かにするためには，財やサービスの実質量が豊かになる必要がある．これに対して，名目経済量は貨幣額で表されており，名目量が一定であっても，それは物価水準が変わると異なる実質量をあらわす．たとえば，インフレーションが進行している時代には，同じ名目価値の貨幣を保有していても，時間が経つにつれて同じ実質的な財やサービスを享受することができなくなる．同じ名目所得でも物価が2倍になれば，実質的に支配できる財やサービスの実質量は半分となる．

このように，金額で表された経済量を名目(ノミナルな)量といい，物価でデフレートした額を実質量，ときに実物(リアルな)量と呼ぶ．為替レートは，国際金融現象上もっとも重要な価格変数であるが，1ドルが100円であるといった為替レートは，2つの名目量ドルと円との交換比率を示すものであって名目量の比率である．したがって，名目的な貨幣の交換比率である為替レートと，日本で生産された輸出品が，相手国の財やサービスとどれだけの比率で交換できるかという実質的な，円の実質購買力とは異なる．名目為替レートには次章でも説明するように，内国通貨で外国通貨を表す内貨建て為替レート(たとえば 100￥/$：$1＝￥100)と外国通貨で内国通貨を表す外貨建て為替レート(0.01$/￥：￥1＝$0.01)とがあるが，ともに名目量である．

通貨の実質的購買力を示す概念としては，実質為替レートという概念がある．たとえばドル対円の実質為替レートは次のような式で表される．

$$\text{ドルの円に対する実質為替レート} = \text{ドルの内貨建て名目為替レート} \div \left(\frac{\text{日本の物価指数}}{\text{アメリカの物価指数}} \right)$$

ドルの名目為替レートが一定のとき，アメリカの物価は不変なのに日本の物価水準が2倍になった場合を想定しよう．1ドルは100円分の財をいぜんとして買えても，日本の物価が倍増した後では，以前に50円で買えた日本の財しか購入することができない．このように，名目為替レートが変わらなくても1ドルで買える実質購買力が減少すれば，ドルの購買力を示す実質為替レートは減少する．また，日本の物価が不変なのに，アメリカの物価が2倍になったとしよう．ドルの為替レートが不変で，1ドルは同じだけの円と交換されるとすると，ドルの実質価値が弱くなっているので，実質的には100円分の財とサービスを支配するのに，実質的なアメリカの購買力は半分ですむ．この場合に，ドルの実質為替レートは2倍に上昇している．したがって，ドルの実質為替レートは，アメリカでの標準的なマーケットバスケットを犠牲にして円に換えたときに得られる，実質的な購買力の推移を示す．

このことを数式で示すと次のようになる．ドルの対円名目為替レートは100円で変わらないものとする．はじめ両国とも物価指数は100であるとする．

A. アメリカの物価が不変で日本の物価指数が100から200に変わった場合

$$ドルの実質為替レート = 100 円 \div \frac{200}{100} = 50 円$$

と下落する．

B. 日本の物価が不変でアメリカの物価指数が100から200に変わった場合

$$ドルの実質為替レート = 100 円 \div \frac{100}{200} = 200 円$$

と上昇する．

ここで，やや混乱を招きやすいのは，実質為替レートのほかに，実効為替レートという概念があることである．たとえば円の実効為替レートとは，円のドルに対する交換比率ではなく，世界の各通貨との交換比率の平均値を示す指標である．たとえば，円がドルに対して値下がりしても，マルクに対して値上がりした場合には，円の世界的な(名目的な)購買力は平均すれば変わらないこともありうる．このように各国の通貨に対する名目為替レートを，各国との貿易量でウェイトづけた平均為替レートを実効為替レートと呼び，これは名目値で

ある．

　さて為替レートが名目値であるということは，一般に「将来のドル/円レートはどうなる」といった質問が，実は2つの違った質問になりうることを示す．あと2,3日後の為替レート，1週間後の為替レートの場合には，実質為替レートをとろうが名目為替レートをとろうが，各国の物価水準はそれほど変化しないので問題はない．しかし，将来10年後に円/ドル為替レートが，今に比べて上昇するか下落するのかという問いへの答は，それが名目レートであるのか実質レートであるかで異なってくる．しかも，名目為替レートの値を推測することは，長期間後では，実質為替レートの推測ほど意味をもたなくなる，なぜならば，将来の名目のドル/円レートが10年後にどうなるかは，今後の日米両国におけるインフレーション率に大きく依存するからである．つまり，名目為替レートを将来長期にわたって予測するためには，両国のインフレ率，そしてそれを決める金融政策のスタンスについて一定の想定を設けなければならない．

　さて実質値と名目値の関係は，マクロ経済学の基本問題の一つである．古典学派はもとより古典学派の影響を強く受けているマネタリズム，そして合理的期待形成理論をマクロ経済学に適用した新しい古典派経済学は，──ニュー・クラシカル経済学(現古典派と訳す人もいる)──名目値と実質値を概念的に区別するだけでなく，分析上も峻別して考える．経済の実質値は，ミクロ経済学で学ぶように，実質的な価格メカニズムの結果として相対価格に依存して決まってくる．そして，名目量は貨幣量に応じて決まってくる．このように，実質と名目が独立に，二分して考察できるというのが古典派経済学の考え方である．それが，ニュー・クラシカル経済学にも受けつがれている．これに対して，ケインズは，名目価格や名目賃金が硬直的であるときには，実質量と名目量とがきわめて密接な関係をもつことを主張した．そしてニュー・ケインジアンの経済学は，そのような名目価格，名目賃金が硬直的な行動を合理的な基準から導こうと努める．

　実質値と名目値との二分法的な関係をはっきり示すのは，いわゆるデノミネーションであろう．たとえば100円を平成某年1月1日から1両と呼び換えるという名称変更を行ったとする．これがデノミであるが，それは名目量の変更

にすぎない．仮想的には純粋なデノミネーション，実質量とはまったく関係のないデノミネーションを考えることが不可能ではない．平成某年1月1日をきっかけに，すべての日本の物価はゼロが2つなくなって，たとえば1万円は100両と表示されることになる．為替レートについても今まで110円であったのがその日から1ドルは1.1両ということになる．もしまったく純粋に名目値の言い換えだけが可能であるとすると，それは実質量になんら影響を及ぼさないはずである．人々は以前と同じように財を供給し，以前と同じように経済取引を行う．その際に，価格表示やメニューからゼロが2つ取れるだけで実質的には全く同じ経済活動が行われてもいいはずである，これがいわばデノミネーションの理想形であり，実質，名目の二分法の成立する社会で名目値だけを変えた場合の概念的な姿である．

　もちろん，現実にはすべてのメニューからゼロを2つ取り除いて円を両と言い換えるには，実質的なコストがかかる．新しいお札を刷るのにもお金がかかる．さらに，会計機器やコンピューターからゼロを取り去るためには，機械の改変あるいは，少なくともプログラムの変更が必要となる．したがって，デノミという噂が出ると，単に価格名札の名称を変えるという名目的な効果ではなく，実質的な効果をもつと株式市場で受け取られるのも当然である．そこで，デノミの噂が出るたびに，印刷業界の株が上がったり，事務機械業界の株が上がったりする．確かにデノミは不必要な金銭表示のゼロを減らし，大国日本の通貨がドルと2桁違う，つまり100円が1ドルに対応する状態をなくすのには，役立つであろう．しかし，実際は資源を投入してお札を交換したり，機械を換え，メニューを換えたりするための移行の費用がどうしても必要になる．デノミの是非を考えるには，移行のための費用をも考慮にいれなくてはならない．

　このように，経済学でいう二分法の成立するのにもっとも近い状況はデノミの実施であるが，それでも実質値に全く影響を与えずに名目値だけを変えるような純粋な形をとることは難しい．したがって，通常の状況で実質量と名目量の二分法が成立するように，いいかえれば貨幣が中立性をもつように金融政策を行うことはむずかしい．しかし，フリードマンのようなマネタリストは，貨幣がなるべく実質量に影響を及ぼさない，つまりなるべく中立的になるような

貨幣供給政策を提唱する．これが毎年貨幣を公衆の予想を裏切らないように一定率で増加させよという，貨幣供給の k パーセント・ルールであった．そして，新しい古典派の経済学者は，二分法が成立するような世界を，経済モデルの基本形，純粋形としてとらえるのである．

国際金融でも，為替レート決定理論のあり方は，各国の貨幣政策が中立性をもつような世界——古典派的な世界——とそれが中立でないような世界——ケインズ的世界——との間で根本的に違ってくる．

ストックとフロー

経済学の初歩で教えられるように，経済量にはストック量とフロー量がある．ストックとフローの区別，そして両者の相互関係は国際金融の理解において決定的に重要である．ストックは，ある一時点において，ある経済主体や国民経済がどれだけの経済量をもっているかを示す量である．本日の時点で，ある教室にどれだけ机があるか，平成某年12月31日に，ある会社にどれだけ資産，負債があるのか，日本の国富はいくらかというように一時点における経済量がストックである．これに対してフローとは，1年間とか1カ月間といった，ある一定期間の間に，どれだけの経済活動が行われたかを示す量である．たとえば，1年間の間に一国の消費，投資，輸出，輸入がどれだけ行われたかはフローである．したがって，フローは時間 (T) で割ったディメンションの次元をもつ量である．1年間に行われる経済活動と1カ月のそれは当然異なるので，フローを論ずるときには，どの長さの期間をとったかを明示しなければならない．会社の貸借対照表は，年度末という一定時点の状態を示すのでストックを表したものであり，損益計算書は年度間に何が起こったかというフローを表したものである[2]．

たとえば，在庫残高(ストック)の1年間の増加は在庫投資(フロー)に等しいことからもわかるように，フローはストックが期間内にどれだけ増加したかを示す．したがって，今期首のストックと次期首のストックとの差が，今期間中のフローとなる．数学的には，ストックは(時間の)次元のない無名数値であり，フローは一定期間という意味で時間のマイナス1乗 (T^{-1}) の次元をもっている．

両者の関係をより明快に理解するには，連続時間のアプローチを考えるとよい．そこではフローはストックのある期間中の増加である．すなわちストックの時間に関する微分係数がフローとなる．1 カ月間に在庫ストックがどれだけ増加するか，あるいは 1 週間に，あるいは 1 日にどれだけ増加するかは有限期間内のフローであるが，この有限期間をゼロに近づけた極限をとるとフロー概念がはっきりしてくる．つまり，ある瞬間に，どれくらいのスピードで在庫投資が行われているかというフローの純粋の概念である．宇沢弘文氏のたとえを借りると，貯水池の水量の水準はストックであるのに対し，池に一滴一滴水が川から入ってくるスピードがフローなのである．

数学を使って整理しておくと，1 年 1 カ月といった期間単位を用いた期間分析における今期のフロー F_t は，次期首のストック S_{t+1}，今期首のストック S_t との差で表される．
　　すなわち
$$F_t = S_{t+1} - S_t$$
という関係がある．これが国民所得会計や国際収支表（フロー）が具体的に書かれている形である．これに対して概念的には，連続時間の枠組みで t 時点のフロー F_t は，同時点でのストック S_t の時間に関する微分係数
$$F_t = \lim_{\Delta t \to 0} \frac{\Delta S_t}{\Delta t} = \frac{dS_t}{dt}$$
として考えることができる．

金融論では，債券価格や証券価格，およびそれと逆方向に動く利子率や証券の利回りが，フローの市場で決まるのかストックの市場で決まるのかが，長い間にわたって議論されてきた．たとえば，利子率はフローである新規の資金の需要と，フローである資金の供給とを等しくするように決まるというのが，利子率の決定に関するいわゆる貸付資金説であった．これに対して，債券価格（したがってそれと逆方向に動く金利）が決定されるのは債券ストックの需給として決まると考えたのがケインズの流動性選好説である．つまり市場に現存する債券残高を，ちょうど市場の成員が満足して過不足なく保有するような水準に金利と債券価格が決まるというのである[3]．

ストックとフローの関係は，国際金融においてきわめて重要な役割を果たす．変動為替制度が採用されて以来，為替レートすなわち通貨の相対価格は，関係国の政府が決定できる価格ではなく，為替市場が決める値となった．市場が決める際に，それは果たしてストックの需給に応じて決まるのか，フローの需給に応じて決まるのかが問題である．近年の発達した国際金融市場では，円建て資産と，ドル建て資産とをちょうど市場成員が過不足なく持とうとするところで，円・ドル為替レートが決まる．つまり為替レートはストックの市場で決まると考えられる．これに対して，サービスとか貯蔵できない商品はもちろんフローの市場で決まるしかない．そこで国民所得を決める，財，サービスの価格は財のフロー需給で決まると考えられる．

　本書で為替レート決定理論の標準的なモデルの1つとして紹介するドーンブッシュのモデルは，為替市場における通貨の需給がストック市場で均衡し，財市場における価格がフロー市場で決まるという2つの性質を，たくみに結び付けたモデルである．

第1章 注

1) 余談であるが，サムエルソンはあるときMITの同僚の高名な物理学者ウルマン（マンハッタン計画の指導者）から，自然科学に比べて経済学者の成果はほとんど常識でわかることばかりではないかとの挑戦をうけたという話が伝わっている．サムエルソンはすぐさま，一見常識ではわからないことを経済学が明らかにした例として，「比較優位の原理」を挙げたという．

2) どの経済量が具体的にフローでありストックであるかは，厳密に考えてみるとなかなか難しい．国民所得会計では住宅を取得するのはストックを取得すると考えるが，自動車などの耐久消費財の取得は耐久消費財全体をその年にフローとして消費してしまうと考える．論理的には，自動車を買って運転することは，自動車というストックを手にいれて，それから出てくるフローのサービスを運転するたびに享受すると考えるべきなのにもかかわらず，国民所得会計上は経済主体が自動車を取得したとき，フローを消費した形として処理されている．

3) 余談になるが，ある高名な経済学者の父君は株式市場に通暁していたが，あるとき，経済学者が「昔は金利は貸付資金の需給で決まると考えられていたが，今

は新しい流動性選好説という考え方がある」と説明したのだそうである．すると，その父君は初めの貸付資金説というのはよくわからない，しかし後の議論はわれわれ市場で取引している者の常識であると答えたという話をうかがったことがある．

第2章　対外決済と外国為替市場

　なぜ外国為替市場が必要なのかといえば，一国の通貨は他国においても通用するとは限らないからである[1]．

　本州の住民が北海道に旅行して，そこで支出する必要が生じたとしても，そのときには何ら通貨と通貨の交換の問題は起こらない．したがって，為替市場の必要性はない．支払うのも受け取るのも円であるし，それは日本国中どこでも使えるからである．ちなみに，かりに北海道の住民が本州に対して全体として大幅な支払超過になり，北海道の対本州支払が赤字になったからといって，道際収支といった深刻な問題も起こらない．赤字をまかなうために円を借りる必要が生じれば，本州の銀行から信用の供与が北海道の住民になされる（あるいは，北海道の銀行を通じてなされる）ことがきわめて容易だからである．資金の移動のみならず，生産要素の移動も容易である．北海道に失業が生じたとしても，労働の移動によって本州その他の地域が余った労働力を吸収していく形で経済活動が調整される．したがって，国際収支問題や，それに関連したマクロ経済政策による調整などの国際金融に類する問題は，地域間ではほとんど起こらない．

　しかし，アメリカの物を輸入する商社は，通常代金をドルで支払わねばならない．代金を円で支払っても，アメリカの輸出商はそれをアメリカ国内の財を買うために直接用いることができないからである．われわれが，アメリカに書物を注文する場合にも，これを円で支払うわけにはいかない．このように，一国の通貨が他国においては通用しないので，通貨と通貨の交換が必要になる．このことが外国為替市場（通貨と通貨との交換の市場）の必要性を生むのである．

　したがって，一国が完全に国際貿易から隔絶していて自給自足（autarky）の状態にあれば，外国為替市場が必要でないことはもちろんであるし，また，かりに世界全体に唯一の統一通貨が通用するようになれば，外国為替市場は必要でなくなる．

外国為替の業務を許されている銀行(外国為替公認銀行,為替銀行さらに為銀と略称されることもある)は,顧客と外国為替の売買を行うが,外貨の価格つまり為替相場は日々の新聞に報道されている.用語の使い方として,売為替というのは外国為替銀行の売却する為替のことをいい,買為替というのは銀行が買い取る為替のことをいう.為替銀行と顧客の間の為替の売買は,外貨のいわば小売り売買であって,ある銀行にとって売り買いが一致する保証はない.ある銀行ではある通貨の過剰,ある銀行ではある通貨の不足といった事態がいつでも起こる.このような状態を,銀行は外貨を売買することによって均衡化する.

銀行の外国為替業務は主として2つの目標をもっている.第1に,顧客からの需給に応じられるように,主要外国通貨を用意しておかねばならない.また,将来にかけて一定の時期に予想される顧客の通貨売買に応じられるように通貨の手配をしておかねばならない.これは,銀行の外貨の支払の要求に応じるための資金繰り,いわば流動性の目標である.

第2に,銀行は為替リスク回避という目標をもっている.銀行が顧客の求めに応じて外貨を売買し,流動性を保つように資金繰り操作をしていると,(1)売り為替の合計が買い為替の合計を超過する場合(売り持ち)と(2)買い為替の合計が売り為替の合計を超過する場合(買い持ち)が生ずることがある.すなわち,たとえば外貨としてドルを例にとれば,ドル建ての債権がドル建ての債務より大きくなったり小さくなったりする.たとえばドルの売り持ちとは,ドル債務がドル債権を超過している状態である.このような状態でドル相場が上昇すると銀行は損失をこうむる.

さて債権債務は発生する時期がそれぞれ異なり,将来の債権,債務にも為替リスクがともなうので,為替リスクを正確に計るには,現在から将来にわたるドル債務の現在価値を,現在から将来にわたるドル債権の現在価値と比較しなければならない.ドル債権全体の現在価値が,ドル債務全体の現在価値を上回るときには,ドルの為替相場が下落すると銀行は損失をこうむる.逆に下回る,つまりドル債務の純超過の場合には,ドルの為替相場が上昇すると損失をこうむる.したがって,銀行は為替リスクを回避するために為替持ち高を売り買い

同額にする(スクエア square にするという)ように努めるのである．

　外国為替業務に携わる銀行は，このように資金繰り操作と，為替リスクの回避の2つの目標を同時に達成するように行動している(商社とか，貿易その他の国際業務に携わる民間の経済主体も，同様にして資金繰り操作と為替リスク回避の2つの目標を達成しつつ行動している)．いつも顧客から，同額の外貨の売り注文と買い注文が同時に生じてそれを相殺できるとは限らないので，銀行は自らの外貨の売買によってこれを解消しようとする．資金繰り操作には将来の外貨の需給をも考慮しなければならないので，先物市場の章で説明するように，直物の売買と先物の売買を反対方向に組み合わせて行うスワップ取引が広く利用される．

　このような銀行の外貨の需給に基づいて，各国の金融センターでは，インターバンク(銀行相互間)の外貨の卸し市場が成立する．外国為替ブローカー(短資会社)が銀行間の外貨取引の仲介を行う場合もある．もちろん，市場といっても，一箇所に集まって外貨を取引するわけではないし，通常はドル札を鋳貨と円札と交換するということもない．ドル建ての預金や，短期の為替手形などが取引に用いられる．国内銀行相互間，国際的にも各国銀行間でコンピューターのネットワーク等によって外貨の取引が行われる．

　為替市場での外貨取引によって，通貨需給の均衡がもたらされる仕方は，為替相場制度のいかんに依存する．現在の日本のように，変動為替制度(flexible exchange rate system)が採用されている場合には，為替相場が変動して，外貨の需給が均衡するように働く．固定為替制度(fixed exchange rate system)の場合には，外貨の需給が一致しないとき国際収支の不均衡が生じ，それは原則として通貨当局の介入による外貨準備の増減によって吸収される．

　為替取引には直物取引と先物取引がある．直物為替は契約履行時が売買契約時と同時，もしくは数日以内の場合である．一方，先物取引は，売買契約時と契約履行時が時を異にする取引であるが，これについては第7章で説明する．

　外国為替市場は，円とドル，円とポンド，ドルとドイツマルクといったように，通貨と通貨の交換が行われる市場である．為替相場は，外貨と国内通貨との交換比率，あるいは外貨どうしの交換比率である．変動為替相場の下におい

ては，為替相場は外国為替市場の需給を均衡するように定まる．

為替相場の表示には，為替相場が通貨と通貨の交換比率であることから，2通りの表示が可能である．国内では，たとえばリンゴは何円というように，価格は円を計算単位として表示されるので，リンゴで表した円の価格というものは，理論的には存在しても実用性に乏しいが，為替相場においては2通りの表示の仕方がある．内貨建て(邦貨建て)といわれる表示の仕方は，外貨を内国通貨で表示する仕方であって，1ドルは110円という形をとる．一方，外貨建ての為替相場の表示は，国内通貨の1円が外貨のいくらに当たるかを示す，すなわち1円は1/110ドルという形をとる．両大戦間の日本の円は，たとえば100円=49ドルといったように外貨建てであったが，現在，イギリス，カナダなどの例外を除くと，内貨建てをとる国が多い．

2-1表，2-2表は『日本経済新聞』1994年6月28日付の一部を転載したものである．2-1表は前日(27日はじめて日本円は1ドル100円の壁を超えた)の銀

2-1表 外為対顧客電信売相場
(1994年6月27日)

		前日
米ドル	101.15	102.15
カナダドル	73.68	74.45
英ポンド	159.63	160.28
ドイツマルク	64.17	64.08
スイスフラン	76.60	76.24
フランスフラン	18.92	18.93
オランダギルダー	57.24	57.17
豪ドル	74.36	75.94
イタリア100リラ	6.74	6.76
中国元	12.04	12.00
香港ドル	13.39	13.52
マレーシアドル	39.50	39.90
シンガポールドル	66.48	67.09
メキシコペソ	33.89	34.25
タイバーツ	4.08	4.12
インドルピー	3.58	3.62
韓国100ウォン	12.48	12.60

出所：『日本経済新聞』1994年6月28日付．円は東銀，ウォンは韓国外換銀．

2-2表 1994年6月27日の円相場と対ドルレート

◇東京外為，円相場(銀行間直物，1ドル＝円)

		前日	
寄 付	100.10	101.11	直物売買高
高 値	99.50	100.35	113億9300万ドル
安 値	100.30	101.15	
終 値	99.93	100.40	スワップ売買高
中 心	100.00	101.10	106億9400万ドル

対マルク(1マルク＝円，クロス)　　　　63.35
◇日経インデックス(90年＝100)　日本円　155.0

◇主要外為，対ドルレート

	東　京 (終値)	ロンドン (13時)	ニューヨーク (10時)
日 本 円	99.93 (100.40)	100.10 (100.80)	99.85 (100.55)
英ポンド	1.5535 (1.5475)	1.5535 (1.5435)	1.5545 (1.5525)
ドイツマルク	1.5775 (1.5927)	1.5810 (1.5965)	1.5770 (1.5840)
スイスフラン	1.3208 (1.3405)	1.3265 (1.3385)	1.3230 (1.3275)

(注) カッコ内は前日終値，英ポンドは1ポンド＝ドル
出所：『日本経済新聞』1994年6月28日付．

行の対顧客電信売為替相場の一部を抄録したものである．これは，銀行の顧客に対する外貨のいわば小売相場である．売為替相場とは，銀行からみて外貨を売却する，つまり円で支払う顧客に外貨を売却する価格である．

　2-2表は，銀行間の外国為替相場を示す．対顧客売相場の方が，いわば卸し市場の銀行間の為替相場より高いのは，その差が為替銀行の手数料として差益になることを示す．

　もしn個外貨がある場合には，その相対的な交換比率である為替相場は，少なくとも，基準となる1つの通貨(たとえばドル)に対して$n-1$個定まらなければならない．そして，ドル以外の通貨相互間の為替相場は，ドル相場から裁定によって計算できる．たとえば110円が，ドル円レートであるときに，1ポンドが1.5ドルであるとすれば，1ポンドは，2つの基準の相対的関係から165円に当たることになる．この場合に，基準になった相場(1ドル＝110円)を基

準相場，ドルとポンド間の相場(1ポンド＝1.5ドル)をクロス相場，それから計算してできたポンド円レートを裁定相場という．

外国為替市場にも，それが市場である限り，一物一価の原則が作用しており，2つの市場で異なる値がつけば当然裁定が起こる．たとえば，ニューヨーク市場で1ポンドが1.5ドルであって，1ドルが110円であるにもかかわらず，1ポンドが170円という値が東京市場でついていたとしよう．簡単化のため取引費用を無視できるとすると，誰でもニューヨークで165円の円貨を1.5ドルに換えて，それを1ポンドに換え，それを東京で170円で売れば，労せずして5円の利益を得ることができる．したがって，東京市場でポンドに対する供給が増加し，円に対する需要が増加して，円は高くなりポンドは安くなる．そこで取引コストを無視する場合，2つの為替レートが与えられると，ポンドと円の間では1ポンドは165円とならなければならない．すなわち

$$(ポンドのドル価格) \times (ドルの円価格) = (ポンドの円価格)$$
$$1.5 \times 110 = 165$$

という関係が成立する．このような意味で，各国通貨間の為替相場の体系は，お互いに整合的に決まらなければならない．

2-2表もこのことを実例で示している．表の上の部分にある東京外為のところの対マルク・クロスレート63.35円は下の部分の対ドル・レート(終値)から

$$(マルクのドル価格) \times (ドルの円価格) = (マルクの円価格)$$
$$1/1.5775 \times 99.93 \simeq 63.35$$

という関係によって導かれる．

以上のように，裁定——さや取り——とは，異なる市場の価格差を利用して利益を得る行為である．この場合に，価格ははじめからわかっている，つまり既知であることを前提にしている．その点，後で説明する投機とは性質が違う．投機は，将来の価格，その他わかっていない未知の価格を利用して，自分の確信に基づいて行動して利益をあげようとする行為である．それに対して，裁定は，既知の価格でしかも市場間で価格差があることを利用して，何ら実質的な危険を負担せずに利益を得る行為である．

第2章 注

1)　本章の一部は Yeager, L. B., *The International Monetary Mechanism*, Holt, Rinehart, 1968(邦訳，徳永清行監訳『国際通貨機構』ミネルヴァ書房, 1971年)に負うところが多い．

第3章　為替市場と為替レート

　外国為替市場における為替相場需給調節機能と為替制度の意義を明らかにするために，以下ではきわめて簡単な状況を仮定して議論を進める．

　　経済学者は仮定するのが好きである．そこで，余談になるが経済学者はなぜ仮定をするのかを考えてみよう．最近よく聞かれる笑話に次のようなものがある．物理学者，化学者，そして経済学者の3人の乗った船が難破して無人島に漂着した．空腹の彼らの前においしそうな，肉の缶詰がある．しかし缶切りがない．物理学者いわく，「この缶を一定の高さから落とすと，丁度よく缶が割れるはずである」．化学者いわく「幸い固形燃料がそこにある．この缶を一定温度にまで熱すればうまく缶が爆発し，しかも中の肉は散逸しない」．経済学者はそれを聞いていて，「いや何も心配することはないよ．缶切りがあると仮定すればよいではないか?!」[1]
　経済学者を自己弁護するのがこの教科書の目的ではないが，経済学者が簡単化の仮定を行うのは，単純な状況を考察することによって，経済現象の論理をより純化して取り出すためである．国際金融論で画期的な業績を残したマンデルが私に語ったところによると，「経済現象全体が将棋だとすると，経済モデルは詰め将棋のようなものである．詰め将棋である一つの手筋を示すためには，全部の駒を並べておく必要はなく，局面を簡単化して必要な駒だけをおけばよい」．したがって，経済学者の置く仮定の是非は，その仮定を置くことが，どのように現実の経済現象を理解するのに役立つような——経済的な——洞察をもたらすかによって判断されねばならないのである．

　さて，本題にもどって，まず世界に2国（日本とアメリカ）しかなく，両国間には貿易取引しか存在しない世界を想定しよう．しかもここでは輸出入は貿易財の価格のみによって決定される状況を考えよう．輸出品，輸入品はそれぞれ1財だけで，日本は自動車をアメリカに輸出し，アメリカはグレープフルーツを日本に輸出しているものとする．このような簡単化の想定の下では輸入額は外貨の需要を意味し，輸出額は外貨の供給を意味する．（以下では輸入は外貨

建て価格が一定であり，輸出は自国建て価格が一定であるケースを分析する．)外貨に対する需要は，自国の通貨を支払って外貨を獲得する行為であるから，自国通貨の供給を意味する．同様に外貨に対する供給は，自国の通貨の需要を意味する(J. S. ミルはこのような状態を相互需要の原則と呼んだ)．くり返せば，為替市場において，ドルの供給は円の需要に等しく，円の供給はドルの需要に等しい．そして，この簡単化の仮定の下では，外貨需給の均等は輸出入の均等を意味することとなる．

現実の為替市場における為替相場の決定は，輸出入のための通貨の需給だけでなく，資本移動や金利裁定，投機などによる通貨の需給によって大きな影響を受ける．しかも，輸出入から派生するフローの次元での需給のみならず，資産をどの通貨建ての資産で持つかという，ストックの次元での需給が重要な意味をもってくる．為替相場がどのような要因によってそしてどのようなメカニズムによって決まるかは，本書全体の主要な課題であるが，ここでは為替相場決定のメカニズムの理解の手始めとして，通貨の需給が貿易だけで決まる場合を考える．いいかえれば，本章のモデルは資本取引が禁止されていて，フローの貿易取引だけから通貨の需給が決まるような世界での，為替相場決定のメカニズムを示すものである．

まず，変動相場制度の場合から議論をはじめよう．変動相場制の下では，通貨の需給によって，通貨の相対価格である為替相場が定まる．したがって，需給を表すグラフを書くと，需要曲線と供給曲線の交点で通貨の価格と取引量が決まるという形をとる．ここで，たとえば $\$1=\yen 100$ というように，外貨を自国通貨で表したものが内貨建ての為替相場である．変動相場制の下では，需給の均衡(3-1図における A)で外貨の価格である為替相場が定まり，そして輸出入の大きさは，外貨建てでは OM の長さ，内貨建てでは(円建てに変換するにはドルの大きさに内貨建て為替レートを掛ければよいので)面積 $OMAP$ の大きさで測られることがわかる．市場の安定性とは，市場価格が需給をクリアーする均衡価格から離れたときに，価格を均衡価格にもどすような力が働くことを意味する．もし外国為替の均衡が不安定であると，せっかく為替相場を変動させても為替市場が需給調整の役割を果たせなくなる．

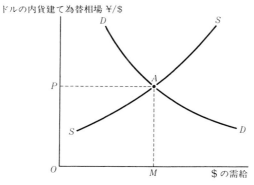

3-1図　変動相場制下の為替相場決定

　さて，このように需給均等で決まる為替市場の均衡が安定であるかが，昔から議論されてきた．（安定性の概念には，ワルラス的な安定，マーシャル的な安定，その他の概念があるが，ここではもっとも自然と思われるワルラス的な安定条件を考えてみよう．ワルラスの安定性の条件は，実際の価格が均衡価格を上回ると，供給が需要を超過して価格を下げるような力が働くという条件である．）

　ワルラスの安定条件は，右下がりの需要曲線と右上がりの供給曲線の組み合わせの際には，必ずみたされる．外貨の需要曲線は，通常為替相場に関して右下がりの曲線である．しかし，外貨の供給曲線は，必ずしも右上がりであるとは限らない．それは次のようにしてわかる．

　簡単化のため，輸出品の輸出国での国内通貨建て生産価格が，輸出量にかかわらず一定である場合を考えてみよう．アメリカの輸出品，たとえばグレープフルーツのアメリカの国内価格が，ドル/円レートにかかわらず1ドルで不変であるとしよう．この仮定の下では，ドルの内貨建て為替相場が1%上昇すると，グレープフルーツの価格も日本国内において1%上昇することになる．1ドルが100円から101円になるとすると，1ドルで売られていたグレープフルーツのパッケージも，はじめ100円だったのが101円に上昇する．1%価格が上がった輸入品に対する日本の国内需要は，需要の弾力性[2]をεとすると，ちょうどε%だけ下がる．仮定によって，外貨に対する需要は輸入による需要で

決まるので，ちょうど $\varepsilon\%$ だけ減少する．このように以上の単純化の仮定の下では，外貨の需要曲線は右下がりであることが明らかになる．

　他方，日本の輸出品に対する需要はどれだけ増加するであろうか．ドル相場が1%上昇した（100円から101円になった）ときに，日本の自動車の生産コスト，たとえば100万円は仮定により変わらないので，アメリカの輸入自動車の価格は1%安くなって1万ドルから約9900ドルに変化する．したがって，ε^* が外国の輸入品に対する需要の弾力性を示すときに，輸出量の増加は $\varepsilon^*\%$ である．しかし，$\varepsilon^*\%$ 増加した輸出需要が，そのまま $\varepsilon^*\%$ だけの外貨の供給増にはつながらない．すでに1%ドルの為替レートが上がっている（すなわち，円相場が切り下がっている）ので，1台の自動車は，前に稼いだ外貨の99%しか外貨を稼げない．したがって，輸出に伴うドルの供給は1台分について1%減る．したがってドルの供給の純増加率は，ε^* から1を引いた $(\varepsilon^*-1)\%$ にすぎなくなる．したがって，ε^* が1より小さいときには，ドルの供給が減少することもありうる．つまり，外貨の供給曲線は右上がりになるとは限らず，右下がりになることもありうるのである．しかし，供給曲線が右下がりであっても，3-2図のように供給曲線の勾配の方がより急な場合には，依然としてワルラス的な安定性は保たれる．なぜならば，1%ドルの為替レートが上がったとき，ドル通貨の需要も供給も減るが需要の方がより大きく減れば，ドル価格を下げる力が市場で働くからである．

　すなわち，超過需要曲線が価格に右下がりとなるからである．このことから安定条件は ε が $1-\varepsilon^*$ よりも大きいという条件で与えられることがわかる．つまり $\varepsilon+\varepsilon^*>1$ である限り，貿易収支だけからなる為替市場は安定条件を満たすことになる．これが為替市場で，普通マーシャル＝ラーナーの条件と呼ばれる安定条件[3]である．両国において輸出財の供給価格が輸出国の通貨で測って一定である場合，つまり供給の弾力性が無限大であって，しかも所得効果を無視できるときには，輸出需要と輸入需要との弾力性の和が1よりも大きければ為替市場は安定的である[4]（3-2図参照）．

　さて，為替市場の安定性がみたされないときには，国際収支が赤字になったときに自国の為替相場を切り下げても，国際収支は改善されないどころか赤字

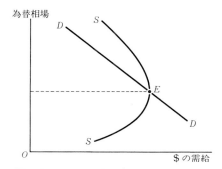

3-2図 為替市場の安定性（Walrasian Stability）

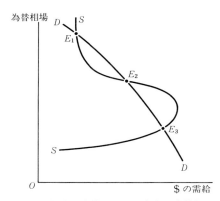

3-3図 安定な為替相場と不安定な為替相場

がかえって増えてしまう．3-3図は，安定的な為替相場の均衡値の間に不安定的な均衡値 E_2 がはさまれている形で示しているが，E_2 の近傍では内貨建て為替レートを上げること，すなわち自国通貨を切り下げることが，外国為替に対する超過需要を増加させてしまう．したがって，為替相場の正常な需給均衡機能が E_2 の近傍では果たされていない．このことにもとづいて，変動為替相場に対する一つの反対論として，「後進国における農産物とか鉱物資源とかいう場合には，需要の弾力性の和が1よりも小さくなってしまい，変動為替相場はうまく機能しない」という議論が展開された．これが「弾力性悲観論」といわれる考え方である．

　さて，以上の議論は，両国において輸出財の供給価格が輸出国の通貨で測っ

て一定である，つまり輸出財の供給が無限の弾力性をもっているという前提の下で進めてきた．輸出財の供給の弾力性が有限であると，安定条件はより一般的な条件に変わる．第1財は輸出品であり，第2財を輸入品であるとする．そして国内の需要弾力性を ε で，供給弾力性を η で表し，外国の需要弾力性を ε^*，供給弾力性を η^* で表すと，導出は省略するが，ロールセン＝メツラーの条件といわれる次のような外国為替市場の安定条件が導かれる[5]．

$$\frac{\eta\eta^*(\varepsilon+\varepsilon^*-1)+\varepsilon\varepsilon^*(1+\eta+\eta^*)}{(\eta^*+\varepsilon)(\eta+\varepsilon^*)} > 0$$

この式の分母の第2項はいつも正なので，供給の弾力性が無限大でないことは，安定性を増す方向に働く．この条件が ε と ε^* を一定にしておいて，供給の弾力性 η や η^* を無限大に近づけるとマーシャル＝ラーナー条件に収束することも確かめることができる．

　もちろん，為替相場が極端に高くなったり，極端に低くなった場合には，為替レートが外国為替の需給均衡を調節する力をもつことは明らかである．たとえば，ドル相場が大幅に上がって，1ドルが500円という値がついたとしよう．アメリカからのすべての輸入品はきわめて高くなるので，ほとんどの輸入はストップする．また，このような極端な円安の下では，日本全体が安売り市場となって輸出は増え大幅なドルの超過供給が生ずる．また，逆に円高が進行して1ドルが50円となったとしよう．そうなるとアメリカ製品はすべて安売りとなり，ほとんどの物が輸入すると有利となり，輸出はほとんど不可能となる．（実際，かつて英ポンドが安かったときには，ヨーロッパからロンドンまでの日帰りの買い物のためのエア・バスがあった．またアメリカからコンコルドで飛んでも割がよかったという話もある．なお現在時点(1995年)では，アメリカの物価の方が日本やヨーロッパに比べてずっと安い．）したがって，為替相場が極端に高かったり極端に低かったりする場合には，安定的な均衡点があることが常識からも推測できる．すなわち3-3図における E_1 とか E_3 のような均衡点が必ずどこかで存在するはずである．そうだとすれば，E_1 と E_2 の範囲内において為替相場は不安定に変動するかもしれないが，両側には安定的な均衡点が存在することになる．それゆえ，変動為替相場がある中間的な為替相場の近く

ではうまく機能しないことがあっても，グラフ全体を大域的(global)に見れば，変動為替相場は通貨需給を均衡させる傾向をもつと考えられる．

ここまでの議論では，為替相場変化の効果が働くまでの時間を考慮しなかった．実際には，為替相場の変化が貿易活動に効果を及ぼすまでに時間がかかる．そこで中長期には安定な為替市場でも，短期には，予想された方向と逆の影響が生ずることがある．これが近年盛んに議論されるJカーブ効果である．すなわち為替レートが変動しても，調整効果が現れるまでに時間がかかり，ある一定時間の後に貿易収支がやがて本来の調整に入るプロセスがJの形に似ているために，Jカーブ効果と呼ばれる．

簡単のため再び，輸入品の価格がドル建てで一定で，輸出品の価格は円建てで一定の場合を考えよう．自国の通貨が切り下げられても，その効果は直ちには貿易数量に及ばないことが多い．輸入についていえば，市場で輸入価格上昇の効果があらわれて輸入量の減少するまで時間がかかるので，ドルの輸入支払額は短期には一定である．他方，輸出についていえば，輸出量はすぐ増加しないにもかかわらず，自国通貨の切り下げによって輸出品1単位の稼ぐドル収入は減少する．したがって，輸出全体の稼ぐドルは少なくなる．このような効果が重なると，自国の為替レートが切り下げられても，短期的にはかえって貿易収支が悪化する．(これは先の弾力性分析で$\varepsilon \fallingdotseq \varepsilon^* \fallingdotseq 0$としたときに対応している．)したがって，為替レート切り下げの際には，貿易収支はかえって悪化し，時間が経つにしたがって，需要が価格に弾力的に反応するようになってはじめて貿易収支が改善する．3-4図は，横軸に自国通貨が切り下げられた後の時間を，縦軸に貿易収支の変化を示したものである．図のようなJ型の曲線が得られるのでJカーブの名がある．変動制下では，為替レートはたえず変動しているので，観測される貿易収支の動きはJカーブの重ね合わさった(各時点でそれまでの為替レート変動の効果を足し合わせた)ものに他ならない．

外国為替市場の調整の仕方，したがって国際収支の調整の仕方には，変動為替制度(フロート)以外にもいくつかの方法がある．現在の世界では，先進国間では変動為替制度がより支配的であるが，1960年代まではIMF制度によるアジャスタブル・ペッグ制がとられていたし，より古く，特に第1次大戦以前の

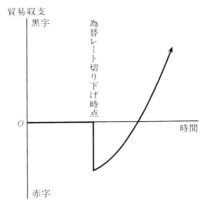

3-4図　国際収支調整のJカーブ

世界では，金本位制が行われていた．そこで，次に，金本位制やアジャスタブル・ペッグ等の固定為替制度における為替市場の調整を簡単に説明しておく．

金本位制の下においては，一定量の金と通貨価値とが結び付けられており，中央銀行がいつでも通貨と金との兌換に応ずる建て前になっていた．そして，外国に金を自由に輸出し，外国から金を自由に輸入することが原則的に許されていた．そこでは，各国の為替市場は，各通貨に含まれる金の純分の比率を基準にして決まっていた．たとえば，IMFの初期の段階では金の公定価格は35ドルが1オンス（これは普通の度量衡の1オンスとはわずかばかり違って，トロイオンス（約31グラム）という尺度である）に固定され，12,600円が1オンスと決められていた．金を媒介としたドルと円の関係は1ドルが360円になる．これが法定平価である．

IMF体制は純粋な金本位制ではなかったが，かりにこの平価をもとに金本位制がとられている場合を想定して金本位制の基本的メカニズムを説明しよう．金本位制の下では法定平価を中心として，外国に金を現物で送るのに要する諸費用，すなわち，運賃・保険料などの諸費用（これを現送費用という）を加減した範囲内でしか動かないことになる．それは次のような理由による．

ここで，1ドル当たりの金を輸出入するのに，3円現送費用がかかるものと仮定しよう．363円以上にドルが高くなったときには，日本の輸入業者はドルを

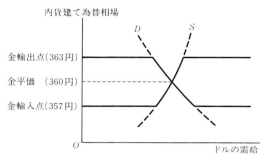

3-5図　金現送点と為替相場

外国為替市場では買わないで,金を日本政府から買いそれをアメリカに現送する方が有利になる．逆に,360円から3円を引いた357円以下にドルの為替相場が下がったときには,アメリカの輸入業者は為替市場で円を買わずに,ドルでアメリカの中央銀行から金を買い,それを日本に現送する方が有利である．そのように,法定平価を中心として,外国に金を送るに要する現送諸費用を上下に加減した範囲内で為替相場が決まることになる．すなわち,3-5図に見るように,為替相場が金平価の前後の金現送点,つまり金輸出点と金輸入点(日本にとってみれば,金輸出点というのは363円,金輸入点というのは357円)を逸脱するときには,需要も供給も無限に弾力的になってしまう事態が生ずる．すなわち,ドルが363円になったときには,もはや誰も外貨を買おうとはしない(すべての人が外貨をむしろ売ろうとする)状態になるし,357円以下になったときは全ての人が外貨を買おう(誰も外貨を売ろうとしない)とする状態になる．

このシステムが,いわゆる金本位制のゲームのルールである価格・正貨移動のメカニズム(price-specie-flow mechanism)と結びついたときに,金本位制は一国の国際収支を均衡させると考えられたのである．価格・正貨移動のメカニズムとは次のようなものである．すなわち,日本の輸入が増えて,外貨の需要曲線が右にシフトすると,金流出が起こる．しかし,金を日本銀行から買うためには,円貨を払い込まなければならないので,日本の通貨は収縮する．そして日本の物価が下落し所得が減少して,日本の輸出は増加する方向に向かう(輸入は減少する方向に向かう)．逆に,金を受け入れた国(例えばアメリカ)で

は，その金を，中央銀行に売り渡すことによってドル預金が増え，信用拡張が起こるので，ちょうど逆の方向に通貨が拡張し所得増加・物価上昇の傾向から，輸出の減少・輸入の増加が起こる．そのようなメカニズムを通じて，一国から絶えず金が流出し続ける（一国に絶えず金が流入し続ける）ようなことは起こらない．このように，金本位制が外貨準備を基礎とする貨幣システムと結びついたときに，国際収支の均衡はうまく保たれるという価格・正貨移動メカニズムが，ヒューム以来金本位制のゲームのルールとして考えられたのである．

およそ1880年から第1次大戦の始まる1914年の間，ロンドンを金融市場の中心として，金本位制がうまく働いていたと言われている．第1次大戦と第2次大戦との間においては，各国はしばしば変動制を採用し，平価の切り下げ競争を行ったために，国際通貨制度が非常に不安定であった．その経験から，固定通貨制を基本とした国際金融制度を確立しようという意図で，第2次大戦の終わる直前に，アメリカ，ニューハンプシャー州の緑こきブレトン・ウッズで国際金融会議が開かれた．

この国際会議の結果としてできたのが，ブレトン・ウッズ（IMF）体制である．この体制がアジャスタブル・ペッグ（調整可能な釘付け）制といわれるのは，平価は金との関係（ないしドルとの関係）で固定されるが，いわゆる「基礎的不均衡」（憲章ではこの語の意味は定義されていなかった）があるときのみ平価を変更することができるという折衷的なシステムだったからである．そして10％以内の変更であれば，IMFがその変更を自動的に認めるけれども，10％以上の平価変更に関してはIMFの許可が要るというシステムであった．

アジャスタブル・ペッグ制の下においては，通貨当局（日本の場合は大蔵省の外国為替資金特別会計）[6]は為替レートを固定平価の上下1％（日本で実際上は，当初0.75％，後にニクソン・ショック後ブレトン・ウッズ体制が崩壊してから拡大されて一時2.25％）の間に保つように外貨の売買による介入を行わなければならなかった．たとえば，輸入が伸びて外貨に対する需要が増加したとき，市場の赴くままに任せておけば，平価の上下1％の幅を乗り越えて内貨建て為替相場が上昇してしまう（つまり自国通貨が下落してしまう）可能性がある．その場合，通貨当局は，外貨で自国の通貨を買うことによって，為替レートを

許容変動幅の中に収める操作を行ったわけである．このような形で，介入して為替レートを固定するところが，アジャスタブル・ペッグの「ペッグ」の意味である．

つまり，すでに金と通貨との直接的関係が絶たれている(すなわち管理通貨制度下にある)ので，金の現送をもって平価を保つことはできないから，通貨当局の外国為替市場への介入によって平価の変動幅を一定以内に保つことを原則としたのである．

そして，そのような操作を続けるには通貨当局は外貨を必要とするので，通貨当局が外貨危機におちいって国際収支のバランスを回復できなくなる場合にのみ，平価の変動を許すというのが，「アジャスタブル」という意味である．つまり固定為替制度ではあっても，事情によっては平価変更を許すのである．

3-6図でこれを説明しよう．輸入が急増して外貨に対する需要が増大するときには，変動為替相場の下であれば為替相場が変動して均衡が保たれる(すなわち P' のようなところで均衡が保たれる)が，固定制下では為替相場の変動幅を超えてしまう．そこで，通貨当局が外貨を供給する(外貨をもって円を買う)ことによって，為替レートの変動をくいとめると，PQ だけの外貨が国外に流出する．逆に，例えば輸出が急増し，外貨供給が増えたときには，通貨当局は平価の1%以下に外貨の為替レートが下がることを避けるために，外貨を買い

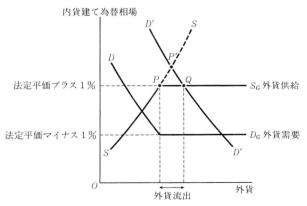

3-6図 アジャスタブル・ペッグ制下の調整

上げる操作を行う．たとえば，日本が変動相場制に移行する以前，1971年8月と73年2月に2度にわたって体験したように，日本銀行に外貨が大幅に蓄積される．

　この調整の仕方には，赤字国と黒字国とで非対称性がある．なぜならば，国際収支赤字の場合には通貨当局の持つ外貨準備には限度があるから，永久に外貨を売り続けるわけにはいかない．が，黒字の場合には，外貨を蓄積しようと思えば，少なくとも論理的には無限に外貨を蓄積することも可能だからである．

　さてアジャスタブル・ペッグ制の意図は，為替相場を原則として固定しておいて，危機的な状況のときのみに平価の変更を認めるという形で，変動為替制の良い面と固定為替制の良い面を組み合わせようとするところにあった．ところが，為替レートを変更する条件としての「基礎的不均衡」(fundamental disequilibrium)が，何を意味するかについて，すでに述べたように，IMF憲章に何ら具体的な規定がなかった．その解釈に関して，学者の間でも多くの論争が行われたし，実際に平価切り下げの是非が問題になるときには，かなり政治的な次元での論争が行われ，関係国間で意見の相違がよく生じたのである．

　したがって，アジャスタブル・ペッグ制は，その意図とは裏腹に，一方では，各時点の需給に応じて柔軟に為替相場を調整できる変動為替相場の長所を否定し，他方では基礎的不均衡の場合の平価変更の可能性があるために，人々が平価が永久に固定されると考えることでうまく機能する，つまり将来の為替レート安定性に対する信認を利用できるという固定為替相場の長所をも否定している．このように，アジャスタブル・ペッグ制は，むしろ両者の悪い面を結合したものだという意見が強かった．

　特に，この制度は幾多の不安定的な投機を生んだ．後述するように，投機は市場を安定化する役割を果たす．しかし，アジャスタブル・ペッグ制の下で，平価変更が予想されているときには，投機は市場の不安定性を強める．たとえば，平価切り上げの予想があるときには，平価切り下げの心配はほとんどない．切り上げの予想される通貨を買う投機主体は，切り上げが起これば非常に儲かる．そして，彼らの予想がはずれても，その通貨は切り下げられるわけではないので，まあとんとんとなる．その意味で，この賭けは負けることはほとんど

なく，勝つ可能性がかなりあるという性質の賭けである．イーガーのたとえをかりれば[7]，銅貨を投げて表が出れば儲かるし，裏が出てもとんとんという儲けの機会を投機家に提供することになり，投機が大きな不安定化要因として働く．現在の平価が保たれると人々が信頼するときに投機は安定化に向かうのに対して，信頼がくずれると，投機そのものが切り上げないし切り下げを助長するように働く．金本位制下でも，アジャスタブル・ペッグ制の下では，一方的な投機が起こってしまうと，政府の金準備，外貨準備の量が急激に減って，とても現在の平価を持ちこたえられないだろうという期待を生み，それがまた投機を激化するのである．このプロセスが，投機アタック(speculative attack)の理論として最近議論されている[8]．

1973年以来の変動為替制の経験は，決して十二分に満足すべきものではないが，それ以前のアジャスタブル・ペッグ制よりもよく機能していることは疑いがない．世界の主要為替市場が閉鎖されるといったことが1973年以後起こっていないことからもそのことがわかる．現在の制度の問題点は，資産価格である為替レートが購買力平価その他のファンダメンタルズから離れて変動しすぎるところにあるが，これについては後述する．

要するに，為替制度には変動為替制（フロート制）と固定為替制がある．固定為替制は，通貨と金（他の商品でも理論的にはよいがそのような例は稀である）とを平価で結び付ける金本位制によるか，通貨当局の介入（たとえば旧IMF体制の場合）によって維持される．旧IMF体制のブレトン・ウッズ体制は，アジャスタブル・ペッグという形で，常時は固定為替制で，ときおり為替平価が変更されるシステムであった．

1973年3月以降，主要先進国は変動為替制を採用している．純粋な変動為替制はクリーン・フロートとも呼ばれ，その下では通貨当局は為替市場に介入せず，つまり外貨の売買を行わずに，市場に為替レートの決定をまかせるのが原則である．しかし，1973年以後，各国通貨当局は為替レートの動きに影響を与えようとして，ときおり介入を行ってきた．特に，主要先進国による1985年9月のプラザ合意以後，各国は時には自力で，時には協力して為替市場に積極的に介入するようになり，このようなシステムは，管理フロートと呼ばれる．（一

時はダーティ・フロートとも呼ばれたが、現在はほとんどこの呼び方はされない。管理フロート自体には何らダーティ——汚いとか恥ずかしい——な意味はないからである。）さらに1987年2月のルーブル合意後は、為替レートの変動に上下の変動幅の枠をもうけ、それから為替レートが乖離しようとすると、市場介入によってそれを防ごうとするターゲット・ゾーンが暗黙のうちにもうけられた時期もある。したがって、現行の制度は変動制が原則ではありながら、管理フロートの性格も強く、介入の程度の強いときには固定制に近い性質を示すこともある。

第3章　注

1) Polinsky, A. M., *An Introduction to Law and Economics*, Little, Brown & Co., 1983（原田博夫・中島巌訳『入門 法と経済』HBJ出版局、1986年）、1ページによる。

2) 需要の弾力性とは、価格が1%上がったときに需要が何%減少するかを示す値であり、供給の弾力性とは、価格が1%上がったときに供給が何%増加するかを示す値である。

3) この安定条件に誰の名を付けるかということをも含めて、一層の説明は小宮隆太郎・天野明弘『国際経済学』岩波書店、1972年、319ページを参照。

4) 正確にいうと、ここでの議論は、需給に及ぼす価格の効果だけを考えており、所得を通ずる効果を無視していることに注意されたい。

5) この式の導出の仕方を知りたい読者はたとえば小宮・天野『国際経済学』前掲箇所を参照されたい。

6) 国際金融の議論において「通貨当局」(monetary authorities)という言葉は、外国為替市場に介入する主体を意味すると同時に、為替政策を決定する政策主体を意味する。法律的には、介入を含めて為替政策を決定する権限は大蔵大臣にあり、介入する主体は大蔵省の外国為替資金特別会計（外為会計）であるが、日本銀行は外為会計の代理人として行動する。したがって、外国為替市場で外貨の買い介入をしたときには、日本銀行の外為会計への負債とともに資産勘定に外貨準備が増加する。そのため、本書で国際収支の理論的分析を行う際、外貨を中央銀行である日本銀行が買い上げるという表現を用いることもあるが、正確には以上のような意味である。

通貨(為替)当局，そしてその他の為替業務の当事者に関する明快な説明は小宮隆太郎・須田美矢子『現代国際金融論(理論編)』日本経済新聞社，1983年，23-26ページを参照せよ．

7) Yeager, L. B., *The International Monetary Mechanism*(邦訳『国際通貨機構』，前掲)．

8) たとえば，Salant, S. W. and D. W. Henderson, "Market Anticipations of Government Policies and the Price of Gold," *Journal of Political Economy*, Vol. 86, 1978, pp. 627-648. Krugman, P., "A Model of Balance of Payments Crisis," *Journal of Money Credit and Banking*, Vol. 11, 1979, pp. 311-325.

第4章 国際収支

　国際金融は，国際間の通貨の相互関係をとりあつかう．国際間の通貨の受取と支払を量的にとらえるのが，国際収支の概念である．国際通貨相互の交換比率，価格比率が為替レートである．したがって，国際金融の中心概念は，その量的な表れである国際収支と，その価格的な側面としての為替レートであるといえよう．本章では国際収支の概念を説明する．

　国際収支表は，一国が一定期間に行ったすべての対外取引を総括して記載したものである．厳密に言うと，ある国の居住者[1]と非居住者との間の対外取引を総括して記載したものである．個人にたとえてみれば，それは現金出納帳のようなものである．国際収支表は，どれくらい国民全体が外国から外貨を受け取り，どれくらい支出したか，そしてその結果どれだけ外貨準備その他の流動資産が蓄積されたか（あるいはマイナスの蓄積つまり食いつぶしが行われたか）を示す．したがって国際収支表は，企業の損益計算書とは違って，一国がどれだけ儲けたかを示すものではない．たとえば経常収支が黒字であるときに，一国は外貨資産を蓄積していることがわかるが，そのことは一国が必ずしも儲かっていることを意味するとは限らない．小宮隆太郎氏が強調するように[2]「黒字が得」というわけではないのである．

　国際収支表は複式簿記の原則に従って書かれている（4-1表参照）．外貨の流入を伴う取引は勘定の左側，すなわち貸方に書かれる．そして外貨の流出を伴う取引は，勘定の右側（借方）に書かれる．すなわち，経常勘定においては，物資およびサービスの輸出が左側に，輸入が右側に書かれる．そして，移転支出（たとえば無償贈与等）の受取は左側に，支払は右側に書かれる．資本勘定においては，資本輸入が外貨準備の増加をもたらす取引なので，勘定の左側に書かれ，資本の輸出は右側に書かれる．そこで一見，経常勘定の輸出入と資本収支の輸出入が逆転しているかのような感じを与えるが，資本輸入は債務証書（I. O. U.——I owe you の略）の輸出であると考え，資本輸出は債務証書の輸入で

4-1表　国際収支表

			貸　　方	借　　方
公的決済ベースの国際収支	総合収支	基礎収支 経常収支	財・サービスの輸出	財・サービスの輸入
			無償贈与(受取)	無償贈与(支払)
		長期資本収支	資本輸入(I.O.U.の輸出)	資本輸出(I.O.U.の輸入)
		短期資本収支	(為銀以外の)短期資本の輸入	(為銀以外の)短期資本の輸出
			為銀による短期資本の輸入	為銀による短期資本の輸出
			外貨準備の減少	外貨準備の増加

あると考えれば，この書き方が相互に整合的であることがわかるであろう．

国際収支表は複式簿記の原則によっているので，外貨の流入そのものは勘定の左側に，流出は右側に書かれる．つまり，外貨準備の増加をもたらす経常，資本取引が貸方に記入されるのに対応して，外貨準備の増加は借方に記入され，外貨準備の減少をもたらす経常，資本取引が借方に記入されるのに対応して，外貨準備の減少は貸方に記入される．これによって，国際収支勘定は全体としてバランスする．すなわち，複式簿記の原則により，各取引において，必ず貸方と借方の金額が一致するように記録されるから，それを総計したものも一致する．つまり国際収支表を全体として見れば，貸方と借方の総計は一致する．

したがって，国際収支の赤字とか黒字とかいうときには，どこまでの取引を集計して，国際収支の黒字や赤字として定義するかを決めなければならない．すなわち，どこで線を引いて，その上側(above the line)までの総計を国際収支の不均衡と考えるか，という問題が起こる．

その線の引き方に対応してさまざまな国際収支の概念がでてくる．まず，財の輸出から輸入をさし引いた貿易収支の概念がある．次に経常収支がある．すなわち，財やサービスの輸出と無償贈与の受取から，財・サービスの輸入，無償贈与の支払を引いたもの，すなわち財やサービスの輸出入と贈与に伴う外貨準備の増減の総計を経常収支と呼ぶ．日米経済摩擦などで，日本の対米国際収支が黒字になりすぎるという批判が行われるのは，貿易収支や経常収支に関してである．

経常収支が黒字であることは，一国の消費，投資支出，政府支出の和である総経常支出が所得を下回っていることを意味する．国民総所得を民間と政府が消費し，国内の実物資本に(将来の消費のために)投資しても，なお余剰があるので，一国が対外資産を蓄積していることを意味する．経常収支の黒字の国は，外国に対して余剰資金を供給し，外国に対する純資産を蓄積している国である．過去30年間近く日本の経常収支は毎年のように黒字を続けてきたが，このことは日本が貸し手となって世界に資金を供給し続けてきたことを示す．逆に，アメリカの経常収支が赤字であることは，アメリカ国民が自らの稼ぐ収入以上の暮らしをしていて，外国から借金を続けていることを示している．

　次に，資本収支の概念がある．国際収支表では，便益上，債券の償還期間が1年を超えるものを長期資本，1年以内のものを短期資本と区別していたこともある．そして，長期の資本輸入の総額から長期の資本輸出の総額を引いたものを長期資本収支，短期の資本輸入の総額から短期の資本輸出の総額を引いたものを短期資本収支と呼ぶ．(最近は長期，短期の区別をしないことが多くなった．)そして，経常収支に長期資本収支を加えたものを「基礎収支」(basic balance)と呼ぶ．

　さて，国際収支は，一国が外貨を蓄積しているのか，食いつぶしているのかを示そうとする概念である．したがって，資金繰りの結果として外貨が増えた場合には，国際収支の黒字から除外して考えたいときがある．かりに長期資本収支は，一国の自律的な基礎的な収支であるが，短期資本収支は資金繰りだとすると，経常収支と長期資本収支の和を考慮することによって，一国の外貨蓄積の状態が，資金繰りの効果を無視したときに増えているか減っているかを知ることができる．こういう考え方による収支が基礎収支の概念である．

　さて，基礎収支に短期資本の輸出入のバランスを全部加えて，これを国際収支概念とすれば，外貨準備の増減がそのまま出てくるはずである．しかし，日本では短期資本の輸入を2つに分けて，経常収支に為替銀行部門の短期資本の輸入・輸出を除いた資本の輸出入のバランスを加えたものを，総合収支と呼んでいる．

　総合収支の概念に，為替銀行の短期資本の輸入や輸出を含めない理由は，基

礎収支の理由づけに似ている．つまり，ここでは，銀行以外の民間の短資移動は，経済原則にしたがった自律的なものであるが，為替銀行による短期資本の輸入や輸出は，資金繰りのための調整的なものだと考えている．たとえば，国際収支が悪化して外貨準備が不足したとき，為替銀行が短期資本を借り入れて外貨準備の不足をおぎなう形で，資金繰りが行われることがある．また，外貨準備が増え過ぎたときに，為替銀行は，外貨資産を短期資本輸出で外国市場に放出することが可能である．また，為替銀行の短期資本の輸出入は，政策的に政府が操作しうる量と考えられていたことがある．したがって，国際収支には，経済活動がノーマルな状態で行われたときに自律的に行われる取引のバランスを計上するものだとすると，外国為替銀行の短資取引は国際収支から除外した方がよいとも考えられた．そこで，為替銀行の行う短期資本の輸出入を，国際収支から除外する総合収支の概念が生まれてきた．

　もっとも明快な国際収支の概念は，「公的決済ベースの国際収支」である．公的決済ベースの国際収支とは，（為替銀行を含めた）民間部門全体の経常収支と，長期，短期の資本収支を加え合わせたものである．民間の経常収支と長期短期の資本収支の和は，通貨当局がどれだけ外国通貨，外貨資産を蓄積したかに等しくなる．複式簿記の原則からもわかるように，民間部門の財やサービスの純輸出と，民間部門への資本の純輸入を加えると，それは通貨当局の外貨資産（通貨）の増加に等しいはずだからである．

　公的決済ベースの国際収支の概念は，どの短期資本取引が資金繰りのための調整的なものであるかといったいわば恣意的な区別によらない，すっきりした概念である．しかも，純粋な変動制（クリーン・フロート）の下では，通貨当局は為替市場に介入して外貨の売買を行わないので，原則として公的決済ベースの国際収支はゼロとなるはずである（実際は通貨当局の外為勘定に特別引出権（SDRs）がくばられたり，外貨資産の利子が支払われたりするので多少の増減はある）．そういう意味で，変動制の下では，公的決済ベースの国際収支は重要な意味をもつ．また管理フロートの下では，公的決済ベースの国際収支は通貨当局の為替介入の大きさを示すこととなる．

　4-2表（および4-3表）に，1993年の日本の国際収支表（IMFの基準にのっと

4-2表　国際収支表(総括表) 1993年
(単位 10 億ドル)

	受取	支払	収支
経常収支			
輸　　出	351.2		
輸　　入		209.7	
(貿易収支)			141.5
貿易外収支	203.5	207.5	−3.9
移転収支			−6.1
経常収支			131.4

	資産	負債	
長期資本収支	−73.6	−4.7	−78.3
基礎的収支			53.1
短期資本収支			−14.4
誤差脱漏			−0.2
総合収支			38.4
金融勘定			38.4
外貨準備増減			26.9
その他			11.5

4-3表　貿易外収支・資本収支内訳
1993年(単位 10 億ドル)

貿易外収支	受取	支払	受払(−)超
運　　輸	20.6	31.8	−11.1
旅　　行	3.5	26.8	−23.3
投資収益	147.4	106.0	41.4
その他計	31.8	42.7	−10.8
(公的取引)	2.9	0.8	2.1
(民間取引)	28.9	41.9	−13.0
計	203.5	207.5	−3.9

長期資本収支	資産(本邦資本)	負債(外国資本)	
直接投資	13.7	0.1	
延払信用	−5.4	0.0	
借　　款	8.1	4.3	
証券投資計	51.6	−11.0	
(株　式)	15.3	19.9	
(債　券)	29.9	−0.2	
(外　債)	6.4	−30.8	
その他	5.4	1.9	
合　計	73.6	−4.7	

ったもの)を掲げておく．

　　　　　　　　＊　　　　　＊　　　　　＊

　なお，1996年1月から，IMFの新しい基準にそうような形で，国際収支の表示が変更され，短期収支と長期収支の区別が廃止され，そのため基礎収支の概念もなくなった．同時に，総合収支も独立な項目として公表されないこととなった．その代わり，国際収支統計は，各部門ごとの取引をより明確に記載するように変更された．

　本書の校了間際に起こった変更なので，以上本文の記述にはこの変更を取り入れていないことに注意されたい．

第4章　注

1) 法人，個人はその経済活動の主たる本拠をおいている国の居住者となる．
2) 小宮隆太郎『貿易黒字・赤字の経済学』東洋経済新報社，1994年．

第5章　国民経済計算の枠組みと国際収支

　固定為替制の下では，国際収支の黒字や赤字がどのような要因で決まるのかが，国際金融の最も大きな問題であった．国際収支に赤字が生ずると，通貨当局は為替レートを維持するために外貨準備を放出しなければならなかったからである．したがって，国際収支の決定要因については，数多くの研究がある．

　国際収支が貿易収支によってのみ決まる場合の国際収支決定のメカニズムは，第2章で為替市場の部分均衡分析を行ったときにすでに述べた．そこでは，国際収支の構成要素が貿易収支だけであり，しかも貿易収支が輸出入商品の価格に依存して決まる場合の国際収支を考察した．これは所得効果や富の資産効果を無視した国際収支への接近方法である．この接近方法を国際収支の「弾力性接近」(elasticity approach)と呼ぶ．輸出入の需要とより一般的には輸出入の供給の価格弾力性によって，国際収支が決定されるからである．

　この接近方法に対して，価格効果のみを考えるのでは不十分であるとして，所得効果を重視する「総支出接近」(absorption approach)が生まれてきた．一国の経常収支は(移転収支を無視して考えると)輸出額から輸入額を差し引いたものであるが，それは一国の総所得から総支出を差し引いたものである．つまり，マクロ経済学の基本的な恒等式(identity)によって

　　　国民総生産－(消費＋投資＋政府支出)＝(財・サービスの)輸出－輸入

という関係があるが，カッコ内を国民総支出としてまとめると，

　　　　　　国民総生産－国民総支出＝(財・サービスの)輸出－輸入

という関係がでてくる．このことは，貿易収支，より正確には経常収支が「国民総生産から国民総支出を引いたもの」に等しくなることを示している．本書では，この接近方法 absorption approach(文字通りには吸収接近)を総支出接近と呼んでおくが，国際収支の赤字が総支出から総収入を引いた，純支出に等しくなるという意味で，この接近方法は純支出接近(net absorption approach)と呼ぶのがふさわしいのかもしれない．

総支出接近の立場からは，外国為替相場の変化が価格を通じて輸出入に影響を及ぼすという弾力性接近は，政策のための分析用具として不十分である．なぜならば，国際収支の赤字は，総生産から総支出を引いたものであり，自らの稼いだものより余計に（身分不相応に beyond one's means）支出していることの現れである．したがって，これを価格のみによって調整しようとしても無理であるというのである．そこで，有効需要を減らすような政策，すなわち国民経済の支出水準を減らす政策が，国際収支赤字対策として最も有効であるという考え方が，たとえばアレクサンダー[1]等によって提唱された．これは，ケインズ経済学を，国際収支問題に対して適用したものである．

　日本の経常収支が長い間黒字を続けていることは，すでに述べたとおりである．総支出接近の立場からいうと，それは日本の国民が，いかなる理由にせよ，現在の消費を犠牲にして，多くの貯蓄を行い，日本の貯蓄が国内投資を上まわることによって，外国にその純資産を蓄積していることを意味する．

　古典的にこの問題はハーバーガー＝ロールセン＝メツラー・モデル[2]という名で議論されてきた．その現代版は，各経済主体が将来に向けて最適化行動を行ったときに，一国の消費，投資行動はどう経緯するか，そして経常収支がどう経緯するかという形で分析される．

　このような異時点間の（intertemporal な）選択を前提とすると，日本の大幅な黒字として，たとえば次のようなものが考えられる．

（1）日本は急速に老齢化しているので，現在世代は将来に備えて貯蓄せざるを得ない事情がある．

（2）日本の家族システムは，個人の貯蓄行動を自分の一生だけでなく，家計（一族 dynasty）の将来世代全体を考えて貯蓄するようにし向ける傾向があるので，結果的に日本国民の時間選好率（割引率）は低くなり，諸国より大きく貯蓄する．

（3）現在，農産物には貿易障壁があり，製品の市場でもいろいろな形の日本市場の閉鎖性があって——ないという人は内外価格差を見てほしい——輸入品の価格が高い．将来，このような品目が安くなると期待している消費者は，今消費しないで将来消費しようとするであろう．したがって，日本市場の一層の

開放化は，経常収支の黒字を減ずる効果をもつ．一つ一つの品目の輸入増の重要性は少なくても，塵も積もれば山となりうる[3]．この点については第15章で再説する．

さて，弾力性接近，総支出接近の両者を問わず，それは経常収支だけを取り扱ったものである．したがって資本収支をも取り扱うためには，他の接近方法が必要となる．そこで出てきたのが，ハリー・ジョンソンによる「支払接近」(payment approach)と呼ばれるものであった[4]．国際収支表は，前にも述べたように，国の現金出納帳のようなものであり，各経済主体(家計や企業)の金銭出納帳を統合したものである．したがって各個人の受取と支払を全部足し合わせると，そのバランス(受取の総和から支払の総和を引いたもの)が国際収支になるというのである．

たとえば，ある教室に学生が集まっているものとしよう．ここで「クラス際」収支を考えてみよう．それはクラス成員が外部の人々から受け取った金額から，外部の人々に支払った金額を差し引けばよい．クラスの成員は，クラス内の人々からもお金を受け取り，クラス内の人々にも支払っていることから，クラス全体が外部の人々からネットに受け取った金額は，クラス全体の人がクラスの内外の人々から受け取った金額から，クラス内外の人々に支払った金額を差し引いたものに等しくなる．なぜならば，クラスどうしの支払と受取はお互いに打ち消してしまうからである．

このような理由によって，一国の国際収支は，国民の総受取から国民の総支払を差し引いたものに等しくなる．これを支払接近というが，支払接近においては財やサービスの貿易にかぎらず，外国の資産取得のための支払や自国の資産を売却した際の受取も考慮できるので，経常収支だけでなく，資本収支も考慮できるのである．

これを式で説明すると次のようになる(数式がきらいな人はとばしてもよい)．各人の受取 (R^i) は，外国人からの受取 (R^i_f) と自国の経済主体からの受取 (R^i_d) の2つに分けられ，各人の支払 (P^i) は外国人への支払 (P^i_f) と自国の経済主体への支払 (P^i_d) とに分けられる．すなわち，

$$R^i = R_f^i + R_d^i$$
$$P^i = P_f^i + P_d^i$$

となる．国際収支の総合収支 (B/P) は R_f の総和から P_f の総和を引いたものに等しいので，

$$B/P = \sum_{i=1}^{N} R_f^i - \sum_{i=1}^{N} P_f^i = \left(\sum_{i=1}^{N} R^i - \sum_{i=1}^{N} P^i\right) - \left(\sum_{i=1}^{N} R_d^i - \sum_{i=1}^{N} P_d^i\right)$$

と書くことができる[5]．ところが，国内だけを考えると各人が支払った金額と受け取った金額は相等しいので，$\sum_{i=1}^{N} R_d^i = \sum_{i=1}^{N} P_d^i$ であり，上式の2番目のカッコ内はゼロとなる．したがって，

(5-1) $$B/P = \sum_{i=1}^{N} R_f^i - \sum_{i=1}^{N} R_f^i = \sum_{i=1}^{N} R^i - \sum_{i=1}^{N} P^i$$

すなわち国際収支は各経済主体の受取の総和と支払の総和の差に等しい．

もう一つの接近方法は「貨幣接近」(monetary approach)と呼ばれるものである．貨幣接近によれば，「国際収支は国民経済全体が外国の通貨を受け入れることであるから，それは一国全体の貨幣に対する超過需要に等しい」という考え方である．超過需要とは需要が供給を上まわる額であり，超過供給とは超過需要にマイナスをつけたもの，供給が需要を上まわる額である．経常収支は一国の財，サービスの超過供給に等しい．なぜならば，ある財の輸出超過はその財に対する一国全体の供給が需要を上まわっていることを示すからである．資本収支は一国の(株式，債権だけでなく貸出等を含む広い意味での)証券の超過供給であるので，ワルラス法則によって経常収支と資本収支の和は貨幣の超過需要になるというのが基本的な考え方である．

すなわち，予算制約式によれば，どの経済主体でも(名目価値で表した)

財・サービスの超過供給＋証券の超過供給＋貨幣の超過供給 ＝ 0

という関係がある．したがって，経済主体を全部加えた一国全体についても上式は恒等式として成り立つ．ところで貨幣の超過供給を右辺に移行するとマイナスの符号がつくが，超過供給にマイナスの符号をつけたものは超過需要となるので，

財・サービスの超過供給＋証券の超過供給 ＝ 貨幣の超過需要

となる．すでに述べたように経常収支は財・サービスの超過供給，資本収支は

第5章　国民経済計算の枠組みと国際収支　51

証券の超過供給にそれぞれ等しいので，

　　　　国際収支 ＝ 経常収支＋資本収支
　　　　　　　　＝ 財・サービスの超過供給＋証券の超過供給
　　　　　　　　＝ 貨幣の超過需要

という関係が導かれる．予算制約式のおかげで，一国全体の財・サービス市場と証券市場の超過供給が，一国全体の貨幣市場の超過需要として表されるのである．

　ところで，一国全体の貨幣に対する超過需要は，民間の超過需要のうち通貨当局が貨幣供給で充たせない部分となるので，

　　　　国際収支 ＝ 一国の貨幣の超過需要
　　　　　　　　＝ 民間の貨幣超過需要－通貨当局の貨幣超過供給

というのが貨幣接近の正確な表現である．

　ここで，国際収支が，1年間とか四半期間の外貨の授受を示すという意味でフロー概念であることに注意してほしい．したがって，国際収支の決める超過需要や超過供給もフローの次元であり，たとえば1年間を期間にとると，貨幣の民間の超過需要は民間部門が年初にあった貨幣ストックに加えてどれだけ新たに貨幣を年末までに保有したいかを示す．通貨当局の貨幣超過供給も，年初にあった貨幣残高に加えてどれだけ新しい貨幣量を年末までに供給するか(マイナスの場合は残高を減少させるか)で定義される．したがって，国際収支を考察するときに，貿易収支や資本収支に影響する個別的要因だけを考えても不十分なのである．政府の経済政策，特に金融政策のあり方によって，国際収支はどのようにでも変化しうることを貨幣接近は示している．

　国際収支に対する貨幣接近は，支払接近を政府部門や銀行部門の役割を考えてより精緻化したものであり，それは次のように要約できる．国際収支は貨幣的な側面からも見ることができて，民間の保有しようとする貨幣の超過需要と，通貨当局が証券売買の形で増加した貨幣の超過供給との間の大小によって国際収支の黒字，赤字が決まる．

　本章の最後に述べる一般均衡分析によって「国際収支は，民間の貨幣の超過需要から通貨当局が自律的に(外貨準備の受け入れとは無関係に)供給した貨幣

量を差し引いたものに等しくなる」という関係の意味がより明確になるであろう．なお，ここでは国際収支決定の理論としての貨幣接近について説明した．貨幣接近は，同時に為替レート決定理論としても用いられる．為替レートは貨幣の超過需要をゼロにするように決まるというのである．第9章で，為替レート決定の理論を解説する際にも，再び貨幣接近を取り上げる．

　貨幣接近が提唱された背景には，次のような事情がある．1960年代には経済成長が国際収支を悪化させるか改善させるかが盛んに議論されていた．当時支配的であった弾力性接近等によって国際収支を実物的(real)な観点から説明する考え方によると，高い経済成長率は輸入需要を高め，国際収支を悪化させると考えられてきた．しかし60年代の西ドイツや日本の経験からみると，むしろ高成長の国々の方が国際収支を改善していた．そこで，ジョンソンとともに貨幣接近の提唱者の一人であるマンデルは，国際収支は貨幣に対する超過需要によって決定されるという議論によって，この現象を説明しようとしたのである．貨幣接近によれば，経済成長率にみあった貨幣需要以上に貨幣供給を行った国が，国際収支の赤字を経験することになる．したがって，金融政策のスタンスが等しければ，高い実質経済成長率を示した国ほど貨幣需要が増加するので，高成長国の方で国際収支が改善することを説明できるのである．

　ところで，一般均衡分析で国民経済全体のバランスを考察することにより，今まで述べた各接近方法の相互関係がより明らかになる．一般均衡的な見地から国際収支の分析手法を整理したのは，マンデルや小宮の業績である[6]．

　国際収支の一般均衡分析は，外国まで含めた需要・供給の体系が各経済主体の予算制約式が存在するために閉じているという性質を利用する．ところで，通俗的には，一般均衡分析とは，「n個の需給がn個の価格に依存する」という形で紹介されることが多いので，そういう一般的な分析はあまり役に立たないという批判がされたりする．確かに，すべての財の需要はすべての価格に依存するというような抽象的な議論からは，政策的に意味のある結論は生まれてこない．

　私がはじめて一般均衡理論を学んだときにも，どうしてこんなに面倒なことをして，部分均衡ではなく一般均衡理論という体系を展開するのかわからなか

った．方程式の数と価格の数を数えて均衡価格を論ずる話，すなわちn個の財の相対価格は$n-1$個あり，需給均衡式もワルラス法則のおかげでn個あるけれど独立な方程式は$n-1$個しかないので矛盾しないというワルラスの議論を聞いたときには，一般均衡理論というのは現実への適応という視点からは遠い学問なのかなと感じた．

しかし，一般均衡分析のメリットは，実は経済体系がシステムとして閉じているという情報を利用するところにある．一般均衡分析は一見常識で考えているときには見落としてしまいがちな，付加的な情報を経済分析に対して与えてくれるのである．つまり，国民経済全体として経済活動が相互に整合的な形で行われていることを明示的に考慮するところに，一般均衡分析の意義がある．システムが閉じているという情報は，実はわれわれにとってかなり重要なものである．というのは，われわれは，人々の経済行動に関してa prioriな情報を極めて少ししか持ち合わせていないからである．理論からわかることは，需要曲線が多くの場合右下がりであること，そして価格が需要に影響する仕方には所得効果と代替効果があって，代替効果に一定の性質がある，といったことだけである．それ以上は計量的に測定してみなければわからない．そこで，システム全体が閉じている（すなわち，各経済主体の予算制約式を足したものは，恒等式でいつも均等しているということ）という認識は大きな役割を果たすのである．このことは，以下で説明する国際収支の一般均衡分析からも理解できるであろう[7]．

ここでは5-1表によって，各部門と各財・証券のバランスを考察してみよう．5-1表（小宮・天野『国際経済学』より転載）は，国際収支の一般均衡分析の枠組みを示す．まず注意すべきことは，この表はフローの表であり，ある一定期間にどれくらい財・証券の超過需要があるかという形で書かれていることである．したがって，財については普通の意味の需要供給分析と変わりないけれども，証券についてはストックの増分に関する超過需要の純増を各コラムが示している．すなわち，各主体が期首に持っていた証券（貨幣）のストックをどれだけ増やそうとしているかを記述するのがこの表である．次に，銀行は中央銀行1つしかないか，あるいは各銀行が中央銀行と統合されていて，銀行部門は1つのバランスシートとして表せると想定

5-1表　国際収支の一般均衡モデル：各部門の需給表
(小宮・天野『国際経済学』より転載)

部門	資産・財					
	財1	財2	証券	貨幣	外貨	移転
民間	D_1-X_1	D_2-X_2	$B-\bar{B}$	$A-\bar{A}$	…	T
政府	G_1	G_2	$-\Delta B^s$	…	…	$-T$
銀行	…	…	ΔB^b	$-(A^s-\bar{A})$	Z^d	…
外国	M_1^*	M_2^*	ΔB^*	…	$-Z^s$	…
価格	p_1	p_2	q	1	π	1

している．そして外貨の持高(の銀行部門への)集中制がとられていて，民間は外貨を保有せず，外貨を得た民間は直ちに銀行部門に預金するという仮定の上で表が構成されている．

　D_i は i 財の需要を表し，X_i は i 財の生産を表す．B は民間証券の期末のストックとしての需要量を表し，$\bar{B}$ は証券の初期保有量を表す．したがって，(たとえば1年間の) $B-\bar{B}$ は証券の増分を表すフローである．証券は内外証券とも完全に代替的な証券であるという簡単化がとられており，証券は，1単位の金額を毎年支払うという，確定利付きの証券である．したがって利子率に逆比例して，証券価格 q が決まると想定してある．同様にして A は民間の貨幣に対する期末の需要量であり，$\bar{A}$ は貨幣の初期保有量である．したがって $A-\bar{A}$ は貨幣に対する新たなる民間の需要(貨幣需要の増加分)であって，これもフローで表される．

　すべてのコラムは超過需要がプラス，超過供給がマイナスという形で書かれている．たとえば，外国部門の財1に対する需要は国内からみれば輸出に対する需要であり，財2に対する需要も輸出に対する需要である，ということになる(どちらかの財がその国にとって輸入品であったとすると，その符号を変えたものが輸入品の供給ということになる)．したがって，この国が財1を輸出して財2を輸入しているとすれば M_1^* は正であり，M_2^* は負であるという関係にある．証券の ΔB^* は，外国の証券に対する超過需要であって，これは I. O. U.(借金証文)の輸出を意味するから，その額だけ資本流入があると解釈することができる．財1，財2の価格はそれぞれ p_1，p_2 であり，規格化された証券の価格は q であると考える．貨幣の価格は，いうまでもなく，貨幣をニュメレールとするから1である．外貨の価格は為替相場 π であるものとする．T は民間から政府に支払われる税額を表す．

第5章 国民経済計算の枠組みと国際収支　55

　この表の各部門は予算制約式によって律せられている．すなわち，財1への支出，財2への支出，証券への支出，そして貨幣への支出に租税 T を加えたものは，民間セクター全体としてゼロになる．なぜならば，X_1, X_2 に生ずる所得が民間に配られて，それが支出されたとき，予算が均衡しなければならないからである．各セクターについても同様に考えると横の方程式が4つ存在するわけであり，これは均衡，不均衡を問わず常に成立する恒等式である．

(5-2) 　$p_1(D_1-X_1)+p_2(D_2-X_2)+q(B-\bar{B})+(A-\bar{A})\ +T\ =0$

(5-3) 　$p_1 G_1 \quad\quad +p_2 G_2 \quad\quad -q\Delta B^s \quad\quad\quad\quad\quad -T\ =0$

(5-4) 　$\quad\quad\quad\quad\quad\quad\quad\quad\quad\quad\quad q\Delta B^b \quad -(A^s-\bar{A})+\pi Z^d =0$

(5-5) 　$p_1 M_1^* \quad\quad +p_2 M_2^* \quad\quad +q\Delta B^* \quad\quad\quad\quad\quad -\pi Z^s =0$

一方，各財の市場を考えると，財1の超過需要を外国部門も含めて全部足し合わせると，ゼロにならなければならない．そういう関係が財1，財2，証券，貨幣，外貨，移転について，それぞれ成り立つ．

(5-6) 　$\quad\quad\quad\quad (D_1-X_1)+G_1+M_1^* \quad\quad\quad\quad =0$

(5-7) 　$\quad\quad\quad\quad (D_2-X_2)+G_2+M_2^* \quad\quad\quad\quad =0$

(5-8) 　$\quad\quad\quad\quad (B-\bar{B})-\Delta B^s+\Delta B^b+\Delta B^* =0$

(5-9) 　$\quad\quad\quad\quad (A-\bar{A})-(A^s-\bar{A}) \quad\quad\quad\quad =0$

(5-10) 　$\quad\quad\quad\quad Z^d-Z^s \quad\quad\quad\quad\quad\quad\quad\quad =0$

(5-11) 　$\quad\quad\quad\quad T-T \quad\quad\quad\quad\quad\quad\quad\quad\quad =0$

移転支出に関する縦の方程式(5-11)は，租税収支の定義式であるが，4つの縦の方程式(5-6)～(5-9)は，均衡式である．もし需要が民間セクターや外国セクターの保有する資産，その獲得する所得そして価格に依存して決まると考えれば，以上の各々の各市場の均衡条件を表すと考えられる．財1市場は価格が変わることによって均衡する．財2市場も価格が変わることによって均衡する．証券市場も貨幣市場も，利子率が変わり財の価格が変わることによって均衡する．

　ところで，外貨の需給に関しては，Z^d と Z^s は等しいという関係式(5-10)は常に成り立つけれども，変動為替制度と固定為替制度とでは，この方程式の意味が違ってくる．変動為替制度においては，Z^d と Z^s はともにゼロである．しかし，π（価格としての為替レート）が体系によって決定される方程式になる．一方，固定為替制度においては π は固定され，Z^d, Z^s が決定されるべき変数になる．すなわち π は固定される代わりに，国際収支の不均衡が生じうる状態になるわけである．政府の

経済政策である G_1, G_2, T, そして国債発行で賄う国債の量 ΔB^s が与えられ, 銀行部門で ΔB^b が金融政策として与えられるものとしよう. 固定為替制の下では, この体系は相対価格 p_1, p_2, q, そして Z^d を内生変数として決定する. 変動為替制の下では, p_1, p_2, q, および π を内生変数として, $Z^d(=Z^s)$ はゼロとして与えられる.

ここで, 横の各予算制約式は常に成り立つわけであるからそれを総計した方程式も常に成り立つ. すなわち体系全体が閉じているという性質, いわゆるワルラス法則が成立する. ここで, 移転に関する方程式は定義的に成り立つわけであるから, それを除去して考えれば, 財1, 財2, 証券, 貨幣, 外貨の5つの市場が存在して, そのうち4つの市場が独立となる. そして, 決められるべき価格としては p_1, p_2, q, そして π(ないし Z^d) が決定されなければならない. 固定為替制度の下では π は固定されていて, Z^d が決定される. 他方, 変動為替制度の下においては, Z^d と Z^s が恒等的にゼロであるが, しかしここでは Z^d を決める代わりに π が決定される.

以下では固定為替制下の国際収支の分析を行うために, 外国為替の価格である為替相場が一定であると仮定した上で, Z^d, Z^s が経済政策と経済活動によってどのように影響されるかを検討することによって, 国際収支の諸接近の間の関係を明らかにしよう.

まず, 経常収支を B_c/P とおくと, 経常収支は弾力性接近のいうように輸出額から輸入額を引いたものである. つまり,

$$B_c/P = p_1 M_1^* + p_2 M_2^*$$

である.

ところで, 財1, 財2の均衡式(縦の方程式(5-6), (5-7))から $p_1 M_1^* + p_2 M_2^*$ は, X_1 と D_1, G_1 の関係を用いると,

$$p_1 M_1^* + p_2 M_2^* = \{p_1 X_1 + p_2 X_2\} - \{p_1(D_1+G_1) + p_2(D_2+G_2)\}$$

という形で書き直せる. これはまさに, 経常収支が生産から消費と投資と政府支出を引いたもの(国民総生産から国民総支出を引いたもの)であることを示している. すなわち, 弾力性接近も, 総支出接近も, 同じ量を違った観点からみているにすぎない. そして両接近の差は経常収支の構成要素に対する決定要因として, 価格を重要視するか, 所得を重要視するかという強調の置き方の違いにすぎないことがわかる.

さて, 今までのところは, 経常収支に関した議論であった. ここで資本収支も加

えて考えてみると，外国部門で表した総合収支は，

(5-12) $$B/P = p_1 M_1^* + p_2 M_2^* + q\Delta B^*$$

となる．

これは，外匯部門の財と証券の超過需要に等しい．これを国内の超過需要(供給)に変換するためわれわれの図式で，財1，財2の方程式(5-6), (5-7)を利用し，しかも証券の方程式(5-8)を利用すると，

(5-13) $$B/P = p_1 X_1 + p_2 X_2 - p_1(D_1+G_1) - p_2(D_2+G_2)$$
$$+ q\{-(B-\bar{B}) + \Delta B^s + \Delta B^b\}$$

と書くことができる．ところで，民間と政府の予算制約式を加えたものを変形すれば，

(5-14) $$p_1(X_1-D_1-G_1) + p_2(X_2-D_2-G_2) + q\{-(B-\bar{B}) + \Delta B^s\}$$
$$= A - \bar{A}$$

となるので，(5-13)式から，国際収支は，

(5-15) $$B/P = A - \bar{A} - q\Delta B^b$$

と表される．

以上を言葉でいいかえれば，次のようになる．外国部門で表した総合収支(5-12)式を，縦の関係をもって国内部門の変数で表すと，それは民間部門，政府部門，銀行部門をすべて統合した財の超過供給と証券の超過供給との和に等しくなる［(5-13)式］．ところで，民間部門と政府部門の財の超過供給と証券の超過供給との和は，(5-14)式の示すように両部門(＝民間部門)の貨幣の超過需要に等しくなることが，横の関係式からわかる(両部門の予算制約式から出る一種のワルラス法則に類する関係である)．したがって，一国の総合収支は民間部門の貨幣の超過需要から，銀行部門の証券の超過需要(それは銀行部門が国内証券のオペレーションを行って供給する貨幣量の純額に等しい)を差し引いたものであることがわかる．民間部門が欲している国内貨幣を，銀行部門が国内証券のオペレーションで供給しない分だけ，民間部門は外貨を獲得してきてこれを銀行部門に預けることによって，国内貨幣を取得することが国際収支の黒字として表されると解釈できる．逆に民間部門が欲する以上に貨幣を供給されると，その分だけ民間部門は海外に支出して国際収支は赤字となるのである．

以上の関係は，また，銀行部門の予算制約式自体と，貨幣の超過需要と超過供給は貨幣市場が均衡する限り等しくなるという縦の関係とを使っても導き出すことができる．すなわち，Z_d と書かれたものも，銀行の買い上げる外貨準備の増加（すなわち国際収支）であるが，それは銀行部門の予算制約式からちょうど $A^s - \bar{A} - q\varDelta B^b$ に等しく，さらに，A^s がちょうど A に等しいという貨幣市場における縦の関係を使うと，この方程式は $A - \bar{A} - q\varDelta B^b$ という形で表されるからである．すなわち，国際収支の総合収支は，貨幣に対する超過需要から，銀行が自動的に（すなわち外貨の見返りとしてではなく）証券を買い上げて通貨を発行した分（すなわち $q\varDelta B^b$）を引いたものである．民間と銀行との関係で，現在の価格や為替相場で民間が欲するだけの貨幣が銀行部門の公開市場操作（open market operation）をもって供給されたときに，ちょうど国際収支はゼロになるという関係を示している．

第5章 注

1) Alexander, S. S., "A Simplified Approach of Elasticities and Absorption Approaches," *American Economic Review*, Vol. 49, 1959, pp. 22-42.

2) ハーバーガー＝ロールセン＝メツラー・モデルについては，小宮・須田『現代国際金融論（理論編）』（前掲）第9章を参照．

3) 小宮『貿易黒字・赤字の経済学』（前掲）は，(i) 日本経済の閉鎖性が必ずしも国際的に大きくないと指摘した上で，(ii) 日本の市場開放は経常収支に変化を与えないと説く．しかし，(ii)の命題は，(3)のようなケースもあるので必ずしも正しいとは思われない．一般に小宮氏の分析枠組みは，異時点間の選択という動学的な視点のとりいれ方が十分でないように思われる．

4) Frenkel, J. A. and H. G. Johnson, eds., *International Trade and Economic Growth*, London: Allen & Unwin, 1958（小島清監訳・柴田裕訳『国際貿易と経済成長』弘文堂，1970年），第6章，*The Monetary Approach to the Balance of Payments*, London: Allen & Unwin, 1976.

5) ここで総和記号の $\sum$ は各経済主体（$i=1, \cdots N$）を N 番目の人まで足し合わせることを意味する．

6) Mundell, R. A., *International Economics*, New York: MacMillan, 1968

（渡辺太郎他訳『国際経済学』ダイヤモンド社，1971年），ch. 18, Komiya, R., "Economic Growth and the Balance of Payments: A Monetary Approach," *Journal of Political Economy*, Vol. 77, 1969.

7) ちなみに一般均衡分析の応用例として，次のようなこともいえる．たとえば，アラブ諸国に石油代金が累積した事態を考えよう．石油代金が累積されるとき，それは外貨で蓄積されるか，証券に投資されるか，財の購入のいずれかに使用されなければならない．ところで，外貨での保有が有利でないとすれば，石油代金の一部は財の購入の形で，あるいは世界の資本市場が円滑に機能しているかぎり，資本流出という形で還流してくるはずである．たしかに，高価格の石油は，石油輸入国の交易条件の悪化を意味し，輸入国にとって負担になり経済厚生は悪化する．しかし資金は何らかの形で還流してこざるを得ないのである．したがって，石油産出国以外の世界全体(rest of the world)をとってみると，石油産出国からの国際資金還流問題は，ある程度自然に解決される性質をもっている．もちろん，余剰資金が本当に開発資金を必要としている開発途上国に向けられるかどうかは別の問題である．

第6章　投機の経済的機能

　以下の各章では，為替レートの決定メカニズムを論ずるが，その準備として「投機」，「先物為替市場」，「派生商品」などの機能について説明しておこう．本章では，為替レート決定に大きな影響を及ぼす「投機」について考える．

　まず「投機」(speculation)という言葉の意味からはじめよう．「投機」とは，前述のように，未知の価格に関する確信に基づいて自ら危険(リスク)を負うことによって利益を獲得する行為である．その点で既知の価格差を利用して利益をあげる「裁定」(arbitrage)とは異なる．為替レートに関していえば，将来の為替相場の値に関して(あるいは，その確率分布に関して)投機主体は確信を持っており，その確信にもとづいて売持と買持とを均等化(スクエア)しないで，為替リスクを負うことによって利益をあげようとする行為である．未知の価格とは通常将来の価格であるので，貯蔵できる資産，つまりストックに関して投機が問題となる．

　日本では，一般に投機という言葉は，石油危機や土地・株式ブームを「投機があおった」というように，道義的に悪いという意味合いで用いられることが多い．しかし，実は投機は有益な経済的機能をもっている．たとえば，豊作の年に，穀物の投機業者が穀物を安い値段で買い，不作の年にそれを高値で放出したとする．これによって投機業者は利益をあげることになるが，投機のおかげで，投機がないときに比べて穀物価格は豊作のときにはより高くなり，不作のときにはより低くなる．したがって，価格変動がなだらかになるのである．その結果，投機がないときよりも，時間的な穀物の消費パターンも豊作のときには価格下落が小さくなるので消費が少なくなり，同様な理由で不作のときは多くなる．つまり消費の時間的平準化が行われる．したがって，正常な形で行われる限り，投機は価格変動を和らげ，消費の時間的平準化をもたらすという意味で，経済的に有意義な活動なのである．

　ただここでの問題は，投機が存在することによって人々の将来に対する価格

6-1図　投機と価格変動

期待が影響を受け，価格上昇が価格上昇期待を生むという形で激化する可能性である．バブルの可能性といってもよい．米が不足していたときに，米の買い占めが米の高値を呼び，それがまた将来に対する不安をつのらせて人々の買い急ぎをまねき，いっそう米価を上げるという事態は，江戸時代からあったと考えられる．そのような場合には，投機が反社会的な役割を果たすこともありうる．しかし，多くの場合，投機は経済的に有意義な機能を果たすことを，まず理解していただきたい．

　このような考え方は，「投機が投機主体に有利に行われる限り（すなわち利潤を得て行われる限り），それは価格変動を安定化する」という主張を生み出した．すなわち，投機が利潤を生むためには，投機主体は，価格の安いときに買って高いときに売らなければならない．逆のことをしたのでは損失を被ってしまう．したがって，投機主体が存在しないときに，需給によって6-1図の実線のような価格の変動が見られるとすれば，投機主体は安いときに買って高いときに売ることを繰り返すことによって，点線のような価格変動をもたらすことができる．すなわち，投機が利潤を得て行われている限り，それは価格変動を安定化することになる．ミルトン・フリードマンは「利潤を上げる投機は通常安定的である」と主張したのである[1]．いいかえれば，もしある投機業者が高いときに買って安いときに売るという行動を続ければ，確かに為替相場の変動は激化するが，彼は損失をこうむるので，長く市場に留まることができない．安いときに買い高いときに売るようなタイプの投機業者だけが市場に残るわけである．したがって，（進化論的な）自然淘汰(natural selection)によって，有利な投機を行う者，すなわち利潤をあげる投機業者だけが市場に残り，投機の機能は，一般に為替相場の変動を安定化するというわけである．ゾーメンは，需要と供給が価格の線形関数であるときには，投機者の利潤の存在が投機が価格変動を和らげることを意味するが，その逆は真でない．つまり投機が価格変

動を和らげるからといって利潤は正となるとは限らないことを示した．

簡単な代数例を使ってこのことを明らかにしてみよう．以下の例は，ゾーメンの『屈伸為替相場制度』[2]，特に巧みな簡単化の手法は天野明弘氏の「為替投機の安定化効果」[3]に負っている．かりに外国為替に対する超過需要（＝需要－供給）が線形であると想定しよう．ここでπで邦貨建ての為替相場を表し，外貨に対する超過需要をYで表し，関数が$a-b\pi+\tilde{\varepsilon}$という形で与えられるものとしよう．ただし，$\tilde{\varepsilon}$は確率変数である．つまり季節要因などの攪乱要因によって，外貨に対する超過需要は変動し，あるときは6-2図の上の点線のようになり，あるときは下の点線のようになるが，しかし平均的には超過需要は実線のようになるものとしよう．超過需要が強いときと弱いときとは，それぞれ1/2の確率で起こるものとする．投機業者が存在しないならば，超過需要が強いときには価格はπ_1になり，超過需要が弱いときには価格はπ_2になり，その平均は$\bar{P}$で与えられるとする．そうすると，投機業者は，価格がπ_2に下がったとき，外貨をABだけ買い上げることによって価格をπ_2^*へと上げる．そして，為替相場がπ_1に上がったときに，蓄積していた外貨の在庫をCDだけ放出することによってπ_1^*まで価格を下げる行動をとって利潤をあげることになる．このときの利潤の額は，売買の額がAB，CDで表されるから，次のように書けるであろう．すなわち，$(\pi_1^*-\pi_2^*)$が利ざやであり，取引の量は$(\pi_1-\pi_1^*)$に比例する．簡単な計算で，利潤は，

(6-1) $$利潤 = b(\pi_1^*-\pi_2^*)(\pi_1-\pi_1^*)$$

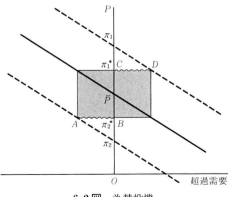

6-2図　為替投機

と書くことができる．ここで，需要の線形性から $\pi_1-\pi_1^*=\pi_2^*-\pi_2$ であることに注意すれば，

$$\text{利潤} = b\sum_{i=1}^{2}\pi_i^*(\pi_i-\pi_i^*)$$

という形になる．

さて，投機が行われたときに価格変動の分散がどう変化するかを考察しよう．投機が行われないときには，価格変動の分散は $\sum_{i=1}^{2}(\pi_i-\bar{\pi})^2$ であり，投機が行われると $\sum_{i=1}^{2}(\pi_i^*-\bar{\pi})^2$ になるので，両者の差は，因数分解を用いて変形すると次のようになる．

$$\sum_{i=1}^{2}(\pi_i-\bar{\pi})^2-\sum_{i=1}^{2}(\pi_i^*-\bar{\pi})^2$$
$$=\sum_{i=1}^{2}(\pi_i-\pi_i^*)(\pi_i+\pi_i^*-2\bar{\pi})$$
$$=\sum_{i=1}^{2}(\pi_i-\pi_i^*)(\pi_i+\pi_i^*)-2\bar{\pi}\sum_{i=1}^{2}(\pi_i-\pi_i^*)$$

このとき，第2項は，ちょうど π_i の平均も π_i^* の平均も $\bar{\pi}$ であることから，ゼロになる．さらに書き換えると

(6-2) $$\text{分散の差} = \sum_{i=1}^{2}(\pi_i-\pi_i^*)^2+2\sum_{i=1}^{2}\pi_i^*(\pi_i-\pi_i^*)$$

という形になる．(6-1)式から，(6-2)式の第2項は利潤を b で除したもの，すなわち利潤に比例する．したがって，利潤が非負ならば，第1項は常に正であるから右辺は正となる．左辺は分散の差であるので，(6-2)式から，利潤が非負であれば分散は投機のない初めの状態よりも投機のある後の状態の方が小さいことがわかる．つまり，利潤が存在すれば分散は減少するのである．しかし，逆に分散が減少するためには利潤は正でなければならないとは限らない．利潤が正ならば分散が減少する（変動は少なくなる），それから，（論理命題の「対偶」として）変動が投機のために大きくなったときには利潤はマイナスになる，とはいえるけれども，（「逆」の）利潤がマイナスになったから分散が増大したとは必ずしも言えない．

さて，利潤が大きければ大きいほどより安定的だとも限らない．極端な話が，投機業者が価格変動を完全にゼロにしてしまえば，すなわち $\bar{\pi}$ が常に成り立つようにすれば，利潤はゼロになってしまう．したがって，このような設定の下では，どこかに利潤を最大にするような投機の程度が存在する．たとえば，

上の代数例でいえば，価格変動の変動幅をちょうど半分にするような投機が一番有利である．もちろん，投機業者の参入が自由であれば，正常な利潤が存在する限り投機業者が参入してくるので，分散はより減少して，投機業者の利潤も，投機を行う資金費用とリスク負担に対する報酬等に限られてくる．もちろん，このような簡単な結果が生ずるのは，需要曲線が線形でありしかも需要曲線のシフトが切片だけのシフトであることに大きく依存している．

その後，フリードマンの命題に対していろいろな反論の試みがなされた．まず，命題の逆が必ずしも成り立たないということはすでに述べた．しかし，需要曲線の形状いかんによって，あるいは人々の期待いかんによって，利潤を得る投機が，価格変動を増大する場合もありうるという反例も提出されてきた．

第1は，ボーモルによる反例[4]である．ボーモルによれば，株式市場で成功する人は，必ずしも「一番安いときに買って一番高いときに売る」ような行動をしてはいない．相場が反転したと思ってからゆっくりと買い，そして相場がある一定の頂点に達したときではなく，少し下がり始めたときに売るという行動を行うことによって株式市場で成功する人が多いというのである．これは為替市場でもあてはまる．投機業者が買い始めたとき，人々がそれによって期待を変更して強気になって買いだすとすれば，今述べたような簡単な需要曲線による分析はあてはまらなくなる．6-3図に見るように，「はずみをつけてやる」，すなわち，上がり始めたときに買ってそれによって人々の期待を左右し，皆が買い進んで，価格が頂点に達して下がりかけたときにまた多量に放出し，人々の期待をまた左右して売りに出させる．このような行動によって投機業者が儲ける可能性がある．このような行動によって，投機業者は，全体としては利潤をあげながら価格変動をかえって大きくすることもありうるというのであ

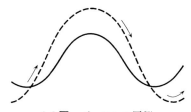

6-3図　ボーモルの反例

る。これは非投機業者の行動が、投機業者の行動から独立でないことを考慮したときに起こる反例である。

1970年代以降、合理的期待形成理論が全盛のときには、このような非合理的ないわば無知な大衆の存在は無視されがちであった。最近、完全に合理的に行動しない市場参加者、ノイズ・トレーダーの役割が再び理論家、証券学者の関心を集めつつある。したがって、ボーモルの反例のような事態も真剣に考慮する意味があると思う。

次に、超過需要曲線が非線形である場合にも、投機行為が利潤をあげながら変動を激化する可能性があるというケンプによる反例[5]がある。6-4図に示すように、外国為替に対する需要曲線が非線形であって、2つの安定均衡点が中間に不安定均衡点をはさむようなケースを考える。このとき、当初均衡点が下方安定均衡点の P にあったとしよう。そのとき投機業者が外国為替を買い上げると、超過需要曲線は図の点線のように右にシフトする。超過需要曲線が軸から離れるや否や、均衡点 S' の点になり、為替相場は上昇する。為替相場が S' に移ったとき、今度は投機業者が買い上げた外貨を放出するならば、再び均衡点は P の近傍へもどってくる。したがって、投機業者は安いとき買い高いとき放出して、利益をあげながら変動を P の近傍から S の近傍へと変動させることが可能となるというのである。

このような非線形な超過需要関数のケースが理論的に起こりうることは、弾力性アプローチの説明からも明らかである。しかし、それが現実にしばしば起

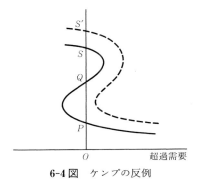

6-4図 ケンプの反例

こりうる反例なのかについては疑問が残る．しかも，こういう非線形性を利用した投機の可能性がずっと存在するならば，多くの経済主体がそれを利用して投機を行おうとするから，長期的な需要曲線は結局のところよじれを持たない右下がりのものに収束していくはずである．なぜなら P の近くにあるときは誰でも投機しようとし，S の近くにあるときは誰でも外貨を放出しようとするならば，この曲線はいずれスムーズな右下がりなものになることが予測できるからである．すなわち，人々が合理的に将来価格を予想するようになればなるほど，この反例は起こりにくくなる．

さて，一番投機の不安定性が問題になるのは，「危機的な状況」である．マルクに投機が走り，円に投機が走るということは，たとえばアジャスタブル・ペッグ制の下において，ある国の外貨準備が急速に蓄積され，その国の通貨の切り上げが予想されるような場合や，特にその逆のある国の外貨準備の危機が起こって通貨切り下げが予想されるような場合が多かった．ここで，注意すべきなのは，為替市場はストックの均衡だということである．すなわち，ストックの均衡はフローの均衡に比べて不安定になりやすい．貯蔵不可能な財，つまりフローに関する市場においては，需要曲線が右下がりになるのが通例である．しかし，貯蔵可能な財や資産，つまりストックに関する需要曲線は，期待の効果を考慮すると右上がりになってしまうことがある．なぜならば，ストックとしての資産(たとえば金，外貨，土地など)は，貯蔵しておいて将来また売りに出すことができるので，現在の価格上昇が，将来の価格上昇の期待を生む場合には，価格上昇がかえってストックに対する留保需要を増加させる性質をもっている．たとえば，貯蔵の難しい牛乳の値段が上がれば，フローとしての牛乳に対する需要は減るのが正常であるが，土地や外貨などの貯蔵可能なストックの市場においては，現在の価格上昇が将来の一層の値上がり期待をもたらして，かえってストックに対する需要を生み出す可能性をもつ．

アジャスタブル・ペッグ制の下では，通貨危機が生じるおそれが生ずるとき，つまりある通貨がいっそう切り上げ(あるいは切り下げ)られる可能性があるという一方的な期待が生じるので，このような現象が起こりやすかった．貯蔵可能なストックに対する需要は，動学的状況の下では超過需要曲線が右上がりに

なり，資産市場が不安定となるかもしれない．このような状況の下では，投機の効果ももちろん不安定になりうる．投機による価格上昇がさらに一層の仮需要をもたらすからである．

このような現象は，資産が取引される場合，そして特に複数の資産が取引される場合によく起こりうる現象である．すなわち，ストックの市場が異時的に（時間的に何度も）開かれるときに，——各市場での模索過程が安定か否かとは独立に——全体として，時間の経過にともなう動学経路が発散してしまう可能性がある[6]．

後章で説明する合理的期待形成理論では，経済主体はその保有する情報を十分に活用して期待を形成すると考える．特に，経済主体がモデルについて少なくともモデルの分析者と同様の知識をもっていると想定して，議論を進めることが多い．これは，経済変数の将来の経路を完全に経済主体が知っているという完全予見の仮定を一般化したものである．

合理的期待は，確実性下，つまり完全情報の仮定の下では完全予見と一致するが，不確実性下では，いわば平均的に完全予見の状態を実現する．合理的期待仮説を採用するモデルにおいても，後で述べるように解の動学経路は通常鞍点解であり，初期時点の資産価格と将来の価格変化の期待経路とを都合よく決めてやらない限り，解の動学経路は不安定に発散する．合理的期待形成モデルを取り扱う経済学者のこの不安定性に対する対処の仕方は，経済体系が長期的に発散することのない解を，したがって鞍点に安定的に収束する経路に対応する価格を，初期時点で経済主体が，より正確には市場が本能的に選ぶというものである（後述のドーンブッシュの為替レート決定モデルはその典型的な例である）．このような選び方は個別主体の行動の最適解の初期値の決め方としては合理的である．しかし市場の成員が一致してそれを選ぶという保証はない．それにもかかわらず，モデルが意味のある解をもたないと——経済学者としては困るので——（商売上？）仕方なく安定解を選んで分析するというのが通例であった．

ところが，最近，人々がそのような安定経路に収束するような初期時点を選ばないでも，ある一定期間の間不安定な動学経路の上に経済が運行することが

可能であるし，また実証的にもそのようなことを株式市場などの資産市場で確かめうるという議論が生まれてきた．遠い将来のことはともかく，現在価格が上がっているのだから，近い将来も上がると思って買い進むことが起こりうるという，いわゆる泡沫投機，バブルの理論である．すなわち，投機が投機を呼んでいる株式や外国為替などの資産価格が，不安定的な発散経路の上に一時的にせよ乗る可能性が存在しうる．

このような観点からは，ストックの市場としての為替市場が，危機的な状態のとき不安定化する可能性を無視できない．つまり，投機が危機的な状況では不安定的に働きうることを意味する．いうまでもなく，このことは直ちに政府の介入が，泡沫投機が発生しているような危機的状況を救いうることを意味しない．が，仮に政府が市場成員よりも情報上優位に立っているときには，後で述べるように為替市場介入等のシグナルによってバブルを沈静させる余地を認めるものであろう．

ところで，日本は1971年のニクソン・ショックでブレトン・ウッズ体制であるアジャスタブル・ペッグ制を離脱した．その後はスミソニアン協定による短期間，変動幅を拡大した固定為替制度への復帰を試みた時期(1971年12月～73年2月)を除いて，ほとんどの期間円を変動相場制の下ですごしてきた．ニクソン・ショックの際，日本の通貨当局は大幅な外貨を購入する形で為替市場に介入した．これが為替市場に安定的に作用したかというと，必ずしもそうではない．むしろ不安定化させたという気配が大きい．国際収支表を見てみると，外国為替市場への介入の程度は1971(昭和46)年の第1次円切り上げ以前において非常に強かった．すなわち，ニクソン・ショックの際(IMF体制に忠実であるという意味で)360円に近い為替レートで大幅に外貨を買い上げた．そして，数年後にはそれを300円以下でかなり大幅に売却したのである．その結果かなり大きな資本損失を通貨当局が被った(日銀納付金の減少という形で結局は国民が被った)ことになる．それのみならず，自由に放任しておけばよりなだらかであったと思われる為替相場の変動を，通貨当局の介入が激化させた恐れが多分にある．本章の分析は，通貨当局が損失を被ったことは，直ちに為替レートの変動を激化したという証拠にはならないにしても，激化した公算

が大であることを示すものである．

　しかし，大略のところ第1次石油危機以後の通貨当局の介入は，どちらかというと利益を計上しているようにみえる．したがってこの時期以降の介入はまずうまく行われたといえよう．もちろん，どの時期をとって計算するかによって，通貨当局が利益を得ているのか，損失を被ったのかの判断にも微妙な違いが出てくる．また，通貨当局が損失を被った時にも，外国の投機業者を儲けさせてやった側面もあるが，他方では為替銀行が被るはずの損失を一部肩代わりしたという側面をももっていることを注意する必要はある．

　要するに，人々の行動が正しい長期的な見通しの下に立つ合理的期待によって支えられているときには，利潤機会を求める投機は利潤機会を解消する方向に働き，為替レートの変動をなだらかにする可能性が強い．しかし，人々が短期的な思惑で，今日為替レートが上がっているから将来も上がるだろうというセンチメントで行動しているときには，為替レートはバブル経路の上にのってしまい，投機が，バブルをあおる可能性も否定できないといえよう．

第6章　注

1)　Friedman, M., *Essays in Positive Economics*, University of Chicago Press, 1953(佐藤隆三・長谷川啓之訳『実証経済学の方法と展開』富士書房，1977年).

2)　Sohmer, E., *Flexible Exchange Rate*, University of Chicago Press, revised ed. 1969(足立禎訳『屈伸為替相場制度』勁草書房，1975年).

3)　建元正弘・渡部経彦編『現代の経済学2』日本経済新聞社，1970年，第17章．

4)　Baumol, W. J., "Speculation, Profitability and Stability," *Review of Economics and Statistics*, Vol. 39, 1957.

5)　Kemp, M. C., *The Pure Theory of Trade and Investment*, Prentice Hall, 1969.

6)　これは，多部門成長におけるいわゆるハーンの問題(Hahn problem)として，動学的な成長経路では完全予見に従う経路が鞍点(saddle point)となって，初期時点における価格と予想が特定の値をとらなければ，経済は不安定な発散経路をたどってしまうという形で一般的に提起されてきた．

第7章　先物為替市場の機能

　先物為替市場は，将来受け渡し条件下での外貨の交換市場である．通常の為替市場は，直物為替市場とも呼ばれ，為替売買の契約とほとんど同時に外貨（とその対価）の受け渡しが行われる．これに対し，先物市場ではたとえば今から3カ月後の受け渡しの条件で，ドルを一定の値段で売買することができるのである．正確には，広義の先物為替市場には，従来から先物為替と呼ばれてきた「先渡為替」(forward exchange)市場と「通貨先物」(currency futures)市場の2種類がある．通貨先物については後で述べるが，ここでは広義の先物為替市場の一般的機能を説明する．

　なぜ現時点での受け渡しの外貨の市場である直物為替市場の他に，先物為替市場が必要なのであろうか．

　まず，現在のドルの直物為替レートが100円であるとしよう．日本の輸入業者が米国から輸入商品を買い入れ，代金をドルで3カ月後に支払う約束をしたとする．ドルの為替レートに変動がなければ，何ら問題はない．しかし，もし3カ月の間にドルの為替レートが上昇して，1ドルがたとえば105円になったとすると，ドル相場変動の危険が輸入業者にかかってくる．逆に，日本の輸出業者が輸出した商品の代金を3カ月後にドル建てで受け取る約束をしている場合には，3カ月の間にドルの為替相場が下落して，1ドルがたとえば95円になったとすると，相場変動の危険は輸出業者にかかることとなる．もちろん，輸入業者は円相場の上昇で利益を受けるし，輸出業者は円相場の下落で（円建てで計算した）利益を受けるわけであるから，円相場の変動の仕方によっては損失とは反対に利益をあげる可能性もある．しかしながら，損失を被る危険が存在すること自体，輸入業者や輸出業者にとって大きな問題となる．

　為替レート変動の危険を避けるためには次のようにすればよい．3カ月後にドルを必要とする輸入業者は，3カ月後に現在決めた一定の為替レートでドルを受け取り円を支払う約束をする．つまり将来の引き渡しを条件に，外国為替

の売買を行うのである．そうすれば，3カ月後の直物為替相場がどうなっても，輸入業者は一定の条件でドルを安全に取得することができる．同様に，3カ月後にドルを受け取る輸出業者は，3カ月後に円を受け取りドルを引き渡す約束をすることによって，為替変動の危険を回避することができる（もちろん，各経済主体は自分に有利な方向に為替相場が変動したときには，得られたはずの利益を失うことになる）[1]．

　第2章で説明したように，経済主体は貿易契約によって生ずる外貨建ての債権，債務の残高にともなう為替リスクを回避しなければならない．為替リスクを回避するために，先物為替契約を結ぶことをカバーをとるという．これと同様な言葉にヘッジという用語がある．カバーが履行期日の決まった具体的な債権，債務の為替リスクの回避をいうのに対して，ヘッジないしヘッジングは，保有する不動産とか有価証券とか履行期日の決まっていない債権・債務の危険回避を行うときに用いるという区別をする考え方（天野明弘『国際金融論』筑摩書房，1980年）もあるが，本書ではあまりその区別にこだわらない．危険回避という経済機能に限定して考えれば，債権債務がどのような理由で生じたかはあまり問題でないと思うからである．

　このように，将来の引き渡しを条件に外国為替の売買を行うことを，先物為替取引といい，その際に適用される為替相場を先物為替相場という．各為替銀行は，顧客である輸出入業者などと先物為替契約を結ぶが，1つの為替銀行において顧客からの先物為替の需給が等しくなるとは限らない．そこで，為替銀行自体が為替相場の変動に基づく危険を回避するために，銀行どうしで先物為替取引を行う．この銀行，為替ブローカーなどの参加する先物為替市場で需給が等しくなるところに先物為替相場が定まる．（実務では，直物市場で直物為替レートが決まり，後述のスワップ取引で先物レートが決まると考えるが，論理的には以下の記述と同じことである．）何カ月後あるいは何日後に引き渡しを行うかに依存して複数の為替相場（3カ月先物とか6カ月先物とか，あるいは9月渡しというような）が定まる．

　7-1表は『日本経済新聞』による1996年1月12日付の金融為替市況欄を簡単化して掲げたものである．以下簡単に説明しよう．前日のドル相場について

7-1表 1996年1月11日の円相場と対ドルレート
◇東京外為，円相場
（銀行間直物，1ドル＝円，売買高は前日）

		前 日
終 値	104.61―104.64	104.75―104.80
寄 付	104.64―104.67	104.36―104.40
高 値	104.48	104.10
安 値	104.90	105.05
中 心	104.70	104.40

直物売買高	113億2600万ドル
スワップ売買高	125億3900万ドル
オプション売買高	14億1000万ドル
対マルク(1マルク＝円)	72.92―72.94
◇日経インデックス(90年＝100) 日本円	144.6

◇主要外為，対ドルレート

	東 京 (終値)	ニューヨーク (10時)
日 本 円	104.61―104.64 (104.75―104.80)	104.65―104.75 (104.80―104.90)
英ポンド	1.5450―1.5440 (1.5475―1.5470)	1.5445―1.5435 (1.5475―1.5465)
ドイツマルク	1.4345―1.4348 (1.4385―1.4388)	1.4365―1.4375 (1.4360―1.4370)
スイスフラン	1.1572―1.1577 (1.1626―1.1629)	1.1580―1.1590 (1.1605―1.1615)

（注）カッコ内は前日終値，英ポンドは1ポンド＝ドル．
出所：『日本経済新聞』1996年1月12日付．

は銀行間相場の時間的推移，最高値，最安値と，最も取引の多かった中心相場が記されている．

　7-2表は同じくドルの先物相場を示したものである．下の表からみていくと，2月渡しというのは，オプション2月渡しつまり2月中に顧客の選択した時点で引き渡しを行うことができるという意味である．ここで，売りとは銀行が外貨を売る相場であり，買いとは銀行が外貨を買う相場である．

　銀行間のドル先物相場は，直物と先物を同時に取引するスワップ取引の直先の差額で表示されている．たとえば1カ月のd0.471とは，ドル相場の1カ月先物と直物の差がディスカウント(つまりマイナス)0.471円であることを示す．それを直物相場で割って，ディスカウントの年率で表したものが右側の項の年

7-2表 1996年1月11日のドル先物相場

東京外為市場(11日)

◇マルク相場(銀行間直物,1ドル=マルク)

	前日
1.4345—1.4348	1.4385—1.4388
直物売買高(前日)	56億3000万ドル

◇銀行間ドル直先スプレッド
(1ドルにつき円,dはディスカウント,pはプレミアム)

	実勢	年率%
1カ月	d 0.471	5.30
3カ月	d 1.345	5.15

◇対顧客米ドル先物相場(東銀,円)

	売り	買い
1月渡	106.00	103.40
2月〃	105.70	103.00
3月〃	105.20	102.50
4月〃	104.80	102.10
5月〃	104.40	101.60
6月〃	103.90	101.20

出所:『日本経済新聞』1996年1月12日付.

率と書いたところである.1年は12カ月だからほぼ

$$\frac{-0.471}{104.61} \times 12 \fallingdotseq -5.30$$

といった関係が成立するはずである(厳密には複利計算を行わねばならないがここでは無視する).後で述べるように金利裁定の関係があるので,米国の金利と日本の金利とを年率でとると,右側のdの年率の項は2つの金利の差にほぼ対応する.

さて,先物市場はたとえば輸出主体の危険と輸入主体の危険といった,相反する危険を相殺する機能をもつ.この点で,先物為替市場の役割は保険制度の役割と異なる.なぜならば,保険制度は個別には回避が困難な危険を,保険料の形で多くの人々に少しずつ分散する機能をもつのに対して,先物為替市場においてはまったく正反対の方向に働く危険を打ち消し合ってしまうからである.

たとえば，3カ月後に1万ドルの輸入代金の必要な輸入業者と，3カ月後に1万ドルの輸出代金が入ってくる輸出業者が，互いに1万ドルの先物為替の売買を行ったとすると，その取引によって両者とも為替変動による危険を回避することができる．

そうはいっても，ある一定時点をとった場合，一国民が保有する特定の外貨に対する債権・債務の額が完全に等しくなる保証はない．たとえば，日本が経常収支の黒字を累積するにつれて，日本国民は多くのドル建ての純資産を持つようになる．そうすると，一定時点で対ドル債権と債務を相殺しようとしても，相殺しきれない債権が残ることになる．この部分はいずれかの経済主体が自ら危険を負担して，つまり一種の投機行動として保有するしかない．後述の為替レート決定理論の資産接近（ポートフォリオ接近）は，まさにこのような危険を負担して保有する純外貨建て資産への需要が為替レートを左右すると考えるのである．

先物為替市場においても，他の市場と同じように，需給の原則が働いて（為替の価格である）先物為替レートを決定する．それならば，先物市場で定まる先物為替レートと，直物市場で定まる直物為替レートはどのような関係をもっているのであろうか．それを説明するために，金利裁定（interest arbitrage）あるいは利子裁定とよばれる関係を説明しよう．

もし，かりにドルの先物為替レートが直物為替レートに比して高かったとしよう．簡単のため，直物レートは1ドル＝100円であるのに対し，3カ月先物相場は1ドル＝105円であったとする．さらに，日米で利子率が等しいものと仮定しよう．そうすると，誰でも次のようなことを考えつくはずである．まず円を日本で借りてそれを直物相場によってドルに換え，それをニューヨークの銀行に預金しておき，同時に3カ月後にそれを円に換える先物契約をしておく．そうすると，たとえば1000万円を借りた人は労せずして1050万円の円を3カ月後に得ることになる．東京とニューヨークの利子率は等しいので，日本で3カ月後に支払う必要のある利子はニューヨークでの預金利子にちょうど等しい．そこで，この人は労せずして，また危険を負わずに50万円の利益を上げることになる．このような状態の下では，誰でもがドルを直物で買い先物で売ろうと

するから，ドルの直物レートは上昇し先物レートは下落する．両者が等しくなるところに2つの為替レートは落ちつくであろう．

次に，日米の利子率が異なり，東京市場の利子率が6%，ニューヨーク市場のそれが4%であったと想定しよう．もし，かりにドルの直物レートと先物レートとが等しくてともに1ドル＝100円であったとする．そうすると，ニューヨークでドルを借り，直物でドルを売り円を買って東京に預金し，先物でドルを買うという操作を行うことによって，利子率の差の分だけ利ざやを得ることができる．したがって，ドルの直物相場は下落し，ドルの先物相場が上昇することになる．すなわち，東京の利子率がより高いときには，ドルの先物為替レートはその直物レートよりも高くなって，両者の間に以上のような利ざやが生じなくなるところに落ち着く．このように，両国の利子率の差を利用して利益を受ける行為を金利裁定と呼ぶ．金利裁定は，直物を売って先物を買う，あるいは直物を買って先物を売る，といういわゆるスワップの形で行われる．投機と違って，危険を負わないで利益を得る行為なので裁定と呼ばれるのである．

簡単な代数式を用いて以上の関係を示してみよう．i_d を日本の利子率，i_f を外国の利子率，π_0 を内貨建ての直物為替相場（たとえば1ドル＝100円というように外貨を自国通貨で表したもの），π_1 を内貨建ての先物為替相場であるとしよう．3カ月の先物なら3カ月間に何パーセントというように利子率は先物の受け渡し期間で計るものとする．この場合，1円を日本で預金しておいても，外国の通貨に換えて外国に預金し，それを先物市場で円貨に換える操作を行っても，両者は同じ値にならなければならない．さもないと，金利裁定によって利益が生ずるからである．日本で1円預金すると3カ月後に $(1+i_d)$ 円となる．逆に1円を直物の為替レートでドルに換えると $1/\pi_0$ ドル，それが利子を生むと $\frac{1}{\pi_0}(1+i_f)$，さらに先物で円に換えておくと，$\frac{1}{\pi_0}(1+i_f)\pi_1$ となるので，裁定で利益が生じないためには，

$$1+i_d = \frac{1}{\pi_0}(1+i_f)\pi_1$$

という関係が生ずる．これから，

$$\frac{\pi_1}{\pi_0}-1 \fallingdotseq i_d-i_f$$

という近似式を導くことができる．≒は i_d と i_f の積を微小なものとして無視した

ことを示す[2]．さて，この式は金利裁定式と呼ばれる（正確には，金利裁定がこれ以上大規模に行われないための条件であるといえよう）．先物レートが直物レートを超過する率（この値が正のときに先物為替のプレミアム，負のときにディスカウントという）は国内の利子率と外国の利子率との差に等しいことを示す．

ここで，裁定について3つの点を注意しておこう．第1に，金利裁定の主体は現在確定している先物レートを用いた操作を行うので，なんら為替変動相場の危険を負担しないということである．上に説明した利益は，直物為替レートが3カ月後にどんな値をとっても受けることができる．第2に，ひとくちに利子率といっても，実際にはさまざまな預金の利率，コールレートなどいろいろある．両国の短期資産で同様の流動性をもつ類似の資産の利子率，たとえば日本では短期の現先レート，アメリカでは財務省証券（TB）レートなどをとったときに金利裁定式が成り立つと考えてよい．

第3に，金利裁定の関係式が，近似的にも成り立たなくなる場合もある．たとえば，強力な為替管理があって裁定や投機にともなう預金の移動が制限されている場合である．日本が旧IMF体制の下にあったときには，為替管理が強くてこの関係は成り立たなかった．変動制の下でも金利裁定が成り立つようになるのは，新外為法の施行された1980年末以降のことである[3]．それまで，金利裁定の関係はほとんど成り立たなかった．金利裁定式と実際の為替相場の大幅な乖離は為替管理の強さを示す．価格理論の言葉でいえば，乖離幅は為替管理が1単位だけ緩められたときの裁定者にとっての利益に等しいので，乖離幅はまさに，為替管理の強さの潜在価格（shadow price）である．

さて，円平価が近いうちに切り上げられそうだという予想が強くなった場合には，輸出業者は普通の場合よりもいっそう先物のドル売り予約を取りつけることに熱心になるが，輸入業者はかりに円の平価に変動（円切り上げ）が起こっても，それは自らに有利な変動に限られると考えるので，先物の買い予約を取りつけないで放っておくかもしれない．さらに，輸出入業者以外の者でも，先物でドルの売り予約を行うことによって，円の切り上げ＝ドルの価値下落を利用して利益を受けることができる．このように，為替相場が将来変化するとい

第 7 章　先物為替市場の機能　77

う予想に基づき，意識的に外貨資産と外貨債務をバランスさせずに，自ら為替変動の危険を負担して利益を求める行為は，まさに「投機」である．このような場合には，先物市場は大きく変動して金利裁定の関係から逸脱しようとし，それにともなう裁定の利益を求めて，多額の短期資本が流入することになる（自国通貨が切り下げられる予想の強いときには資本の流出が激しくなって，通貨切り下げの必要性をいっそう強める）．投機が盛んでも，裁定の利益が存在する限り資金は流れるので，裁定関係は為替管理がない限り満たされるはずだからである．

　さて，直物市場と先物市場との相互関係を考え合わせながら，両市場で直物相場と先物相場がどのように決まるかを分析する枠組みは 1960 年の前後に，ツィアンとゾーメンによって展開された[4]．この分析は為替市場の均衡だけを考えているという意味で，部分均衡分析にすぎず，また，フローの需給均衡という形で表されているが，為替レート決定のメカニズム理解に有益であるので，簡単にふれておく．
　ツィアンやゾーメンは，外国為替の需給の構成要素を，次の 3 つの型に機能的に分類する．これはあくまでも理論的分析の便益のための機能を典型化したものであって，1 つの経済主体の実際の外貨の需給には，3 つの典型が組み合わさったものも存在する．
　第 1 は，ゾーメンが「純粋な貿易需給」と呼んだ構成要素である．「取引決済のための需給」あるいは「実需」というべきもので，財・サービスの輸出入，直接投資，長期の証券投資の決済のために外貨を需要したり，また決済の結果受け取った外貨を邦貨に換えるために供給する結果生じる需給である．現在の取引の決済に関する需給はいうまでもなく直物市場に表れるが，将来の取引の決済に関する需給は，外貨建ての債権債務のカバーとして先物市場に表れる．
　為替需給の機能的分類における第 2 の構成要素は，金利裁定による外国為替の需給である．金利裁定による外国為替の先物の超過需要（＝需要マイナス供給）は，ほぼ（利子額を除いて）直物の超過供給（＝供給マイナス需要）に等しい．
　第 3 は，投機による需給である．投機行動は，確信に基づいて意図的に為替持高をバランスさせないで，為替変動の結果利益をあげようとする行動である．投機行動は直物市場でも先物市場でも可能である．しかし，ツィアンやゾーメンは，簡単化のため，投機はなんら決済のため先物カバーをとる必要のない経済主体が先物市

場で一方的に売りないし買いポジションをとる行動として定式化した．決済の予定なく先物契約を結んだ投機者は，引き渡しの時がくると契約実現のため，直物為替市場で売り買い逆の操作をしなければならない．つまり先物市場で売り予約を行った投機家は，契約実現のため外貨の引き渡しを行わなければならないので，次の期には直物市場で外貨を購入しなければならない．逆に先物市場で買い予約を行った投機家は，引き渡された外貨は直接必要のないものなので，これを次期現物市場で売却しなければならない．このような操作が済んで投機行為は一段落する．もし次期の実際の直物相場が，今期の（次期渡しの）先物相場より高ければ，外貨を先物市場で購入した投機家はその差額だけ利益を受ける．次期の直物相場の方が安ければ，外貨を先物市場で売却した投機家がその差額だけ利益を受ける．来期の直物相場の変化の方向に関する予想を誤った投機家はいうまでもなく損失を被る．

　このような機能分類と，金利裁定式を組み合わせて，ツィアンとゾーメンは，直物為替レートと先物為替レートが体系として同時に決定される巧妙な理論を組み立てた．本書では，この理論の説明[5]には立ち入らない．次章からの現代の為替レート決定理論は，両者の同時決定より，直物為替レート決定に焦点をおくようになってきたからである．なぜなら，金利裁定式が成立するかぎり，直物為替レートの決定メカニズムが明らかになれば，先物為替レートの値はおのずから決定されるからである．

　これをいいかえれば，次のようにいえるであろう．金利裁定式は，両国の利子率が与えられたとき，直物相場と先物相場がどのような関係にあるかを示す．金利裁定式の一つの読み方は，先物相場が将来の直物相場の予想値によって与えられると，直物レートが金利裁定式を満足するように決定されるという読み方であり，ツィアンとゾーメンのモデルもそういう解釈になじむものである．もう一つの読み方は，直物相場が市場の需給によって与えられ，両国の金利差と矛盾のないように，先物市場が決定されるという読み方である．実務家は後者のような考え方をとるといわれる．現に，実際の市場では，スポットの直物レートが決まると，それに金利差を加え合わせて先物レートを決めているのが通例らしい．

　いずれの解釈をとるにせよ，金利裁定式は直物相場と先物相場の相対価格を決めるだけなので，金利裁定式のみで両者の水準を決めるわけにはいかない[6]．

すなわち，両国の金利水準が与えられている限り，先物相場と直物相場の相対比率は変わらない．しかし直物市場に現れるドル資産（したがって先物市場に現れるドル債権（務））の価格水準を決めるには別の原理が必要となる．それが為替レート水準決定，つまり第9章以下の課題である．

さて，今まで典型的な例として説明してきた，個人や商社などの顧客が銀行と結ぶ，将来の受け渡し条件付で外貨を売買する契約は，次に述べる通貨先物と区別して先渡（forward）取引あるいは先物為替予約と呼ばれることがある．先渡取引は，外国為替公認銀行と商社その他外貨を需給する主体（一般顧客）との相対取引である．そして一般顧客は取引のつど，為銀に対して手数料を払うが，手数料が割高となることもある．

これに対して，近年より標準化された先物取引として「通貨先物」（currency futures）が発達してきた．通貨先物は他の金融先物商品とともに，取引所を通じて不特定多数の主体によって取引され，対象通貨の種類，取引単位，受け渡し期日等が規格化されている．「通貨先物が既製服（レディ・メイド）の市場だとすると先物為替〈――つまり先渡為替，先物為替予約〉は注文服（オーダー・メイド）[7]」ということになる．両者の基本的違いは，先物為替のとき顧客は，原則として受け渡し期日がくるまで受け渡し権の行使を待たなければならないのに対して，通貨先物では，期日までの間に反対売買による差金決済を行って清算することが可能な点である．たとえば，将来の外貨需給に関する思惑が変わったり，短期金利が変動したりすると，直物為替市場にも先物為替市場にもその影響が及ぶが，通貨先物の取引当事者は，このような変動の結果生ずる損益を日々に精算する．これらの精算の決済が安全に行われるように，通貨先物取引主体は一定の証拠金を取引所に納入することになっている．日本でも，1989年6月に東京金融先物取引所が成立し，通貨先物の取引が盛んに行われている[8]．

第7章　注

1) 実は完全な資本市場があるところでは，直物の売買と（円貨あるいは外貨の）預金を組み合わせて先物為替売買と同じ目的を達成できることは次章 注9）に述べ

る通りであるが，より煩雑で取引コストがかかる．

2) i_d, i_f の値が小さいときには微小(テイラー)展開で $(1+i_d)/(1+i_f)≒1+i_d-i_f$ となる．

3) Ito, T.(伊藤隆敏), "Capital Controls and Covered Interest Parity between the Yen and the Dollar"『季刊理論経済学』(*Economic Studies Quarterly*)37巻3号，1986年9月．

4) Sohmen 前掲書，ならびに Tsiang, S. C., "The Theory of Forward Exchange and Effects of Government Intervention on the Forward Exchange Market," *IMF Staff Papers*, Vol. 7, 1959.

5) 詳しくは小宮・須田『現代国際金融論(理論編)』(前掲)参照，またツィアン＝ゾーメン・モデルに合理的期待形成を導入するとどうなるかは，新開陽一「為替投機と予想形成」『季刊理論経済学』1969年4月，によって世界に先駆けて分析された．

6) ミクロ経済学におけるヒックスの合成財の定理に「2つ以上の財は2財間の相対価格が変わらない限り，それをまとめて1つの財としてとり扱ってもよい」という定理がある．この原則を，財でなく資産に適用して，直物相場と先物相場の関係を見れば，金利裁定式によって直物相場と先物相場の関係，つまり2つの債権の間の相対価格が決定される．

7) 大和総研編『入門金融先物戦略』東洋経済新報社，1990年．

8) 大和総研編同書，佐藤節也・吉野克文『金融ハイテクの経済学』東洋経済新報社，1991年．

第8章　通貨オプションと金融派生商品の機能

　先物為替市場では，たとえば何月中に引き渡しを行うという条件の下に，通貨を売買する．その際取引される資産は，本体の円とかドルとかいう通貨そのものではなく，外国通貨を何カ月後かに売買できる権利である．すなわち先物為替は金融資産から派生してできた債権債務を化体している．このように，具体的な金融資産から派生してできた資産を金融派生商品と呼ぶ．

　本章では，通貨のオプション取引を説明し，それが，条件付債権（contingent claim）ないし条件付証券の一種，であることを明らかにする．そして，より一般的に，条件付証券が不確実性のある社会で果たす機能について簡単に説明しよう．

　通貨オプションとは，ある外貨資産（たとえばドル）を，将来の特定期日（満期）に特定の価格（たとえば1ドル＝105円，これを行使価格という）で買う権利——コール・オプション——，または売る権利——プット・オプション——を指す．オプション取引はこれらの権利を売買する取引である．オプションの買い手ないし保有者は，この権利を行使してもよいし，しなくてもよいという意味で，将来の通貨価値の変動に対して一種の掛け捨ての保険を買ったのと同様な状態となる．このようなリスク変動を回避する代価として，買い手はプレミアム（オプション価格）を支払う．

　これに対し，オプション（コールでもプットでも）の売り手は，保険料であるプレミアムを受け取ることによって，通貨変動リスク回避という保険を売る胴元となるのである[1]．

　オプションには満期が来るまでは行使できないヨーロッパ型オプションと，満期以前でも行使することができるアメリカ型オプションとがある．理論的には，ヨーロッパ型オプションの方が分析しやすい[2]．このような派生商品の存在は，経済主体が将来に向けて危険を回避しつつ，あるいは時には将来の価格

変動に賭けながら資産の運用を行っていくための，さまざまな手段を提供してくれる．

　通貨オプションを保有していると，満期日にどういう損益が生ずるかは，ペイ・オフ図によって示すことができる．8-1図は行使価格が1ドル105円のドル通貨のコール・オプション（ドルを買う権利）を，オプション価格2円で買った経済主体の行使期日に得る損益を示している．横軸には，（満期の）直物価格が示してある．満期に，ドルが105円以下であれば，コール・オプションを行使する意味はない．市場でもっと安くドルを買えるからである．ドルが105円以上になると，行使は有利となるが，2円のプレミアムを支払っているので，すぐには利益が生じない．107円を超えてはじめてオプションを買ったことの収益が上がるのである．したがって，満期には，オプションの価格は図のような折れ線で書かれることとなる．その代わり，ドルの為替レートが下がってもリスクはオプション価格の負担だけですむ．

　他方，コール・オプションの売り手を考えてみよう．オプションの売り手は，満期になってドルが105円以下であれば，プレミアム2円の利益を得ることができる．

　もしドルが105円以上であると，オプションが行使されて，それに応じなければならないので，その利益は破線のようになる．ドルの為替レートが上昇する

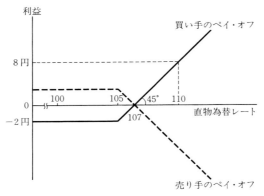

8-1図　ドル・コール・オプション

ときには，売り手は大幅な損失を覚悟しなければならない．

同様に，通貨を売却する権利であるプット・オプション(1ドル95円の行使価格)については8-2図のようなペイ・オフ図が書ける．プット・オプションの買い手は，ドル価格が上昇しすぎたときにも，オプション価格だけの損失で済むのに対して，売り手はドル価格が下落したときには大幅の損失を被る．

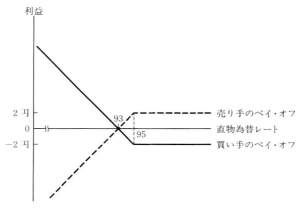

8-2図　ドル・プット・オプション

このように，コール(ないしプット)・オプションの買い手は為替変動の一方向に対するリスクを回避しながら，他方向の動きについて賭けているので，プレミアムを支払って通貨市場での一種のギャンブルを行っているに等しい．他方売り手は，潜在的に大きなリスクを負うことに対してプレミアムを得ている，賭けの胴元ないし保険会社のようなものである．

そしてオプションを，さまざまに組み合わせることにより，将来の為替レートの一方向だけでなく，両方向への変動も回避することができる．また，大きな為替変動に賭けたりあるいは小さい変動に賭けて儲けたりすることもできる．すなわちコール・オプションとプット・オプションを同時に買う操作を組み合わせることにより，為替レートが大幅に動く限りどちら側に動いても儲かるようなオプションの組み合わせができる．あるいはコール・オプションとプット・オプションを同時に売ることによって，為替レートが大幅に動いたときには損をするが，あまり動かないときに利益が上がるような組み合わせ，すなわ

ち安定的な為替レートの動きに賭けることも可能である．

さまざまなオプションの組み合わせは，色々なペイ・オフ図をもたらすが，その形によって，ストラドル，スプレッド，バタフライなどのカラフルな名が付けられている．8-3図の実線は，同一の満期と行使価格105円（プレミアム4円）をもつコールとプットを買った組み合わせ——この投資家は為替レートの大幅な変動に賭けている——と，点線は同じものを売った組み合わせ——この投資家は為替レートの安定性に賭けている——のペイ・オフ（ストラドル）を示している[3]．

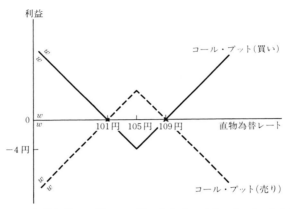

8-3図　同じ行使価格105円による組み合わせのペイ・オフ（ストラドル）

ごく大まかにいって，商社等の顧客やアマチュアはどちらかというと為替レートの変動を保険してヘッジしようとし，プロはいわば安定的な為替レートに賭けて保険の胴元としての役割を果たすことが多いと考えてもよいであろう．（もちろんプロでも大幅な投機を行う者もいる[4]．）

さて，満期が来ない前の，オプションの価格はどのように決まるのであろうか．簡単のため満期のときだけ権利行使できるヨーロッパ型オプションを考えよう．オプションの価格は，満期までの時間，安全利子率などとともに，派生商品であるオプションの母体となる基本資産である直物通貨の現在価格と密接な関係をもっている．8-4図では，満期日以前による通貨の現在の為替レートを横軸に，満期前における通貨コール・オプションの価格を縦軸にとってある．

第8章　通貨オプションと金融派生商品の機能　85

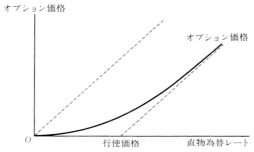

8-4図　満期前におけるコール・オプションの価格

　まず，コール・オプションの価格は権利行使はしなくてもよいので，マイナスにはならない．また基本資産である通貨の現在価値を上回らない（もしオプションが現在価値を上回るときには，基本資産を取得して，コール・オプションを売り出せば，必ず非負の利益が上がる）．そして，オプション価格は，直物通貨の現在価格が大きければ大きいほど，満期までの期間が長ければ長いほど高い．なぜならば，直物通貨の現在価格の上昇は，将来価格の上昇の可能性を増加させコール・オプションを行使する機会を増加させるからである．満期までの期間が長いことも同様の効果をもつ．注目してほしいのは，満期における為替レートの分散が大きければ大きいほど，コール・オプション価格が高くなることである．コール・オプションの買い手は，プレミアムを払って為替レートの下落に対しては保険を掛けながら，為替レートが行使価格より上がれば上がるほど儲かるギャンブルをしているわけである．この賭けのためには，為替レートが変動すれば変動するほど有利なのである[5]．オプション価格は，8-4図のように基本資産の現在価格の増加関数として描くことができる[6]．為替レートの予想変動率が大きくなると，オプション価格は上昇する．

　一般に，（株式オプション等も含めて）オプション価格の理論値を計算したものとして，ブラック＝ショールズの公式が有名である．ブラックとショールズは，もし基本資産自身がランダム・ウォーク（酔歩）をしていて，――これは資産市場が効率的であるという仮定からでてくる自然な仮定である――特にそれがブラウン運動で記述できるものとしたときのオプション価格の公式を計算し

たのである[7]．公式自体は，かなり複雑なので専門書を参照されたい．

ちなみに理論値の計算は，ブラウン運動の数学的定式化であるウィーナー＝伊藤（清）過程と伊藤の補助定理が大きな役割を果たしている．つまり，コール・オプションの売りと基本資産の保有をうまく組み合わせてやると，ブラウン運動をしている基本資産のリスクが消えるようにすることができる．したがってそのような操作を，安全利子率で貸し借りのできる資本市場にある経済主体が行っても，危険なし，元手なしに利益が上がらないという裁定条件が得られる．

いいかえれば，短時間のうちでは，オプションと基本資産とをうまい比率で持つと安全な資産と等しくなることを利用して，偏微分方程式が導かれる．その偏微分方程式の境界条件として，期限がきたときにはオプションの価格は先に述べたような株価の折れ線の関数として描かれることを利用して，ブラックとショールズはヨーロッパ型のオプションについて，現在の株価と時間の関数としてオプションの価格を導出したのである．その時に使われた（放物線型）偏微分方程式は，物理学にでてくる熱伝導の方程式と同じ性質をもつ．

このような手法を用いると，オプションの価格は主として現在の為替レート，行使価格，そして為替変動の危険度に依存して決まる．すでに述べたように，オプションは一種の保険証券であるから，その価格は将来の変動が高いほど高くなる．新聞紙上には，インプライド・ボラティリティとしてオプションの価格から逆に推定した株価変動の分布の標準偏差の値がかかげてある．つまり，市場の成員がみな同じ期待を持っているとすると，彼らは将来の為替変動率をどれくらいに推定しているのかを逆に推定した値である．

通貨オプションは，為替レートが将来どのような値をとるかの条件に応じて価値が変わるという意味で，将来起こりうるいろいろな事態(contingency)に応じて約束の異なりうる条件付証券(contingent security)の一種である．アローとデブリュー[8]は，不確実性の下では，雨が降ったときにはアイスクリーム（雨傘）が手に入る証券とか，晴れたときにはアイスクリーム（雨傘）が手に入る証券とか，将来の条件に依存した条件付証券が取引されることによって，資源配分が改善されることを明らかにした．

保険証券とか宝くじとかは条件付証券の例である．理想的には，すべての条

件に応じた資産の取引が可能な社会，——完全な資本市場のある経済という——がパレート最適を実現するという意味で望ましい．しかし現実には，すべての事態(contingency)に備えるような証券は取引されていない．それには取引費用がかかりすぎたり，また一部の情報は取引の一方にしかわからない(非対称情報)とか保険の道徳的危険(moral hazard)等の問題があって条件付市場は完全に機能していないのである．

　しかし，株式は企業の収益に応じた条件付証券であるし，オプションは基本資産の価格に応じた証券である．このようにオプションの導入は，われわれがいろいろな条件に応じた条件付証券のメニューが広がるという意味で，国民経済的に有意義な影響をもたらす[9]．

　さて，条件付資産を保有している企業や銀行のもっている為替リスクとしては，現在持っている資産や負債に関するリスクだけでなく，先物取引から生ずる将来のリスクをも考えなくてはならなくなる．すなわち，経済主体のもつ為替リスクは将来にわたる外貨に対する債権の価値(正確にはその割引現在価値)から，債務の(割引現在)価値を差し引いたものに対してかかることになる．債権の価値から債務の価値を引いたものが正のとき企業はドルを買い持ちしているといい，逆に負のときにそれはドルを売り持ちしているという．さらに条件付証券であるオプションの導入によって，経済主体はリスクを条件付きで買ったり，条件付きで解消することができるようになる．そういう意味で，派生商品の存在によって為替リスクも条件付きにたとえば来月末日のドル・レートが何円のとき，この商社はこれだけ損失を被るといった形で事態の推移に依存した形で定義する必要があるのである．

　　ちなみに，日本ではこのような派生商品についての実務書は出はじめているものの，その経済的役割については十分に知られていない．銀行とか証券とかは従来から，文科系の職業，数学ができなくても勤まる職業と考えられてきた．最近は株式の分散投資の仕方や，先物・オプション等の派生商品を組み合わせて将来の危険を回避しつつ資金繰りを行うことが重要になっている．そういう活動は，今述べたように，かなり高度な数学的な能力を必要とする．日本の金融界はますますこのような技術的なノウハウに頼っていかねばならない．同時に，オプション，通貨先物の

ような派生商品が，実は不確実性下の資源配分に決定的な重要性をもっていることが広く理解される必要がある．

　日本の金融・証券そして保険業が世界で大きな影響をもちえたのは，日本の高い貯蓄力に支えられた大きな資本力に基づくものであった．現代の通信，電子技術とともに高度に発達した金融市場において，さまざまな裁定の機会を利用し，派生商品によって危険を一定に保ちつつしかも収益を上げるという，金融，財テクの技術に関して日本の金融・証券，保険業界はやや立ち後れているようにみえる．このことは大蔵省の手厚い保護があり，固定の手数料下で預金や保険そして取引高さえ増えれば，銀行，保険会社，そして証券会社の利益が上がったことにも依存するであろう．金融界は未だ十分に経営能力を蓄積しているとは考えられない．1990年初頭のバブル崩壊後，日本の金融関連株が急激に下落した原因は，土地の担保価値減少によるものと考えられている．しかしより根本的には，国際的な金融技術に対する日本の経営能力の蓄積の不足が露呈しつつあることによるといえないだろうか[10]．

　最近，カリフォルニア州のオレンジ・カウンティ（地方公共団体）が派生商品投資の失敗で破産したり，英国のベアリングス投資銀行が一行員の派生商品投機で破産したりする例が報じられている．これら一連の不祥事を派生商品のせいにする風潮があるが，多くの場合，それは同時に派生商品の性質に関する無知，そして派生商品保有によって生ずる危険の算定と金融機関内における危険の管理が不十分であることに由来しているのである．

第8章　注

1)　佐藤・吉野『金融ハイテクの経済学』(前掲)，また通貨オプションに関するより技術的な説明は，たとえば大村敬一・清水正俊『通貨オプション取引』金融財政事情研究会，1986年，を参照．

2)　アメリカ型，ヨーロッパ型といっても地理的な意味があるわけでなく，取引条件による分類である．

3)　大村・清水，前掲書第3章第3節．

4)　私はオプションを買ったことが1度だけある．アメリカには日本のように(家父長的に？)素人に危険な取引をさせない大蔵省や銀行が居ないので小生でも買えたのである．円高でイェール大の給料が円価値で減価しそうなので，円が高くなったときのヘッジに円のコール・オプションを買ったが，3カ月間の行使期間のう

ち，1日だけその日に行使すれば儲かったという日があったにすぎなかった．アマチュアは，いろいろな形で保険料をプロに払っているなと実感したものである．

5) その他，安全利子率との関係などについては，佐藤・吉野，大村・清水，前掲書を参照のこと．

6) 佐藤・吉野，前掲書99ページ図3,5．なおオプション一般について詳しく知りたい読者は Sharpe, W., *Investments*, 3rd ed., Prentice Hall, 1985, 16章がわかりやすい．

7) Black, F. and M. Scholes, "The Pricing of Options and Corporate Liabilities," *Journal of Political Economy* 81, 1973, May-June. 公式の具体的な形については大村・清水，前掲書153ページ以下参照．

8) Arrow, K. J., "The Role of Securities in the Optimal Allocation of Risk-Bearing," *Review of Economic Studies*, Vol. 31, 1964, Debreu, G., *Theory of Value*, Wiley, 1959 (丸山徹訳『価値の理論』東洋経済新報社，1977年)．

9) 貸し借りが自由な資本市場(学者はこれを完全な資本市場という)の下においては，先渡取引は実は新しい商品を作ったことにはならない．なぜならば，たとえば私が子供の留学のために1年後にドルが必要だとしても，そのドルを確実な値段で確保するためには，必ずしもドルの先物を手当しなくてもいいからである．つまり現在ドルを買っておいて，それをアメリカの銀行に預けておくことによって1年後確実に一定のドルを得ることを確保できるからである．したがって，先渡し取引は，顧客が1ヵ月のうちいつでも引き取りの権利を行使することができるという便宜を除いては，条件付債権としての新しい商品を導入したことにはならない．

他方，通貨先物は，先物の期限が来ていないときに金利が変化すると，先物の価値が変わるが，通貨先物によるとそれを刻々売買で決済することができるという意味で新しい商品である．

10) 宮崎義一氏の『複合不況』(中公新書，1992年)のように，1990年代の不況の一つの要因を急速な金利自由化や派生商品の取引を中心とする金融ハイテク技術に求める見方もある．そのような見方は派生商品の経済的意義の無理解に基づいている．大蔵省も，たとえば大阪証券取引所の日経インデックスの先物に規制を加えたりして派生商品の規制を強めようとしたことがあるが，そのような動きは金融通信技術の発達した今，日本における国際的金融仲介活動を抑制し，世界の顧客をシンガポールなどアジアの金融センターに追いやる結果となる．

第9章 為替レート決定理論Ⅰ：
古典派的世界

9.1 はじめに

　固定制の下での国際金融の中心問題が国際収支がどう決まるかということであったとすると，変動制下の国際金融の中心問題は為替レートがどのような要因によって決定されるかという問題である．実務家の関心はどうしたら将来の為替レートをうまく言い当てることができるかというところにあろう．しかし，資産市場における投機についての経済理論の一番確固とした命題は，投機に必勝法がないということなのである．将来に関する新しい情報はすでに今日の資産市場で消化されてしまうので，今日の価格，たとえば為替レートが最も的確な将来の為替レートの予測へのデータを提供することになる．将来の為替レートをよりよく言い当てることのできるような理論を発見したと思っても，それが有効ならばいずれ市場成員に知られてしまい，その方式では儲けられなくなる．そこで，為替レートは将来上下どちらに動くかちょうど半々のランダム・ウォーク(酔歩)となって，確実に投機で儲けるわけにはいかなくなる．

　したがって，オープン・マクロ経済学の為替レート決定理論が提供できることは，諸経済変数と為替レートがどういう関係に立っているかを明らかにすることだけである[1]．

　さて為替レート決定メカニズムについては現在までに多くの学説が唱えられてきたが，「この理論が決定版である」というような学説は未だ存在しない．しかし，変動相場制が先進諸国によって採用されて20年あまりになろうとする現在，為替レートのさまざまな決定要因の役割に関しては，学者間のコンセンサスが少しずつ形成されつつある段階にあるといえよう．

　それぞれの為替レート決定理論は，為替レート決定に影響を与える多くの諸要因の中から特定の要因をいくつかにしぼって，それに焦点をあてる．複雑な

経済現象を統一的，総体的に，しかも細部にまで注意をとどかせながら把握することは一般に困難である．そこで経済学は，その対象を一定の角度から切った断面図をいくつか分析することにより，次第に全体像を明らかにしていくという接近方法をとる．現実全体を細かく描写しようとして不明確な結果を得るよりも，大胆な簡単化の仮定をおいて，一特定の経済的論理を明確に浮かび上がらせる方が，われわれの理解を深める場合が多い．そのような意味で，以下の為替レート決定の諸モデルは，彫刻にたとえてみればトルソーのようなものである．本質的でない部分は裁断されて，捨象されている．したがって，モデルを分析するときには，これらのトルソーが現実のどの側面を裁断したものであり，さまざまな断面図が，経済の全体像の中でどういう相互関係に立っているかにたえず注意を払う必要がある．

　為替レートの決定メカニズムに関しては，まず，貨幣的，名目的現象と実物的現象との関係に注目しなければならない．為替レートは，円と外貨の交換比率であり，両国における貿易財や資産の名目価格を翻訳し合う役割をになっている．したがって，為替レートは第一義的には貨幣的な関係を示すものであり，国民経済の貨幣面とかかわる．

　さて，マクロ経済学には名目的現象と実物的現象との関係に対する見方によって古典派的世界像と，ケインズ的世界像の2つがあることはよく知られているところである．オープン・マクロ経済学の為替レート決定理論にも，古典派的な見方とケインズ的な見方という2つの対蹠的な見方が存在する．以下の3章では，為替レートの見方を，貨幣的（名目的）現象と実物的現象を独立に二分して考える古典派的な見方，名目価格や名目賃金や利子率に硬直性，惰性を認めるケインズ的な見方，そして古典派的な見方とケインズ的な見方を組み合わせた折衷的な見方とに分けて考える．

　本章では，古典派的な世界，実物的現象と名目的現象の二分法が成立し，貨幣が中立的であって貨幣現象が実物現象のヴェールにすぎないような世界を考察する．このような世界では，名目的な為替相場は——それが実物面から貨幣需要の変化を通じて影響を受けることはあっても——実物面に対して，つまり貿易とか国際投資とかにはほとんど影響を与えない．この論理をつきつめると，

為替制度のいかんも，実物的現象にほとんど影響を与えない[2]。

本章では，まず購買力平価説(purchasing power parity doctrine)と為替相場決定に関する貨幣接近(monetary approach)を説明する．これらを組み合わせることによって，物価が伸縮的に動き，名目量と実物量を二分できる古典派的世界における為替レート決定理論が明確に浮かび上がってくる．第10章では，古典派的世界像と対極的に，物価が固定的ないし硬直的であると考える，ケインズ経済学的なマンデル゠フレミング・モデルでの為替レートの役割について述べる．

さて，ケインズ的なモデルでは，為替レートは国際収支を均衡させるように，フローの市場で決まると考えられていた．しかし，高度に発達した資本市場では為替レートはストックの均衡で決まり，財の価格の動きには惰性があるという点に注目し，これを巧みにモデル化したのがドーンブッシュの折衷的なモデル，いわゆるオーバーシューティング(overshooting)・モデルである．第11章では，まずドーンブッシュのモデルを説明するとともに，それと類似している為替レート決定に関する資産接近(portfolio approach)，代替貨幣(currency substitution)モデルを説明する．これらのモデルは，現代の国際金融を理解するにふさわしい道具立てであり，そこでは，ストックとフローとの相互依存関係，将来時点の経済変数に関する期待が現在に及ぼす影響などをも明らかになる．

9.2　購買力平価説
(Purchasing Power Parity Doctrine；PPPと略称)

われわれが外貨を買うのは，外国での財やサービスに対する購買力を，外貨を用いて実現するためである．そして，外貨を買うために国内の通貨を提供することは，国内の財やサービスに対する購買力を犠牲にすることである．為替レートは，外国価格を自国価格に翻訳する役割をはたす．したがって，国内貨幣と外国貨幣との交換が等価交換となるためには，為替相場は通貨のもつ購買力の比率によって決定されるはずである．これが為替レート決定の購買力平価

説の主張である．すなわち，ドル/円の為替レートは，ドルの購買力と円の購買力との比に等しい．そして，通貨の一般的購買力は，その国の物価水準の逆数と考えられるので，ドルの内貨建ての為替レートは円で表したわが国の物価水準と，ドルで表した米国の一般的物価水準との比率になるはずだと購買力平価説は説く．

つまり，一国の財（サービス）には，これよりもその財の外国での（国内価格に換算した）価格が高くなればそれを輸出できるようになるという価格（輸出点）と，これよりも外国での（国内価格に換算した）価格が低くなれば輸入するようになる価格（輸入点，金で言えば現送点のようなもの）がある（すなわち，各商品には商品現送点のようなものがある）．もちろん，電力であるとか，理髪店のサービスとか，その他輸送が困難なものの輸出点，輸入点はほぼ無限大とゼロであり，輸出入は実質上不可能となり，その財は非貿易財となる．外国での価格は，外国通貨（例えばドル）建てで決まっているので，それを円に翻訳して輸出入にひき合う輸出点，輸入点と比較するために，為替レートが用いられる．

このようなことが各財について成り立つので，総体としての輸出量と輸入量は，各商品の輸送費用と為替レートとに依存して決まってくる．ドル・レートが高くなれば，外国価格の円換算価格が高くなるので多くの財が輸入しにくくなるし，日本価格の外国通貨換算価格が安くなるので，多くの財が輸出しやすくなる．もし1ドルが500円ということになれば，アメリカ品は全て高くなり，日本品はバーゲン・セールのようなものとなる．そうすれば日本の輸出は当然伸びるであろう．逆に1ドルが50円ということになれば，アメリカの輸出品はすべてバーゲン・セールとなるから，必ずや日本の輸入は増加するであろう．したがってお互いの通貨の購買力がほぼ均等するところで輸出入が均等し，為替相場が決まってくるということになる．（実際に，たとえば1970年代の後半に，イギリスのポンドが安かったときには，ヨーロッパ大陸やアメリカからロンドンへ買い物客がチャーター機でやってきたこともある．今（1995年）は，ヨーロッパや日本に比べて，物価でいうとアメリカ全体がややバーゲン・セールのようになっている．）

購買力平価説は，すでにリカード等にも，その片鱗が見られるといわれてい

るが、これを体系的に主張したのはスウェーデンのカッセル(1866-1945)である。カッセルはワルラスが創始した一般均衡体系の啓蒙化に努めた人として有名であり、日本の一般均衡理論の先駆者たちも、一般均衡理論をカッセルを通じて学んだと伝えられている。

カッセルは、第1次大戦前の金本位制における為替レートを基準にして、戦後、金本位制から離脱した後の為替レートの適正値を、購買力平価の理論を用いて考察した。ある基準時の為替レートが均衡しているという前提に立つと、購買力平価によって決まる為替レートは、その基準時の為替レートに内外の物価指数上昇率の比をかけ合わせたものに等しくなるという関係がある。たとえばアメリカの方が日本よりも物価指数の上昇のスピードが早いならば、物価上昇率の差だけの率で円相場が上昇する(内貨建てドル相場が下落する)はずだという関係がある。カッセルは、この理論を第1次大戦後の混乱期の為替レートの決定、いわば均衡から解き放たれた為替レートの決定に対して適用した。第1次大戦前においては、為替レートは金平価によって決定されていたので、その当時の為替レートは、比較的客観的な基盤をもっていたと考え、それを基準に購買力平価をテストしようとした。

さて、p を日本の一般的物価水準、p^* を外国、たとえば米国の一般的物価水準、π を内貨建ての為替レートを示すものとしよう。購買力平価説のいうように、購買力の等価交換が成り立つとしよう。一般的物価水準は標準的なマーケット・バスケットを買うために必要な価格であるので、米国において p^* ドルで標準的なマーケット・バスケットが買えるとすれば、日本ではそれに内貨建て為替レート π を乗じた πp^* 円で同じ一般的なマーケット・バスケットが買えなければならない。すなわち、

$$(9\text{-}1) \qquad p = \pi p^*$$

という関係が成立する。したがって内貨建ての為替レート π は、p と p^* の比であり、それと同時にアメリカの一般的なドルの購買力の水準 $1/p^*$ と日本の円の購買力の水準 $1/p$ との比であることを示している。すなわち

$$(9\text{-}2) \qquad \pi = p/p^* = (1/p^*)/(1/p) = \frac{\text{ドルの購買力}}{\text{円の購買力}}$$

が成り立つ．また(9-1)式の対数をとって微分して，$\hat{p}$でpの相対的時間増加率$\left(\frac{dp}{dt}/p\right)$を表すことにすれば，(9-1)式は

(9-3) $$\hat{p}^* + \hat{\pi} = \hat{p}$$

のように増加率の関係として表せる．すなわち，ある基準時点をもとに考えると，πの増加率はpの増加率からp^*の増加率を引いたものとなる[3]．

(9-4) $$\hat{\pi} = \hat{p} - \hat{p}^*$$

ここで，購買力平価と関係の深い実質為替レート(real exchange rate)という概念を復習しておこう．実質為替レートとは，物価水準を調整した上での為替レートの概念である．例えば，当初1ドル=200円という関係が成立していたが，仮にその後日本の物価が全く安定していてアメリカの物価が2倍になったとしよう．そうすると為替レートがちょうど100円になっても，一般的購買力の比率は変わらないはずである．もともとアメリカで1ドルしていた財は当時200円であったが，今その財は2ドルになっているので100円レートの下でも200円の購買力をもつ．したがって，アメリカ人の円に対する実質購買力は変わらない．

このような関係をはっきりさせるために

(9-5)　　実質為替レート
　　　　＝内貨建て為替レート×米国の物価指数÷日本の物価指数

と定義しよう．初めの時点で購買力平価説が満たされているならば，実質為替レートが変わらない限り，将来も購買力平価説が成り立つことが理解できるであろう．逆に，購買力平価説が成り立てば，実質為替レートは一定である．

もちろん，購買力平価説はその単純さのゆえにいろいろな問題点をもっている．

第1に，両国の一般的購買力の比較とは何を意味するかという問題がある．日本人とアメリカ人とがまったく同じ消費パターンをもっていれば，円の一般的購買力とドルの一般的購買力を比較することは容易である．しかし，日本人はお茶漬け，アメリカ人はホットドッグというように，両国民の消費の標準的なマーケット・バスケットが違うときに，通貨の購買力を比較するには困難がともなう．

第 2 に，われわれが両国共通の標準マーケット・バスケットを，客観的に知るのが困難だとすれば，購買力平価説の検証は，カッセルが行ったようにある基準時点で為替レートが均衡レートであったと仮定して，その後のレートの時間的な推移をみる形(相対的購買力平価)に頼らねばならなくなる．そうすると，為替レートが基準時点で果たして均衡していたかという問題が残る．

第 3 に，非貿易財については一物一価が成立しないので，両国内において貿易財と非貿易財の間の相対価格の変化が起きると，購買力平価説は修正を受ける．長期的な均衡状態において，国際貿易論の要素価格均等の法則が成立する，すなわち資本や労働などの生産要素の移動が円滑に行われて要素価格が均等化する状態を考えれば，両国が同じ技術をもつ限り非貿易財の価格も均等化へ向かうはずである．しかし，このような調整には長い時間がかかるので，非貿易財の価格水準には大きな違いがある．したがって，非貿易財(たとえば，サービス，電力等)の占める割合が大きいときには，為替レートと購買力平価とはかなり大幅な乖離を示す．

このことを示すために，貿易が自由に行われて貿易財については(為替レートで翻訳した)一物一価の法則が成立するが，両国ともに貿易財と非貿易財との相対価格が変化する状態を考えてみよう．ここで p_T を貿易財の価格，p_N を非貿易財の価格とし，外国の財の価格に $*$ をつけて表すことにする．貿易財価格については

$$(9\text{-}6) \qquad p_T = \pi p_T^*$$

という関係がある．ここで，一般的な物価水準 p が貿易財価格 p_T に α，非貿易財価格 p_N に $(1-\alpha)$ をウェイトづけする幾何平均で表されると仮定しよう．つまり

$$(9\text{-}7) \qquad p = p_T^{\alpha} p_N^{1-\alpha}, \qquad p^* = p_T^{*\alpha} p_N^{*1-\alpha}$$

であると想定しよう．(9-6)式の対数をとって微分すると，

$$(9\text{-}6\text{A}) \qquad \hat{p}_T = \hat{\pi} + \hat{p}_T^*$$

が得られ，(9-7)式を対数微分すると物価指数の成長率に関する

$$\hat{p} = \alpha \hat{p}_T + (1-\alpha) \hat{p}_N, \qquad \hat{p}^* = \alpha \hat{p}_T^* + (1-\alpha) \hat{p}_N^*$$

または

(9-7A)　$\hat{p} = \hat{p}_T + (1-\alpha)(\hat{p}_N - \hat{p}_T), \qquad \hat{p}^* = \hat{p}_T^* + (1-\alpha)(\hat{p}_N^* - \hat{p}_T^*)$

という関係が成り立つことがわかる。したがって(9-6A)から $\hat{\pi}$ を $\hat{p}_T$ と $\hat{p}_T^*$ の差で表し(9-7A)を代入すると，

(9-8)　$\hat{\pi} = \hat{p}_T - \hat{p}_T^*$
$= \hat{p} - \hat{p}^* - (1-\alpha)[(\hat{p}_N - \hat{p}_T) - (\hat{p}_N^* - \hat{p}_T^*)]$

という式を導くことができる。ここで，外国における $\hat{p}_N^*$ の増加率と $\hat{p}^*$ の増加率が等しい(すなわち $\hat{p}_N^* = \hat{p}_T^*$)が，日本では非貿易財の価格上昇率すなわち $\hat{p}_N$ の方が貿易財の価格上昇率 $\hat{p}_T$ よりも高いと仮定してみよう(このような，相対価格の変化が起こるのは，日本の消費者の需要が貿易財から非貿易財にシフトした場合とか，日本における貿易財の技術進歩が非貿易財よりも高い場合などである)。そうすると，(9-8)式で $(\hat{p}_N - \hat{p}_T)$ は正で $(\hat{p}_N^* - \hat{p}_T^*)$ はゼロであるから，内貨建て為替レートの増加率は一般物価指数上昇率の差から導いた値($p-p^*$)より小さくなる。すなわち，一般物価水準を用いて購買力平価説から計算されるドルの為替レートよりも，よりドル安(円高)になる現象が生じてくる。

円に関していえば，過去において日本の貿易財における技術進歩が非貿易財におけるそれに比べて高かったといえよう。貿易財の価格が貿易財の物価とリンクしているので，日本で相対的に安くなりつつある財が外国物価と連動していることを意味する。したがって，日本の需給構造と生産構造の変化によって，日本における貿易財の相対価格が下落している場合には，購買力平価説の予測する以上に円高の傾向が生ずることになる。同じ理由で，開発途上国においては労働の生産性が低いためにサービスが安く，先進国においては高いため，生計費指数の比較で購買力を計算すると，開発途上国の通貨は購買力平価で決まってくる値より割安になり，先進国の通貨は購買力平価で決まってくる値よりも割高になる傾向がある。このような議論は，バラッサやサムエルソンによって展開された[4]。

為替相場決定の購買力平価による説明は，まさに財やサービスの市場の裁定関係を軸にした説明である。上に述べたように，相対価格の変化によって修正する必要はあるにせよ，貿易財の一物一価の関係を大幅に逸脱させるような為替レートが非常に長期間継続するとは考えにくい。このようなゆるい意味で，

長期的な意味で為替レートの錨(anchor)の役割を購買力平価の関係が果たしていると多くの経済学者は考えるのである．

9.3 貨幣接近(Monetary Approach)

　さて，購買力平価説が成立する世界を考えよう．そこでは為替レートは，物価水準の比率によって決定されるので，為替レート水準の決定要因を知るためには，両国の物価水準を決める要因を明らかにしなければならない．そこで，両国の貨幣量が両国の物価水準を決め為替レートを決めるという貨幣接近(monetary approach)の考え方が登場した．この考え方によれば動学的には両国の貨幣成長率が両国の物価上昇率を決め，その結果為替レートの変化率を決定することとなる．

　国際収支の貨幣接近においては，両国の貨幣政策が国際収支を決定した．ところで，変動制の下においては，国際収支は経常収支と民間資本収支を加えた公的決済ベースの収支の意味で，いつでも均衡しているはずである．そして，国際収支を均衡化するのは為替レートである．したがって，変動制の下では，貨幣接近は，国際収支決定の理論ではなく為替相場決定の理論となる．貨幣接近の考え方からいえば，国際収支均衡は貨幣需給の均衡を意味するので，変動制の下で当然貨幣の需給はいつも均衡している．そして，為替レート決定理論に，貨幣接近を応用するときには，貨幣の需要関数と，購買力平価説とを結びつけることによって為替相場が決定されるということになる．

　貨幣接近による為替レート決定理論を要約すると次のようになる．為替相場はストックとしての貨幣の相対価格であって，貨幣に対する需給によって決定される．そしてたとえば米ドルの供給が相対的に増加したり，その需要が相対的に減少すれば，他通貨に対する米ドルの為替相場は下落する．そのメカニズムは次のように働く．自国が貨幣供給を増加させれば，自国では貨幣の超過供給が生ずる．すると貨幣の実質残高を調整するために，財への支出が増加し，国内物価の上昇をもたらす．国内物価の上昇は，両国間の財の裁定をひきおこして，購買力平価説の関係に従って自国通貨の減価を導く．このように購買力

平価説と結びついた貨幣接近においては，一国の貨幣拡張が物価上昇の圧力を通じてその国の通貨の為替相場の下落要因となる[5]．

二国モデルを考えよう．まず両国とも貨幣需要を表す流動性選好関数が

(9-9)
$$\frac{M}{p} = L(Y, i)$$

(9-10)
$$\frac{M^*}{p^*} = L^*(Y^*, i^*)$$

のように表されるとする．ここでMは貨幣，pは一般物価水準，Yは実質国民所得，iは名目利子率であり，＊印は外国の変数であることを示す．ここでもっとも単純な購買力平価の仮定すなわち(9-1)式を導入することにしよう．

(9-1)
$$p = \pi p^*$$

再び，＾を変数の上に記して変化率を表すことにすると，(9-9)，(9-10)の対数微分を用いて

(9-11)
$$\hat{M} - \hat{p} = \eta_Y \hat{Y} + \eta_i \hat{i}$$

(9-12)
$$\hat{M}^* - \hat{p}^* = \eta_Y^* \hat{Y}^* + \eta_i^* \hat{i}^*$$

の関係を得る．ただしここで$\eta_Y(>0)$は実質国民所得に関する実質貨幣残高の弾力性，そして$\eta_i(<0)$は名目利子率に関する実質貨幣残高の弾力性である．そこで(9-4)式の関係から

(9-13)
$$\begin{aligned}\hat{\pi} &= \hat{p} - \hat{p}^* \\ &= (\hat{M} - \hat{M}^*) - [(\eta_Y \hat{Y} + \eta_i \hat{i}) - (\eta_Y^* \hat{Y}^* + \eta_i^* \hat{i}^*)] \\ &= (\hat{M} - \hat{M}^*) - (\eta_Y \hat{Y} - \eta_Y^* Y^*) - (\eta_i \hat{i} - \eta_i^* \hat{i}^*)\end{aligned}$$

という関係を導くことができ，さらに整理すると

(9-14) $\hat{\pi} = (\hat{M} - \eta_Y \hat{Y}) - (\hat{M}^* - \eta_Y^* \hat{Y}^*) - (\eta_i \hat{i} - \eta_i^* \hat{i}^*)$

を得る．

さてここで，$\hat{M} - \eta_Y \hat{Y}$，すなわち実質的な所得成長が必要とする貨幣需要の増加部分を超過する貨幣供給を超過貨幣供給率と名付けることにしよう．すると一国の内貨建ての貨幣レートの変化は，自国の超過貨幣供給率と他国の超過貨幣供給率の差，それに利子率の変化によって貨幣と所得の比率が変化する．つまり貨幣の流通速度が変化する効果の調整項によって決定されることになる．

すなわち，(9-14)式は次のことを意味する．

第1に，他国より相対的により拡張的な貨幣政策を行う国の為替レートは減価する．すなわち，超過貨幣供給率がより大きな国の為替レートは切り下がる．第2に，他の事情が等しいならば，高い金利は一国の貨幣需要を減少させるので，為替レートの切り下げ要因となる．つまり，貨幣接近によれば一国の高金利は外国の通貨，たとえばドルの直先スプレッドのプレミアム要因となるだけでなく，そのこと自体が為替レートの切り下げ要因となる性質をもつ．このことは直観と経験的事実に必ずしも一致する結果ではなく，後述のドーンブッシュらの分析を生む一つの誘因となった．通常国内金利の上昇は資本流入をまねいて自国通貨の為替レートを切り上げると考えられるからである．貨幣接近による，金利上昇が通貨の流通速度を高めて自国通貨を下落させるという結果は，金利の上昇が自国のインフレ期待をおりこんだものであるときにのみ現実的であろう．

貨幣接近には，次のような問題点がある．第1に，すでに見たように，前提となる購買力平価説がそもそも成り立つかどうかわからない．特に相対価格変動の効果を考慮しなければならない．そして，後章でみるように過去20年間の変動為替レートの経験は，購買力平価説から大きな乖離を示している．購買力平価説が成り立たないとすると，それに基づく貨幣接近の定式化も成り立たないこととなる．また，長期的に購買力平価説が成り立つとしても，貨幣量が増加したときに，ただちに価格が貨幣の超過需要を調節するというメカニズムが働くとは限らない．第11章のドーンブッシュのモデルが示すように，物価水準は直ちに伸縮的には動かず，流動性選好の働きで金利が低下して，それがフローの市場にゆっくりと影響し，はじめて貨幣拡張が物価上昇要因となる，という経路をとる可能性もある．

第2に，貨幣といったときにも，貨幣概念として M_1, M_2, M_3 などのうちどの概念を用いるかという問題が，貨幣数量説に対するのと同様に貨幣接近に対しても発生する．そして，ある貨幣概念を選んだとき，貨幣の流通速度が安定的と見なせるのかという疑問が残る．

第3に，貨幣は金融資産のうちの1つの資産にすぎないので，他の資産を無

視して貨幣だけを考えてよいのかという疑問も生ずる．ドル(円)建て資産には，ドル(円)建ての証券とか株式など，他の資産もたくさんある．そのような貨幣以外の資産を考慮することによって，第11章に説明するアセット・アプローチ(資産接近)ないしポートフォリオ・アプローチが提起されるに至ったのである．

以上のような問題点をもつにせよ，マネタリー・アプローチは，為替レートの決定について次のような見通しを与えてくれる．第1に，為替相場は通貨どうしの相対価格なのだから，貨幣を抜きにしては語ることができないということを示している．国際収支と同じく，「為替レートも貨幣的現象である」というのが貨幣接近の主張者のモットーであったが，それは以上の意味では正しい．ただ注意しなければならないのは，実物量の変動も貨幣の需要に影響して名目為替レートを左右するということである．第2に長期的に見る限り，マネー・サプライは為替相場の決定に重要な役割をもっており，自国の拡張的な貨幣政策は，自国通貨の為替相場を切り下げる方向に働くということである．従って将来の為替相場を予測しようとする場合，それを生産性の伸び，実質成長率や実質金利の動きなどの実質的な変数のみによって予測することはできない．名目為替レートは，両国の貨幣政策のスタンスに本質的に依存して決まるのである．

9.4 古典派的世界像と財政・金融政策の効果

さてこのように購買力平価説と貨幣接近とが結びつくことで，価格が伸縮的である古典派的世界像による為替レートが次のようなものとなる．すなわち，貨幣がヴェールであるような社会では，貨幣数量説，購買力平価説，そして金利裁定式が相互に矛盾なく成立するのである．このような状態，物理でいえば真空状態に対応するような仮定の下では，財の国際的価格の相互関係と，資産の国際的価格の相互関係とが矛盾なく運行する[6]．

そこで仮想状態の二国モデルを考察し，次のような仮定をおく．第1に，両国とも経済は静態的である．すなわち，人口の水準や技術の水準が一定であっ

て，資本蓄積も行われないような静態的な状態を考える．そして，第2にすべての財が貿易財であって，非貿易財は存在しない．第3に，金融的な資本移動が自由であるのみならず，直接投資も自由である．第4に，両国ともに賃金や価格が十分に伸縮的であって，市場の不均衡は直ちに実質賃金や相対価格の変化によって解消するような，古典派的な経済である．第5に，貨幣の流通速度は一定で，古典派的な貨幣数量説が成立して，貨幣は両国において中立的である．そして最後の仮定として，すべての経済主体が将来に対して完全予見をもっているものと仮定する．このような状態では，以下にみるように金利裁定式に表れるような資産相互間の関係と，古典的な購買力平価説とが矛盾なく運行し，しかも貨幣政策や為替レートはなんら実質経済に影響を及ぼさない[7]．

まず，自由貿易が行われるならば一物一価が成立するが，第2の仮定によって，貿易財のみしか存在しないから，それは同時に購買力平価説の成立を意味する．また，第3の仮定によって，実物的な資本移動が可能であるから，両国における実質利子率（ここで r と書く）が均等化して，

$$(9\text{-}15) \qquad r = r^*$$

が成立する．ところで，両国において完全予見が成り立っているので，現実の物価上昇率と期待物価上昇率は一致するはずである．名目利子率 i と実質利子率 r との間には，両国でそれぞれ次のような関係が成立する．ここで，$\hat{p}$ は現実の物価上昇率であり，それは完全予見の仮定により期待物価上昇率に等しい．

$$(9\text{-}16) \qquad i = r + \hat{p}, \qquad i^* = r^* + \hat{p}^*$$

ところで，購買力平価説が成り立つから，外貨レートの将来の変化率つまり外貨プレミアムは両国の物価上昇率の差つまり $\hat{p}$ と $\hat{p}^*$ の差に等しく決まるはずである．すなわち，

$$(9\text{-}17) \qquad \hat{\pi} = \hat{p} - \hat{p}^*$$

の関係が成立する．すると，(9-15), (9-16), (9-17)式から次式のような金利裁定式を導ける．

$$(9\text{-}18) \qquad i - i^* = \hat{\pi}$$

つまり，金利裁定式は購買力平価説と整合的なのである．実質金利は実物的な要因で決まるので i の上昇は期待物価上昇率によって左右され，貨幣接近によ

る利子率効果は自然な方向をもつ．

　しかも，このような状態において，貨幣政策はなんら実物的諸変数に影響を及ぼしえない．貨幣政策は，仮定によりすべて予見されたものであり，貨幣は名目的なヴェールにすぎなくなる．たとえば，わが国が外国よりもより高い貨幣成長率を採用すれば，それはまず自国の物価を押し上げる．貨幣の流通速度一定の仮定によって，物価上昇率は貨幣成長率に等しいが，それは自国通貨円の減価率そして先物市場に表れるドルのプレミアム率に等しくなる．したがって，わが国の実質利子率と期待（＝現実）インフレ率から決まる名目利子率と，同様に決まる外国の名目利子率との間の関係は，購買力平価説と矛盾なく金利裁定式を満足する．すなわち，資産価格，財価格の体系が矛盾なく運行する．

　そして，もしこの経済体系に貨幣の超中立性の仮定が成立していて，金融政策が実質利子率にも影響を与えることがないとすれば[8]，貨幣政策はなんら実質経済に影響を及ぼさない．1回かぎりの貨幣政策の変更は，――それが1回かぎりということも予見されると仮定されているので――一時的な為替レートの減価を生む．一時的な減価が起これば，再び(9-18)の利子平衡式，そして購買力平価説が成り立つ形で世界経済は運行する．また，将来にわたっての貨幣供給率の増加は，将来にわたる物価上昇の期待を生み，その通り実現することになる．そして，貨幣の超中立性の仮定の下では，金利裁定式と購買力平価説とは矛盾しない．

　いうまでもなく，以上のように単純化したモデルを，それが現実的であるからという理由で提示したわけではない．むしろ，物の体系と資産の体系とが矛盾なく運行するためには，きわめてきびしい多くの条件が必要であることを示すために提示したのである．しかし，このような真空状態にある経済の世界像も，現実の経済を分析するための一つの判断のよりどころ，枠組み(frame of reference)としては有益である．

　現実は，いうまでもなく，以上で想定したような状態とはかけ離れている．上の仮定をいくつか緩めると，どのような変化が体系に生ずるであろうか．

　第1に，経済が静態的であるという仮定をとりはずして，各国経済が成長していても，今までの議論はほとんど影響をうけない．完全予見の仮定によって

人々が利子率，賃金，そして財の価格等に対して正確な予想をもっている限り，国民経済は以上とほとんど同じように運行する．ただし，一国の通貨の将来の下落率はその国の貨幣の供給率と他国の貨幣の供給率との差ではなく，両国間の（貨幣供給率－実質成長に基づく貨幣需要の増加率）の差に等しくなる．

次に，第2の非貿易財が存在しないという仮定も，緩めることができる．一物一価の法則は，貿易財についてのみ成立するので，非貿易財が存在する下では，厳密な意味での購買力平価説は成立しない．しかし9.2節の(9-8)式に示したように，両国の貿易財と非貿易財の間の相対価格の上昇率と為替レートの関係は，依然として簡単な形をしている．したがって，相対価格の動きの差は両国における貿易財部門と非貿易財部門における需要構造と技術進歩率の差に依存すると考えられる．また，非貿易財についても直接投資が可能であって，両国の間に大きな技術進歩率の差が起こりえない場合には，長期的には購買力平価説に近い関係が成立する．さらに，両国が各財について同じ生産関数をもっているとすれば，この結論はいっそう強められる．なぜなら，自由な貿易と資本移動の下では各生産要素の価格は均等化する傾向にあるので，両国における財の生産費はその財が相互に貿易可能でなくても均等化する方向に向かうからである．

名目的な攪乱要因は，もちろん名目的な変数である名目為替相場，名目利子率，物価水準に影響を及ぼす．しかし，それが完全に予見されていれば，古典派的考え方の下では実質的な諸変数である実質為替相場，実質利子率，実質国民所得等には影響を及ぼさない．それのみならず，予見されない名目的な攪乱要因も，系統的(systematic)な影響を実質的な諸変数には及ぼしえないというのが合理的期待形成派のマクロ経済学，古典派の伝統的な考え方を新たな皮袋にもって登場した「新しい古典派」ないし「現古典派」——New Classical Macro Economicsの考え方である．

このような古典派的世界像の下でのマクロ経済政策の効果はどのようになるのであろうか．

まず，財政政策を考えよう．財政政策は，それが実物的な相対価格を変化させる限りにおいて，実質的な諸変数に影響を及ぼす．すなわち，税制の変更は

相対価格を変化させて人々の生産や消費行動に影響を与えうる．また財政支出は社会全体の支出構成を変化させ，とくに現在財と将来財の選択に影響を与えるので，国民所得や国際収支の経常収支に影響を与える．政府の財政支出の増加や，租税政策の変化はもちろん実物的な変化であるので，経済の実物面に影響を及ぼす．政府支出の増加は，実質金利を高め，外国からの資本流入を促進する．実質為替レートは切り上がって，経常収支は赤字になる可能性がある．

政府支出を一定にしておいて，減税を行うと政府財政は赤字になり，赤字公債を発行しなければならなくなる．バローのようなニュー・リカーディアンは政府が公債を累積すると，国民は将来の(孫子の代までの)租税負担が増えると考えて貯蓄を増やすはずだと主張する．しかし，このような政府赤字の増加が民間貯蓄の増加によって完全に相殺されるとは思われない．そうだとすると，減税と公債発行の増加の組み合わせは，支出拡大と同様に実質為替レートを切り上げ，経常収支を赤字とする，と考えられる．

レーガン＝ブッシュ時代に始まった，アメリカの財政政策はこのような効果をもったと考えられる．もし民間が貯蓄を増強しないとすると，政府が借金した分だけ，結局は外国から借りてこなければならない．1983年の米大統領経済報告のいうように，アメリカの経常赤字の原因は，「パリでも東京でもなく，ワシントンにある」のである．

次に貨幣政策を考えよう．古典派あるいは新しい古典派の世界像の下では，貨幣量の変化は名目的なものにすぎず，それが十分に予見されていれば実物経済量に影響をもたらさない．貨幣は本当に重要な実物量の上にまとわれたヴェールにすぎないのである．予見されていない貨幣政策は，マクロ経済に混乱をもたらしても系統的な影響をもたらさない．金融政策は，実質国民所得，雇用，経常収支といった実物量に影響を及ぼさないという意味で有効でない．

したがって，古典派的なモデルにおいては，為替制度も名目的なものなので，それが固定為替制度であれ，変動為替制度であれ，つきつめて考えれば貨幣的ルールの違いなので，実質的な経済運行にほとんど影響を及ぼさなくなる．変動為替制度の下では，貨幣政策が自律的になり一国がインフレ率を外国と違う値に選べるので，最適インフレ率を選べるという意味で変動制の方が有利とい

う見方[9]はあるが、それほど重大な差のようには思えない。シカゴ学派の人々によって分析されている、財を買うためには現金を持たねばならないという現金の取引需要機能に着目する cash-in advance model[10] においても、貨幣が中立的で貨幣政策が実物量に系統的な影響を与えず、また国際通貨制度の影響もほとんどないようなモデルのミクロ的分析が行われている。

第9章 注

1) もしマクロ経済学者が将来の為替レートを占えるとすると、われわれは講義やその準備などをせずにも、電話1本で生計をたてることができるはずである。

2) 「ほとんど」というのは次のような理由による。古典派的モデルでも、インフレ(デフレ)率を最適に選んで消費者の——銀行に足しげく通わないでもすむといった——効用を変えることのできるモデルでは、名目的為替レートや為替制度がなんらかの影響をもつことがありうるからである。

3) 購買力平価説に関する優れた説明として、天野明弘『国際金融論』筑摩書房, 1980年, 高木信二『入門国際金融』日本評論社, 1992年があるので、詳しくはそれを参照されたい。

4) より詳しくは高木, 前掲書をみよ。

5) マネタリー・アプローチについては、白川方明「マネタリー・アプローチによる国際収支・為替レートの実証分析」『金融研究資料』No.3, 1979年8月を参照されたい。

6) 以下の議論は浜田宏一「金利政策の国際的連関について」貝塚啓明・兼光秀郎編『現代日本の経済政策』日本経済新聞社, 1981年による。

7) このような状態のモデル化として Bilson, John, "Rational Expectations and the Exchange Rate," ch. 5 in J. A. Frenkel and H. G. Johnson, eds., *The Economics of Exchange Rates : Selected Studies*, Addison-Wesley, 1978. なお小宮・須田『現代国際金融論(理論編)』(前掲)70ページ以下を参照。

8) 貨幣の超中立性(hyper neutrality)があると貨幣の存在量のみならず、その供給率が経済の実物変数に影響を及ぼさないことをいう。たとえば、高い物価上昇率が減価の早い貨幣保有の節約をもたらし、実物資本に対する需要を増加し資本蓄積を促進するとすれば、貨幣は超中立性をもたなくなる。貨幣に超中立性のある貨幣成長モデルと、超中立性のない貨幣成長モデルは、ともに Sidrauski によって与

えられている．Sidrauski, M., "Inflation and Economic Growth," *Journal of Political Economy*, 1967 などを参照．

9)　Helpman, E. and A. Ragin, "Towards a Consistent Comparison of Alternative Exchange-Rate Systems," *Canadian Journal of Economics*, Vol. 12, 1979, pp. 394-409.

10)　Lucas, R. E., Jr., "Interest Rates and Currency Price in a Two-Country World," *Journal of Monetary Economics*, Vol. 10, 1982, pp. 339-359.

第10章 為替レート決定理論 II：
ケインズ的世界

　古典派ないし現古典派的世界像のもっとも重要な仮定は，価格や賃金が伸縮的で，市場はいつも均衡しているという仮定である．つまり，労働市場でもたえず完全雇用がみたされているという仮定である．ところが，現実の経済は，硬直的な価格や賃金のため，あるいは情報交換の不完全性などの理由によって，不完全雇用の可能性にさらされている．そして，賃金や価格が十分に伸縮的でないのが現状である．そうなると，当然のことながら，名目的な金融政策も実質的な生産や雇用に影響を及ぼすこととなる．

　本章では，貨幣がヴェールであるような古典派的世界に対極的なものとして，価格が硬直的な世界——ケインズ経済学的な世界といってよい——における為替レートの役割について考察しよう．ケインズの本来の意図はどうであったにせよ，戦後のケインズ経済学の教科書版は，物価が一定であるような世界を IS-LM 分析という形で取り扱ってきた．これを変動制下の国際経済に適用したのが，マンデル＝フレミングの枠組みである．為替レートが変動するのに，物価は一定に保たれるというのは，古典派モデルとはまったく逆の意味で現実性を欠く．しかし，これも一つの思考の枠組みとしては有効である[1]．

　閉鎖経済の IS-LM 分析に親しんでいる読者に，グラフで変動制下のケインズ・モデルの運行について説明しておく．為替管理のない，国際間の資本移動が完全である状態について説明する．

　通常の閉鎖経済のモデルでは IS 曲線は

$$\text{貯蓄} = \text{投資}$$

の均等関係を示すものであった．これを，所得と利子率で図示すると右下がりの曲線となる(10-1 図参照)．

　開放経済では

$$\text{貯蓄} + \text{輸入} = \text{投資} + \text{輸出}$$

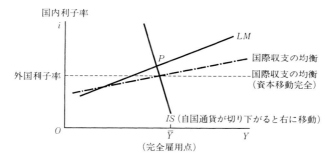

10-1図 *IS-LM* 曲線と国際収支の均衡

あるいは（サービスと移転勘定を無視すると）

$$貯蓄 = 投資 + (輸出 - 輸入)$$
$$= 投資 + 経常収支$$

となる．ここで経常収支は内貨建ての外貨の為替レート（＄1＝¥100といった形）が上昇すると増加する．つまり，為替レートが一定のとき1本の *IS* 曲線が描かれ，自国通貨が切り下がると *IS* 曲線は右側にシフトする．一方，*LM* 曲線は

$$貨幣供給 = 貨幣需要$$

を表す式であり，貨幣需要が国民所得の増加関数，利子率の減少関数であることから右上がりの曲線として描かれていた．

ところで，開放経済が変動為替制の下にあるときには，国際収支が均衡しなければならない．一般に，為替レートが与えられたとき，国際収支均衡線は右上がりの曲線となる．10-2図に破線で表すようにそれが同時に *IS* と *LM* の交点を通るときにはじめて，財市場，貨幣市場，そして国際収支が均衡する．

特に，自国と外国との資本移動の活発なとき，自国金利は，外国金利と独立には決まらない．マンデル＝フレミングは両国の金利差が開くと，金利の高い国に資本移動が起こって，国際収支は高金利国の大幅黒字となってしまうと考えた．したがって，資本移動が自由なときには，10-1図に破線で書いたように，国内金利は外国金利にほとんど等しいところに決まるというのである．実は変動制下ではこの仮定に問題がないわけではないが，それについては次章で

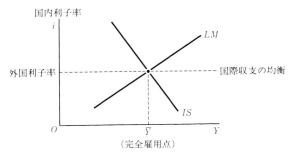

10-2図 財市場，貨幣市場，国際収支の均衡

述べる．外国の金利より自国金利が高くなると，自国の国際収支は大幅な黒字となり，低くなると大幅な赤字になる．

したがって，このような状態で自国のマクロ経済的バランスを完全雇用点で均衡させるためには，金融政策と財政政策で LM と IS とを動かして，10-2図のように，ちょうど IS と LM が国際収支均衡線の上で交わるようにしてやればよい．（古典派の世界では，成長的な財政金融政策は，往々にして資源配分を乱すものと考えられているので，政策分析はつけたりのようなものであった．これに対しケインズ・モデルでは政策効果そのものがモデル分析の中心となる．）

ところで，変動制下において資本移動が完全であって，国際収支均衡線が図の破線のように水平となる場合には，変動制下で IS を財政政策で動かそうとしても無駄で，LM を動かさねばならないとマンデル＝フレミングは主張する．LM を固定しておいて IS を財政支出を増やして右に動かすと，自国金利が外国金利よりも上昇しようとする（実際には乖離しなくてもその力が働くことが重要）．そうすると資本流入が起こって，変動制の下では自国の為替レートの上昇（外貨のレート切り下げ）が起こってしまう．為替レートの上昇は IS 曲線のもう1つの構成要素である経常収支バランスを減らす方向に働くので，IS 曲線を動かす政策は効果をもたない．

これに対して，変動制下で貨幣拡張を行うと，物価が一定であるので実質所得の増加が生ずる．オープン体系では資本移動を通じて自国金利が外国金利の水準に固定されるので，国内投資は変わらない．変動制下では，その代わり貨

幣拡張は，国内金利を外国金利から下方に乖離させようとする力が働くので資本流出をまねき，自国通貨を減価させ，輸出ドライブを通じて国民所得を増加させる．

ここで式を使ってより詳しく説明しよう[2]．以下の説明では資本移動が完全なときの固定制と変動制とを比較して考える．

まず，財市場を考えると，そこでは，生産から消費と投資と政府支出を引いたものは経常収支に等しくなるという関係が成立する．すなわち，所得を Y，消費を C，投資を I，政府支出を G，輸出を X，そして輸入を M で表すと，次式が成立する．

$$Y = C(Y) + I(i) + G + X(\pi) - M(\pi, Y)$$
$$C'(Y) > 0, \ I'(i) < 0, \ X'(\pi) > 0, \ M_\pi < 0, \ M_Y > 0$$

すなわち

(10-1) $\qquad Y - \{C(Y) + I(i) + G\} = X(\pi) - M(Y, \pi)$

ここで，π は内貨建て為替レート，i は自国の利子率である（物価一定の仮定の下では名目利子率は実質利子率に等しい．$i = r$）．M_π, M_Y はそれぞれ M の π と y に対する偏微係数を示す．

貨幣市場を考えると，それは次式のようになる．

(10-2) $\qquad \dfrac{A}{p} = L(Y, i) \qquad L_Y > 0, \ L_i < 0$

L_Y, L_i は，L の Y と i に対する偏微係数を示す．貨幣需要は Y と i に依存する．他方，貨幣供給 A は国内の信用創造によって発行された貨幣と，外貨との交換によって発行された貨幣の2つの構成要素から成っている．$\bar{A}$ を国内的な信用創造，πR を金・外貨に基づく貨幣供給とすると，物価が一定 $(p=1)$ のとき次式が成り立つ．

(10-3) $\qquad\qquad L(Y, i) = A = \bar{A} + \pi R$

いわゆる国際収支に対する貨幣接近は，(10-3)式を代入した(10-2)式の両辺の増加率を比較することによって，L の増加分から A の増加分（貨幣の超過需要のうちで国内の信用供与に基づいて発行されたもの）を除いたものが，一国の外貨準備の増加分になるという関係を強調するのである．

さて,国際収支は経常収支と資本収支の和であるから,これを明示的に書いてみると次式のようになる.

(10-4) $\quad X(\pi) - M(\pi, Y) + \Gamma(i - i^*)$

ここで π は内貨建ての為替相場を表すので,X は π に関する増加関数 ($X'(\pi) > 0$),M は π の減少関数 ($M_\pi < 0$) である.M は所得 Y の増加関数 ($M_Y > 0$) である.Γ は資本収支を表し,自国利子率 i の増加関数 ($\Gamma'(i - i^*) > 0$) である.資本移動が完全である場合には,Γ の利子率に対する弾力性は無限大になる.固定相場制度の下では π が一定であるから,国際収支は常に均衡するとは限らないのに対して,変動相場制度の下では,国際収支は π の変動によってゼロになると考えられる.ここでフローとしての資本収支が利子率の関数となっている点で,次章で述べるストック均衡を重んずる資産接近とは枠組みを異にする.注意すべき点は,資本収支が利子率だけの関数であって,為替レートの予想変化率とは独立に決まるところに,マンデル・モデルの為替レートに関する静学的期待の仮定が働いていることである.

固定相場制度と変動相場制度の対照的な性格は,資本移動が完全に自由なときにもっともはっきり現れてくる.為替レートに関する静学的仮定の下で,資本移動が完全に自由であると,i は外国利子率 i^* に等しくならねばならない.国内利子率と外国利子率が乖離するや否や,大幅な資本移動が生じてしまう(いいかえれば Γ 関数の利子率に関する弾力性が無限大である)からである.

まず固定制の場合を簡単に考察しておこう.固定制の下では π が一定である.貨幣量一定の下で財政政策が行われると,有効需要が増加し国民所得が上昇するので,通常は利子率 i が上昇しようとする.しかし,資本移動が完全に自由なので i は i^* にとどまっている.したがって,(10-1)式の i は i^* に固定され π も一定であるので,財政政策は利子率の上昇によってなんら阻害されずに国民所得が単純な貿易乗数倍だけ上昇する.つまり金利上昇によるクラウド・アウト効果が働かないので固定制の下で財政政策は,閉鎖経済の場合に比べてより有効となる.これに対して,金融政策は,国内利子率に影響を及ぼせないので,民間投資を刺激することはできない.したがって固定制の下で,資本移動が完全自由であるとき,金融政策は無効となる.

ところで，変動制の下においては，まったく逆のことが起こる．財政政策は，(10-1)式の G を増加させ，利子率を上昇させようとするが，そこで大幅な資本流入が起ころうとする．変動制の下では，資本流入は為替レートを切り上げる（π を下落させる）ので，輸出が減少する．そして結局のところ，変動制の下では財政政策は無力となる．財政支出による刺激が為替レート切り上げによる輸出の減少で相殺されてしまうのである．なぜならば，(10-3)式において変動制の下で πR は変化しないので[3]，i を変化させずに Y を変化させることができない．他方，金融政策についていえば，i が一定であるので(10-3)式から A の増加がそのまま Y の増加をもたらす．つまり貨幣の所得乗数が一定となる．つまり，金融政策による利子率の下落を通ずる国内有効需要刺激のチャンネルは働かないけれども，代わりに輸出需要を通ずる効果が働く．貨幣供給拡大によって資本が流出しようとして，自国通貨が下落（π が上昇）し，輸出ドライブによって有効需要が増加するのである．

このように，資本移動が自由で，為替レートに関する静学的期待が成立するところでは，固定制では財政政策が，そして変動制では金融政策が有効となって他の政策は無効となる．資本移動が完全に自由でないときは，以上のような明快な結果は得られない．しかし，固定制下では財政拡大にともなう金利上昇のクラウド・アウト効果が弱められて財政政策が相対的に有効となり，変動制下では輸出ドライブ効果が投資刺激効果につけ加わるので金融政策が相対的に有効となる点では完全に資本移動が自由である場合に準ずる[4]．以上の議論の一番の弱点は，為替レートが実際は変動しているのに，将来の為替レートは現在と変わらないという為替レートに関する静学的期待が想定されている点である．

古典派による価格が即時に動くいわば真空状態での経済運行の議論とはまったく逆の意味で，ケインズ経済学の IS-LM 体系の開放体系化であるマンデルのポリシー・ミックスの議論も，現在の変動制下でのマクロ経済政策の効果を理解するには十分でない．価格は完全に伸縮的でもないかわり，まったく固定的でもないからである．

つまりマンデル＝フレミングの枠組みは，固定制と変動制下での財政金融政

策の働き方の相違を調べるのに有効であった．しかし，価格が完全に伸縮的な古典派の世界が，非現実的であるのと同様に，為替相場が変動するにもかかわらず，物価が一定で，しかも将来の為替相場に関する静学的予想の支配する世界も非現実的である．

　マンデル＝フレミングの枠組みは，政策分析には有効であるが，これだけでは，為替レートの決定理論を示していることにはならない．ケインズ的な為替レート決定理論を以上の二国モデルから導入することは不可能ではないが，そのような試みは少ない．資産価格である為替レートの変動を議論するためには，将来の為替レートと現在のそれとの連関を明らかにせざるを得ず，そのためには価格の伸縮的な世界と固定的な世界との関係，期待の役割を明示的に考えにいれなければならないからである．

　時間が経過するにつれて財市場の価格は伸縮的になるが，短期においては財市場の価格の調整には遅れがともなうというのが，直観や経験に合致するであろう．このような考え方から，古典派とマンデル＝フレミング・モデルの折衷的なモデルを提示したのがドーンブッシュである．次章においては，このドーンブッシュのモデルをはじめとして，貨幣以外の資産をも考慮に入れた資産接近，さらに代替貨幣接近等を検討しながら，為替相場決定における長期と短期の関係，ストックとフローとの関係，さらに期待の役割を明らかにしていこう．

第10章　注

1)　Mundell, R. A., *International Economics*, MacMillan, 1968, 18章など．

2)　以下の議論はMundell同書による．わかりやすい説明として新開陽一『国際経済論』筑摩書房，1976年があり，以下の記述もそれに負うところが多い．

3)　正確にいうと，外貨準備に対する利子支払を無視して考えると，政府の介入がないときにはRが一定である．したがって，πの変化にともなう資本利得（損失）を考えなくてはならないが，通常の場合中央銀行の外貨準備の資本利得（損失）は貨幣供給と結びつかない．

4)　グラフによる説明と，それに関連した変動制下での「雇用隔離効果」については，Mundell前掲書，あるいは新開，前掲書を参照されたい．

第11章 為替レート決定理論 III：折衷モデルと資産接近(Portfolio Approach)

11.1 はじめに

　いうまでもなく，価格が完全に伸縮的であって貨幣が中立的なモデルも，価格が硬直的で将来の為替レートに関する静学的な期待が成り立つようなモデルも，いずれも現実経済の極端な単純化の上に成り立っている．本章では，経済がいずれは古典派的な世界にいきつくにせよ，短期には価格に硬直性があるような，両者の折衷モデルからはじめて，ストックである外貨資産に対する需給によって為替レートが決まるとする為替レートに関する資産接近を説明しよう．

　これらの理論も，必ずしも為替レート決定を完全に説明するものではない．また予測に十分役立つものでもない．しかし，現在の経済学の手法として為替レート決定を考えるときのフロンティアに近いところにあることはまちがいない[1]．

　まず，財市場の価格が十分に伸縮的でなく，価格調整に時間のかかる短期の世界と，価格が十分に調整したあとの貨幣の中立性が認められる長期の世界[2]とをつなぐ折衷的なモデルで，部分的に為替レートの乱高下を説明できるモデルを紹介しよう．その代表的なものはドーンブッシュ[3]のモデルで，それは貨幣需要の利子弾力性を重視するので，為替レート決定の貨幣接近に短期的な価格の粘着性を結びつけたものとみることができる．購買力平価説と結びついた貨幣接近による為替レート決定理論は，一国の名目金利の上昇が，必ず同国の通貨の為替レートを下落させるという現実の経験と反する性質をもっていた．ドーンブッシュのモデルではそのようなことは起こらない．そこでは，金利上昇はその国の為替レートを大幅に上昇させる．

　このモデルの特色は次のようなところにある．

　(1) 価格変化がゆるやかな短期と，価格が伸縮的で貨幣の中立的な長期を整

合的に結びつけている．

　(2) ストックの市場である貨幣市場における価格の瞬時的な調整と，フローの市場である財市場での価格のゆるやかな調整との対照がうまく用いられている．

　(3) 将来の為替レートが現在のそれと同じだという静学的期待でなく，モデルに即して合理的期待によって決定される．このモデルは不確実性をもたらす攪乱を含んでいないので，予想された為替レートがそのまま実現される完全予見の状態が成立する．

　(4) そのような状態で，自国の貨幣政策が拡大されると，短期国内金利は下落し，自国の為替レートは下落(内貨建ての外貨の為替レートは上昇)する．しかも，自国の為替レートが長期的にいきつく長期均衡よりも低い，いわばいきすぎた(overshooting)値に，短期的にジャンプする．

11.2　合理的期待形成の意義

　ここでドーンブッシュ・モデルの基本的な分析用具となる，合理的期待について説明しておこう[4]．

　ミクロ経済学を学ぶときに，経済主体は合理的な主体——いわゆる経済人(ホモ・エコノミクス)——であると想定して話が始まる．たとえば，予算制約下で自らの満足の状態を最大にする合理的な経済行動から消費理論がはじまる．ところが，経済主体の期待形成の仕方については，従来はきわめて形式的に便宜上の仮定を行うことが多かった．たとえば，為替制度が変動制であっても人々は，現在の為替レートが将来変わらずに一定であると期待するといった仮定である．こうした期待のたて方は静学的期待と呼ばれ，マンデルのポリシー・ミックスの議論において用いられていた．すなわち，静学的期待とは，物価，株価，売上など経済変数について，現在の値が将来もそのままであると予想する期待形成の仕方である．

　次に，将来の経済変数が，前からのトレンド(趨勢)の上に乗っているだろうという期待の形成方法もあり，これを外挿的期待という．また，経済変数は一

定の正常な値に帰る，たとえば為替レートには正常な水準があっていずれはそれに戻っていくだろうとする回帰的期待形成も考えられた．たとえば，ケインズは，市中金利が非常に下がると，いずれは金利の正常水準に戻るだろうと人々が期待し，金利がもとに戻ったときの債券価格の下落をおそれて，経済主体が低金利で割高となった債券を保有しないということを流動性選好説の根拠とした．このように従来は，その場限りの便宜上の期待形成仮定が普通であった．これに対して，ジョーン・ミュースは合理的経済人を取り扱っている経済学であれば，当然期待の形成に関しても，経済主体は自己に一番有利になるような期待形成を行うと想定するのが自然だと考えたのである．

彼が合理的期待の考えを応用したのは，農業経済学で有名なくもの巣モデルとよばれるモデルである．このモデルは，とうもろこしや豚肉の価格循環モデルとも呼ばれ，次のような性質をもっている．たとえば，ある年とうもろこしが豊作であるとすると，価格は下落する．そうすると農家は来年も価格がこんなに低くてはたまらないと思って，とうもろこしの作付け面積を減らすであろう．来年になってみると，とうもろこしの作付け面積が減っているので，とうもろこしは値段が高くなる．そうすると農民は，その次の年はまたとうもろこし価格が高いのだろうということで今度はたくさん作付けしてしまう．そこでまた次の年はとうもろこしの価格が安くなってしまう．こういうようなことが繰り返されて，農産物の価格循環が永遠に続く．価格と数量がくもの巣のように循環するのでくもの巣モデルの名が付けられ，当時農産物の価格循環の支配的モデルであった．

ところで，合理的期待形成論者は次のように考える．経済学者は，外から農産物市場を分析してこうなるはずだとしてモデルを組み立てるが，生活がかかっている当事者にとってみれば，他人の行動まで読み込んで予想を立てるのが合理的であろう．一般に，経済モデルの中の経済主体は，少なくともモデルを作る経済学者程度には，経済宇宙について知っていると想定すべきだというのである．ミュースは，くもの巣モデルにおいて，市場参加者がこのような誤りをいつもくり返すと想定するのはおかしいと考えた．経済主体の想定する将来への予想の主観的な確率分布が，モデルが展開する経済変動の客観的な確率分

布に一致すると想定してモデルを分析するのがすっきりすると主張したわけである．クラインの言葉によれば，自己モデル整合的(own-model consistent)な予想である．

その後10年余り，ミュースの合理的期待形成のモデルはミクロ経済学の問題と考えられてきた．そこにロバート・ルーカスが，この合理的期待の考え方をマクロ経済学に応用して，金融政策の効果を分析した．そして，合理的期待を導入すると，今までケインズ経済学が主張してきた多くの結論が成り立たなくなることを明快に示したのである．

すなわち，金融政策を経済主体が合理的に読み込んで行動するならば，そして市場がいつも需給がクリアされるような状態であれば，長期的に失業が長く継続するといったことは起こらないはずだというのである．これをわかりやすく書いた，サージェントとウォリスによるケインズ政策の無効性に関する啓蒙的な論文は，ケインズ経済学に育った多くの者を驚かせた．私も一生のうちで，一つの論文からこれほどのショックを受けたことはない．

このようなモデルでは，予想したことが実現する世界が考察されている．すなわち，経済主体がそれぞれ価格が将来このように動くだろうと思って行動すると，その結果出てきた経済行動が，ちょうど人々が予想した価格の変動を実現する．確実性の世界では，全てが分かっている，すなわち，全て予想したことは実現する完全予見の世界となる．経済体系がいろいろな形の外部からのショックに揺さぶられている不確実性の世界では，合理的期待の仮説は経済主体が予想する将来の経済変数の確率分布が，モデルが生み出す経済変数の変動の客観的な確率分布に等しいという形をとる．

ここで行われていることは数学的にいうとかなり複雑なことである．たとえば，価格の変動経路，すなわち価格の時間の関数としての関数形を人々が予測して経済行動を行うと，その結果として市場全体が予想された関数形と同じ価格経路をたどるという状態が分析されるのである．したがって，合理的期待均衡の数学的構造は，関数の不動点を求めることになる．一般均衡理論等では，n次元空間における価格ベクトルの不動点を求めて均衡の存在を証明するが，その議論を関数空間に拡張したテクニックが用いられているのである．

第11章　為替レート決定理論III：折衷モデルと資産接近

　合理的期待形成のたとえとして，よく引き合いに出されるのはエディプス・マートン効果の名で知られる，「自己充足的予言」という概念である．ギリシャ神話によれば，エディプスは，この子は親を殺すというデルファイの神殿の巫女の御託宣が下ったので，殺されそうになるが，辛うじて助けられ捨て子として育てられ，朝に4本足，昼に2本足，夕に3本足になる動物は何かというスフィンクスの謎を解く．父親を見ず知らずのうちに育ったエディプスは，たまたまある道で通りかかった老人と争い，その老人を殺してしまう．その老人が実は父親であったのである．そして，その後自らの生母と結婚するといった筋書きである．もし巫女の予言がなかったならば，エディプスはおそらく父を殺さなかっただろうという意味で，予言が行われたためにそれが実現してしまう現象を，エディプスの自己予言効果という（これはエディプス・コンプレックスといわれる，同神話の母に対する執着の心理学的な解釈とは別の側面である）．

　たとえば，マルクスがいなかったならばおそらく旧ソ連邦の革命は起こらなかったであろう，マルクスの予言があったからこそ社会主義革命が起こったというような関係である．このように自己充足的予言は，それを言い出した社会学者アーサー・マートンの名をとってエディプス・マートン効果と呼ばれている．（ちなみに彼の子息ロバート・マートンはファイナンス理論での優秀な経済学者である．経済学者の間では，社会学者のお父さんより知られているかも知れない．）

　この概念が経済学者に広く用いられるようになったのには，いろいろな理由がある．まず合理的経済人の概念を，予想形成プロセスにまで拡張するのは，自然な拡張である．今までは，予想は外生的に他から与えられるという考えが支配的であった．これに対して情報を処理してそれを予測する過程にまで合理性の概念を徹底して用いることは，理論をすっきりさせるのに役立つ．また，経済行動を行う経済主体の予測形成が，そのモデルと整合的である，という合理的期待の条件を付け加えることによって，モデルが簡単になることもある．モデルやその計算が簡単になるという学者にとって便利な性質をもっていたことも，この概念の利用度を高めたように思われる．もちろん，この仮定はきわ

めて強い仮定である．合理的に行動しない経済主体，あるいは合理的に行動するとしても，いろいろな制約があって十分に情報を処理したり最適化しない，またはできないような，限定された合理性しかもたない経済主体が，どういう波紋を経済体系にもたらすかを明らかにすることは，経済学に残されたもっとも大きな課題であるといえよう．

11.3 為替レートの跳び越し(Overshooting)モデル

資本移動が自由な世界におかれた一国を考える．この国は，経済学者の使う意味で「小国」である．「小国」の仮定は外国の物価水準，名目利子率が一定とみなされ，その国の経済活動や経済政策で影響を受けないという仮定の意味で用いられる．この国の貨幣需給の均衡式は，ストック均衡であるので即時にみたされる．しかし，価格水準には惰性があり，総需要がこの国の正常な供給能力を上回るとき価格は上昇するが徐々にしか上昇せず，下回るときにも徐々にしか価格が下落しないものとする．

さて，この国が拡張的な貨幣政策を行ったと想定してみよう．短期的にも購買力平価がみたされている貨幣接近の古典派の世界では，貨幣政策は中立的であり，物価が直ちに調整して，新しい均衡に直ちに到達してしまうが，折衷モデルでは物価の調整に遅れがあるので，短期的には物価はほぼ一定とみなしてよい．したがって，貨幣需給を均衡させるためには，(ケインズ・モデルの LM 曲線を思い出してほしい)利子率が下落しなければならない．ところで，国内(名目)利子率と，海外利子率との間には，金利裁定式が成立する．すなわち，

(11-1)　国内利子率－外国利子率 ＝ 外貨レートの予想増加率

なる関係である(マンデル＝フレミングの体系は，変動制下にもかかわらず，為替レートは将来一定であって右辺がゼロであるという不自然な仮定を置いていたのである)．

さて，ドーンブッシュは，この体系が意味をもつためには，為替レートが長期的にゼロや無限大に発散してしまわずに，購買力平価が成り立つような長期

的均衡に収束するものと考えた．長期的均衡は，貨幣が中立的な，たとえば国内の貨幣量を2倍にしたとき，内貨建て外貨の為替レートが2倍になるような均衡である．しかも，経済主体がそのような値に収束していく為替レートの経路を的確に予想できるような経路(完全予見経路，これは確実性の仮定の下では合理的期待経路そのものである)のみが意味があると考えたのである．この想定の下では，実際の為替レートは予想為替レートと同じ動きをするので

(11-1A)　国内利子率－外国利子率 ＝ 外貨レートの(現実の)増加率

をみたしながら，しかも長期的な均衡値に近づいていくことになる．

さて，価格が徐々にしか調整しないところで，貨幣拡張を行った際，国内利子率が下落する．海外の利子率は一定であるので，上式によると，このことは実際は内貨建てで外貨レートが減価していかねばならないことを意味する．したがって，貨幣拡張は長期均衡為替レートを高めるのみならず，いったん長期均衡水準以上にジャンプして，その値から下落しながら長期均衡水準に近づいていくような為替レートの経路を生まなければならない．なぜならば，(11-1A)式が成り立っている以上，外貨レートは減価しながら長期水準に近づいていかねばならない．つまり，いきすぎてからでないと，長期水準(それ自身高水準にある)にはそのような形では近づけない．このことを為替レートのオーバーシューティング(跳び越し)という．

11-1図はこのことを図示したものである．時間の経過を横軸に，均衡為替レート π を縦軸にとってある．当初の状態において π_0 が均衡為替レートであったものとしよう．t_0 時点に貨幣拡張が行われ長期均衡為替レートは π_1 になったものとする．しかし(11-1A)の関係をみたしながら，内貨建て外貨の為替レートが下落(その国の通貨価値が上昇)していかなければならないので，t_0 時点での為替レートは均衡値を超えてジャンプする．自国通貨の価値は均衡値以下のところまでジャンプする．すなわち，貨幣拡張が行われたところで自国通貨の価値は均衡値以下に切り下がる．これがオーバーシューティングである．

さて，為替レートの跳び越しが起こってから，新たな均衡値に近づいていく間に，物価や交易条件にどのような変化が起こるのであろうか．まず物価は直ちには反応しない．しかし利子率が下がるので投資需要が増え，また，自国通

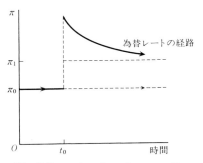

11-1図　為替レートのオーバーシューティング

貨の名目為替レートのみならず実質為替レートが切り下がるので（Jカーブの影響等は除いて考えている），総需要が増加する．したがって，物価は徐々に上昇をはじめ，利子率も上昇に転ずる．そして長期均衡に対応する物価水準に近づいたところで，利子率も以前にもどって予想為替レート増加率は——したがって完全予見のモデルでは現実の為替レート増加率も——ゼロに収束して長期均衡が達成されるのである．

　以上のことはモデルを連立微分方程式体系として，その位相図を描いてみるとはっきりする．ドーンブッシュ・モデルのもっとも簡単な形である，総需要は変化しても，国民所得そのものが変化しない基本モデルを解説しておこう[5]．

　アルファベットの小文字は，利子率を除くすべての変数の自然対数を表すものとする．そして，海外の変数には＊印をつけて表し，$\dot{\pi}$ は π の時間的変化率 $\frac{d\pi}{dt}$ を表すものとする．国内名目利子率を i，海外名目利子率を i^*，外貨の邦貨建て為替レートの対数を π とすると，金利裁定式として

　　(11-2)　　　　　　　　　$i - i^* = \dot{\pi}^e$

ここで $\dot{\pi}^e$ は為替レートの予想上昇率を示す．ここで合理的期待仮説のもとでは，確実性下の合理的期待は完全予見を意味するので

$$\dot{\pi}^e = \dot{\pi}$$

となって，金利裁定式は

　　(11-2A)　　　　　　　　$i - i^* = \dot{\pi}$

と書き換えられる．

貨幣,物価,所得の対数を m, p, y で表し,利子率を i で表すと,貨幣市場の均衡式(LM 曲線に対応する)は

(11-3) $$m - p = \alpha_0 - \alpha_1 i + \alpha_2 \bar{y}, \qquad \alpha_1, \alpha_2 > 0$$

であり,財市場における総需要の決定式は

(11-4) $$y = \beta_0 - \beta_1 i + \beta_2(\pi + p^* - p) + \beta_3 \bar{y} + \beta_4 y^*,$$
$$\beta_1, \beta_2, \beta_3, \beta_4 > 0$$

となる.

総需要決定式は,所得水準に依存する消費等の項,利子率に依存する投資の項,実質為替レートに依存する輸出入の項から成り立っている.物価水準は総需要 y と,この国の正常な供給能力によって決まる一定の国民所得 $\bar{y}$ との差に比例して上昇すると考える.

(11-5) $$\dot{p} = \delta(y - \bar{y})$$

また,金利裁定の関係が成り立ち,(11-2A)が成立する.ここでモデルを完結するには為替レート変化率の予想 π^e がどう形成されるかが問題である.ドーンブッシュは予想について次の(11-6)式に表されるような,為替レートが長期均衡レート $\bar{\pi}$ に絶えず近づいていくと予想する回帰的(regressive)な予想形成方式を考えた.モデルの巧妙な点は,パラメター θ の値を適当にとってやれば,(11-6)式に表せる予想が実は予想されたことが実際に生じてくるような完全予見(perfect foresight)ないし合理的期待形成に等しくなることを示した点にある.

(11-6) $$\pi^e = \theta(\bar{\pi} - \pi)$$

(11-2A)と(11-3)〜(11-6)まででモデルは完結する.この関係から為替レート π と物価 p との平面上における位相図を描いてみよう.(11-3),(11-4)から i を消去して y を(11-5)に代入することによって,

(11-7) $$\dot{p} = \delta \left\{ \beta_0 - \frac{\beta_1 \alpha_0}{\alpha_1} + \beta_2(\pi + p^* - p) + \frac{\beta_1}{\alpha_1}(m - p) \right.$$
$$\left. + \beta_4 y^* - \left[1 - \beta_3 + \frac{\alpha_2 \beta_1}{\alpha_1}\right]\bar{y} \right\}$$

なる関係を得る.したがって,(π, p) 平面において物価が一定であるような π と p との組み合わせは右上がりの直線であり,その勾配は45度線よりゆるやかである.(このことは p の係数の絶対値が π のそれより大きいことからわかる.)

また均衡値 $\bar{p}$ と $\bar{\pi}$ は

(11-8) $$m - \bar{p} = \alpha_0 - \alpha_1 i^* + \alpha_2 \bar{y}$$

をみたすことがわかっている．さらに(11-2A), (11-3), (11-6)から

(11-9) $\quad m-p = a_0 - a_1 i^* - a_1 \theta(\pi - \bar{\pi}) + a_2 \bar{y}$

なる関係が得られるので，(11-8)(11-9)の差をとることによって

(11-10) $\quad p - \bar{p} = a_1 \theta(\pi - \bar{\pi})$

なる関係がいつも充たされていなければならない．

　すなわち，(π, p) 平面において物価を一定とするような $\dot{p}=0$ の直線は 11-2 図の BB のように描くことができる．BB の右側では p は上昇し，左側では下落する．一方，価格 p と為替レート π とは，回帰的期待の下では(11-10)なる関係をみたしていなければならない．このことから以上の体系をみたす為替レートと価格の組み合わせは AA 上の矢印のような経路をたどらねばならないこととなる．AA の意味することは次の通りである．p が均衡値 $\bar{p}$ より低い時点では，貨幣需給均衡条件(11-9)式から利子率が低くなければならない．そのことは国内金利の方が海外金利より低いことを意味するので，収益率が均等化するためには外貨の価格は下落し続けなければならない．

　さて，11-3図によって自国の貨幣拡張の効果を調べてみよう．自国が貨幣を拡張すると BB も AA もともに右上に $B'B'$, $A'A'$ のようにシフトする．しかし，この体系は長期的に貨幣中立性をみたすので，両者の交点である新しい均衡点は Q を通る45度線上にある．ところで，初期時点経済が Q の位置にあったとすると，物価 p は直ちに動くことができない．動くことのできるのは資産価格である為替レート π だけである．したがって為替レート π が一度に

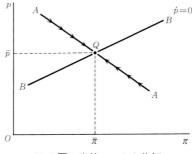

11-2図 為替レートと物価

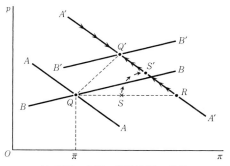

11-3図 自国の貨幣拡張の効果

R の点にジャンプして,価格 p は徐々に上昇しながら経路が Q' 点に向かって進んでいくために,為替レートのオーバーシュートが起こるのである.

くり返していうが,(11-6)の期待形成方式は,うまく θ を決めてやることによって完全予見の期待形成方式と一致する.このことは次のようにしてわかる.完全予見の条件 $\pi=\pi^e$,したがって $\pi=\pi^e$ を(11-6)式の代わりに(11-2A)式に代入する.そうすると

(11-11) $$\dot{\pi} = \frac{1}{\alpha_1}(m - p - a_0 - a_2\bar{y}) - i^*$$

となる.(11-7)式と(11-11)式とは連立微分方程式であり,その位相図は 11-4 図のように描くことができる.$\dot{\pi}=0$ の直線は横軸に平行となり,その上では π が増加,下では π が減少することが容易にわかる.この位相図の均衡点は鞍点(saddle

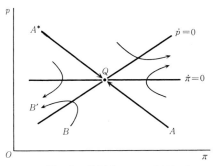

11-4図 合理的期待による動学経路

point, 安定性を重力による下方運動にたとえるとこの点の性質が馬の鞍に似ているのでこう呼ばれる)であり, ほとんどすべての経路は不安定であるが, ただ両側から1本ずつ AQ, A^*Q のような形の安定的な経路がある. ドーンブッシュは, パラメーターの θ を一定の値にとることによって, 回帰的期待による動学経路 AQ が鞍点に到達する安定解と一致することを示したのである[6].

このような枠組みを用いることによって, 将来貨幣拡張が行われると予想されたときの為替レートの経路も分析することができる. たとえば将来のある時点 t から体系が11-3図における Q を均衡点とする体系から, Q' を均衡点とする体系へと移行することがわかったとする. 現在から t までは Q を均衡とする位相図が支配している. しかし究極において体系が Q' に安定的に収束するためには, 将来時点 t において AA が $A'A'$ にシフトした後の体系に到達しなければならない. t 時点で $A'A'$ に体系がシフトすることがわかっていると, 利潤機会がその時点で生じてしまうので, みなその通貨を今日売買して利益を上げようとする. したがって, ジャンプは t 時点では起こらない. 将来の政策の変更でも, それがニュースとして伝わった日の為替レートがたちまちジャンプする. すなわち, 現在の位相図の経路の中からちょうど t 期に $A'A'$ の上に到達するような経路たとえば矢印 SS' が選ばれるということになる. 当座には Q から S まで為替レートのジャンプが起こる.

そこで, このモデルにおける財政政策と金融政策の効果を考えてみよう.

金融拡張は自国の為替レートを急激に下落させるというオーバーシュート現象をもたらすので, 短期的には輸出を伸長し, 経常収支を改善し, 国内の有効需要を高める. 輸出の伸張は, 外国の有効需要にマイナスの影響を与えるので他国に対しては近隣窮乏化的な効果をもつ. 財政支出の拡大は金利上昇の圧力をもたらし, 自国の為替レートを上昇させて輸出を減少させるので, 経常収支を悪化させ, 国内有効需要刺激効果はそれほど大きくないというマンデルのポリシー・ミックスに類した結果が得られる. もちろん長期的には, 古典派のように金融拡張政策は為替レートを下落させるだけで実質的な効果をもちえなくなる.

なお, マンデルやドーンブッシュのモデルにおけるポリシー・ミックスの結果は, 名目的な物価や賃金が少なくとも短期的には伸縮的でないことに依存している. 近年の高失業率の原因は, 有効需要不足によるケインズ型失業だけに

よるのではなく，実質賃金が高すぎるための古典派的失業によるという見解が強い．アメリカでは長期の労働契約に基づいて名目賃金が固定しているが，ヨーロッパでは賃金のエスカレーター条項などの効果で実質賃金が硬直的であり，それがヨーロッパの80年代の高い失業率の原因となっているという議論がそれである．

このように，実質賃金が固定している世界では，金融財政政策の働き方はマンデルやドーンブッシュのモデルのそれとは異なってくる．実質賃金が固定されていると，変動制の下での金融拡張政策は，物価と名目賃金とを比例的に上昇させるだけなので効果をもたない．金融政策の効果は，すべて自国通貨の下落に吸収されてしまう．これに対し，財政政策の拡大は，国内金利を高めるので自国通貨の価値を高める．自国通貨の為替相場が高まると，輸入価格は下落するので，労働者の消費バスケットに占める輸入品の価格を引き下げ名目賃金の抑制に役立つ．その結果，国内の生産物価格ではかった実質賃金の引き下げが可能になるので古典派失業の解消に役立つという議論もある[7]．

日本の巨額な経常収支の累積黒字に，外国から批判が高まっている．貯蓄・投資バランスのいかんによっては経常収支の黒字がかなりの間継続することもむしろ自然であり，この批判自体は必ずしも正しくない（もちろん，問題はそれが個別の貿易摩擦の火だねとなるところにある）．ただ，経常収支の黒字幅を縮小するためには，短期的には金融政策よりも財政政策の方が有効であることは明白である．

ドーンブッシュのモデルは，短期と長期をつなぐ興味ある枠組みであるのみならず，合理的期待を導入したストック均衡のモデルは多かれ少なかれドーンブッシュ・モデルと似た性質をもつものが多い．これらのモデルは，過去の歴史から受け継いだただちに変更しにくい与件（ここでは物価水準）と，将来の期待によっていかようにも変わりうる変数（ここでは資産価格としての為替レート）にはさまれた，現在時点のストック均衡の性格を浮き彫りにしている．一般に合理的期待形成のモデルは，過去の絆に縛られながらも，将来の思惑によって影響される人間行動をとらえたものであるといえる．

最後に，ドーンブッシュ・モデルの性質について，次のことを注意しておく．

第1に，同モデルは短期に価格の硬直性ないし惰性を導入したことによって貨幣接近のマネタリスト・モデルに比して現実的な枠組みを提供し，為替レートのオーバーシューティングを導いた点で興味深いモデルである．ただし，オーバーシューティングといっても，金利差と等しい増加率で為替レートが長期均衡にもどっていくということであり，1973年以後観察された現実の為替レートの乱高下(volatility)を十分に説明しつくしているとは限らない．もっとも，このモデルにおいては，短期金利の変動はさして大きな影響を為替レートに及ぼさないが，長期金利が下落すると予想される場合には，金利の変動は為替レートの大幅な変動をもたらしうる．

　第2に，人々ははたして合理的に安定的な鞍点解を選びうるのかという，合理的期待に対する疑念が，このモデルにも向けられうる．もし選べないとすると，為替レートのバブルが発生する可能性がある．ここでバブルを経済理論はどうみるかについて解説しておこう．

　1973年から74年にかけての「狂乱物価」の時代には，石油価格を中心としてきわめて大きな物価上昇がみられた．人々がトイレット・ペーパーを買いあさる状況——これはスーパー・マーケット等にあったトイレット・ペーパーが在庫として家庭に移ったにすぎないが——などは合理的な経済人(homo economicus)の行動とは考えにくい．さらに1980年代後半の土地価格，株式価格の上昇，そして1990年以降のその下落は，バブルが発生し破裂したという表現がうまく当てはまる状態であるといえよう．

　ところで，バブル現象はフローの市場ではほとんど起こりえない．たとえば牛乳の価格や大工さんの工賃がバブルとなるとは通常考えられない．貯蔵可能な石油であるとか，土地，株式，為替といったストックとしての資産の価格が上昇し始めて，それが値上がりの期待を生み，さらにまたそれが価格上昇を生むという現象である．

　バブルの現象は，先に説明した為替レート決定のドーンブッシュ・モデルとか以下の資産接近のモデルにおいて，微分方程式を各時点でみたしながら，均衡に至らない経路，つまり長期均衡に行きつくという条件(横断条件ともいう)をみたさない経路としてとらえられる．

第11章 為替レート決定理論 III：折衷モデルと資産接近　129

　このように，経済学ではバブルという概念を限定された意味で使う．すなわち，合理的期待（あるいはその強い形での完全予見）が成立していて短期的な裁定条件を充たしているにもかかわらず，経済のファンダメンタルズから決まってくる長期均衡に資産価格が近づいていかずに，価格上昇が上昇期待を生んでとめどもなく続く，あるいは下落がとめどもなく続くという状況と考える．

　資産市場ではまず，限界的な収益率の均等化，瞬時的な裁定条件がみたされなければならない．ドーンブッシュ・モデルにおける金利裁定の役割もこれに等しい．つまりある資産を，円からドルに替えて保有したとすると，ドルの利子率とドルの増加率の和が外貨保有の短期的な収益で，それは国内での機会費用である利子率に等しくなるはずである．そしてこの金利裁定の条件は，合理的期待の下では2つの微分方程式体系の1つの方程式を提供していた．

　ところで，経済学では，長期的に経済のファンダメンタルズが要求するような均衡値に，いずれ為替レートが近づいていくと想定することが多い．全ての経済主体が，均衡的で，整合的で，合理的な期待を行うことによって安定的な鞍点解を経済全体が選ぶという仮定である．さまざまな経路のうちジャンプすることができるのは資産価格である為替レートである．そして与件が変わると，ちょうど経済の長期的な均衡点に近づいていくような経路に，為替レートは一瞬のうちにジャンプして運行を始めるというのが以上のモデルの構造であった．

　バブル解といわれるのは，このような安定的な経路に近づいていくような鞍点解ではない．ある為替レートから出発してその時点時点での裁定条件を満たすような経路は無数にある．たとえば11-4図における BB' のような経路の上では，為替レートがどんどんゼロに近づいていく．つまりドルの為替レートがゼロに近づくわけだから，これは円が無限大に高くなっていく経路である．そのような解がなぜ採用されないかというと，そのような経路が続いていると，人々はどこかで，なにかおかしいと気がつくであろうからだというわけである．すなわち，もしドルの円建て為替レートがゼロに近づきそうになれば，アメリカ全国はいわばバーゲンとなる．そのようなことが起こる前に，この為替レート経路はおかしいと人々は気がつくはずだ．したがって，やはり購買力平価が成り立つ長期均衡に近づく経路が人々に選ばれる．いずれは，どこかで調整が

起こって為替レートの経路は，長期的な均衡解に近づくような安定的な鞍点解に一致するようになるはずだというわけである．現実には，円の価格が発散するような解がどこかでおかしいとわかると，そこでバブルがはじけるのである．しかし，伝統的な経済学では，将来人々が気がつくとわかっていれば，将来時点での価格のジャンプによる利得(損失)機会があるとわかるので，今日のうちからモデルの長期均衡点に近づく経路が選ばれてよいというのがモデルの論理をつきつめるとでてくる．

 しかし現実の市場で，人々は必ずしもそのように行動しない．バブルが生じて円が投機的に買われている状態，これはなにかおかしいと皆うすうす感じていても，皆が円を買っている限り，現在その市場に売り向かうことは大きな損失の危険が残る．すなわち，皆が不安定な経路に乗って行動しているときに，自分だけが安定的な行動，これがファンダメンタルズが示すところだと思って動いても，市場が本来のファンダメンタルズが要求するような安定的な鞍点解に戻ってくるのはいつかわからない．それまでに，市場の大勢に従わない取引主体が破産してしまうことが起こりうる．

 いつかは為替レートは安定的な経路に収束するので，バブルはいつかは破裂するだろうと思っていても，それが破裂しないでもう少し続く可能性があると思う人がいる限り，人々はバブル経路を利用して取引を続けようとするであろう．バブルの破裂する時期が分からないために，少なくとも短期的には人々はバブルの価格経路が続くという想定の下に行動することになる．第13章にみるように，過去の為替レートの変動を見ても，為替レートが絶えず購買力平価から乖離している時期が多い．このように，為替レートが絶えずドーンブッシュが意味したような回帰的な期待の下での安定的な鞍点解上にあったと解釈することは困難なように思われる．

 最後に，このモデルでは資産市場としては貨幣市場しか明示的にでてこない．名目利子率のかげには，債券市場が存在するはずである．しかし，このモデルでは内外の債券は(為替変動率の効果を除くと)完全な代替資産であると考えている．そのため債券の需給条件は極限的な形としての金利裁定関係としてしか現れてこない．したがって，経常収支の黒字が継続して，外貨建て資産が蓄積

されていくような場合の資産効果について，このモデルは何も語ってくれない．そこで次に，貨幣以外の資産を明示的に考慮した資産接近(portfolio approach)をとりあげる．

11.4　資産接近(Portfolio Approach)

　ある時点をとってみると，国民は外国に対して内貨建て，外貨建てのさまざまな資産と負債をもっている．したがって，たとえば外貨建ての資産に対する選好が変化すれば，内外の貨幣政策のスタンスが変わらなくても，為替レートは変化する．

　たとえば，国際政治紛争が生ずると，政治的な攪乱に強いといわれるドル資産への需要が増加してドルが上昇したり，将来アメリカ経済がますます債務国化して心配だという思惑が生ずると，ドル資産の減少とドルの下落が起こったりするのもこの現象である．ストックの需給のシフトが為替レートに大きな影響を与えるのである．しかも，ストックはフローの蓄積の結果変化するので，たとえば，かりに日本海沿岸に将来稼働する油田が発見されたというような場合には，日本の将来の生産力をあてにして，そのニュースの瞬間から円の為替レートが上昇するといったストックとフローの相互作用が生ずる．

　確かに為替レートは国内通貨と外国通貨の相対価格であるが，同時にそれはより広い意味での円建て資産——通貨のみならず，円建ての債券や円建ての株式などを含む円建ての金融資産——と外貨建ての金融資産との相対価格でもあるからである．

　すなわち，為替レートは二国間のそれぞれの通貨建ての金融資産の相対価格であるともいえる．流動性選好関数は，円と円建て証券の相対価格を決定し，ドルとドル建て証券の相対価格を決定する．しかし，円建て資産全体と，外貨建て資産全体の相対価格は利子率だけでは決定できない．ここでストック均衡の考え方が必要となる．為替レートは円建て資産全体と，外貨建て資産全体を，公衆が過不足なくちょうど保有するような値に決まることになる．

　まず，フロー均衡とストック均衡の違いを復習しよう．フローは，たとえば

1年,1四半期,1月,1日といった1期間内での経済変量を示し,時間を T とすると,時間で割った T^{-1} の次元(dimension)をもつ量である．1カ月間の輸出入,四半期内の国民所得などがこれにあたる．これに対してストックはある時点で資産や負債残高がどれだけあるかという,時間の次元をもたない量である．たとえば弾力性接近による輸出入の需給による為替相場決定の説明は,1期間内の外貨の需給を問題にしている点で,フローによる為替レート決定のメカニズムであった[8]．

　ストック均衡は,ある一時点において,市場に現存する資産がちょうど資産保有者によって過不足なく保有されるように資産価格が定まるという性質をもつ．11-5図は,ストックの次元における外貨建て資産に対する需要曲線を AA で示している．他の事情が一定であれば,内貨建てでの為替相場 π が低くなるにつれて,外貨建て資産 F に対する需要は増加する．ある一時点をとるとき,一国民の保有する対外資産の大きさが F_0 であるとすると,為替相場はストックの需給を一致させるような π_0 に決まるというのがストック均衡の考え方である．ここで,たとえば外貨であるドルの金利,米国の国内金利が上がったといった事情で,外貨資産に対する需要が増加したとしよう．そうすると AA は $A'A'$ のようにシフトする．一時点では一国民の保有する対外資産の大きさはストックであって不変なので,為替レートが π_1 にジャンプして調整が行われる．

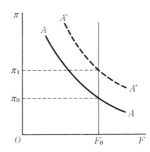

11-5図　為替相場のストック均衡

　さて,一国民が対外的に保有する外貨建て資産は,経常収支の黒字の累積によって徐々に増加する(赤字の場合は減少する)．F_0 の縦線が徐々に右(左)横

第11章 為替レート決定理論III：折衷モデルと資産接近　133

に動くのである．フロー・アプローチが時間にともなう AA の動きに注目するのに対して，ストック・アプローチは現存する債権(債務)残高 F_0 そのものに注意を向ける．

貨幣的接近やオーバーシューティング・モデルも，ストックとしての貨幣の需給に注意を向けるので，ストック均衡モデルであった．以下では，貨幣だけでなく対外債権(債務)残高全体のストック均衡に注目する資産接近(ポートフォリオ・アプローチ)を取り上げる．

資産接近のもっとも簡単な定式化を説明するために，まず静学的な分析として小国の場合を考えよう．一国の国民の保有する資産を A と書き，自国通貨を M，国内債権を B，外国債権を F と書くことにする．そして(債権を債券で代表させ)国内債券は自国通貨建てであり，外国債券は外貨建てであるものとしよう．また外国の通貨をこの国民は保有しないものとする(純粋な変動制では，政府の外貨準備は無視してもよい)．すると，

(11-12) $$W = M + B + \pi F$$

となる関係がある．つまりこの国の国民は W という総資産を，自国通貨と国内債券と外国債券に分け持っている．ただし，外貨建ての外国債には π という為替レートが乗じてある．各資産への需要は，資産総額 W と，(貨幣の収益率をゼロとすれば)国内利子率 i と，外国利子率 i^* と為替相場の予想変化率 $\pi^{e\,9)}$ との和 $(i^* + \pi^e)$ と所得水準に依存して決定されると考えられる．簡単化のため所得水準の影響を省略して考えると，資産市場のストック均衡条件は，右辺を資産の需要関数とするとき

(11-13) $$M = M^d(\underset{-}{i},\ \underset{-}{i^* + \pi^e},\ \underset{+}{W})$$

(11-14) $$B = B^d(\underset{+}{i},\ \underset{-}{i^* + \pi^e},\ \underset{+}{W})$$

(11-15) $$F = F^d(\underset{-}{i},\ \underset{+}{i^* + \pi^e},\ \underset{+}{W})$$

と書くことができる(ここで関数の下に記した符号は，独立変数に関した資産需要の偏微係数を示す)．

このモデルとドーンブッシュ・モデルとの相違点は，次のようなところにあ

る．ドーンブッシュの枠組みでは国内債券と外国債券が完全に代替的でiと$i^*+\bar{\pi}^e$とが少しでも離れると，有利な債券の方に需要が無限にシフトしてしまうのでiと$i^*+\bar{\pi}^e$が絶えず均等化すると想定されている．これに対し，ここでは両者が完全に代替的でなく，しかも資産効果を考えている点にある．資産保有がWに等しいという(11-12)式が恒等的に成立するので，(11-13)～(11-15)の3つの式のうちの1つは，他の2つが成立するとき自動的に成立する(資産市場のワルラス法則)．ここで外国の利子率i^*，為替相場変化の予想$\bar{\pi}^e$が与えられ，各資産残高が与えられると(11-13)～(11-15)のうち独立な2つの式から国内利子率と為替レートπとが決定される．

ここで，各資産が粗代替的である(ある資産の需要は自己の価格の減少関数，他資産の価格の増加関数)という仮定をもうけると，いくつかの比較静学の結果を導くことができる[10]．常識的にわかるように，国内の貨幣供給Mの増加はiの下落とπの上昇(自国通貨の切り下げ)とをもたらす．Mの増加と自国債券Bの減少との組み合わせである公開市場操作の買いオペレーションも，同方向のしかもより強い結果をもたらす．

次に外国債券Fの供給の増加の効果を考えよう．現在の内外収益率の下では増加した外国債券に対する超過供給が生じてしまう．同じ収益率の下では公衆が増加した外貨債券を持とうとしないのである．そこで為替相場πは下落し(自国通貨の切り上げが生じ)，自国債券に対する需要が高まるので自国債券の価格が上がり，その結果国内利子率は低下する．さらに，外国の利子率i^*が上昇すると，外国債券に対する需要が増加するのでπが上昇する．そして国内債券に対する需要が減ずるので国内利子率も上昇する．この意味で利子率の国際的波及が生ずるのである．はじめに述べた，政治的危機に強いドルなどの例も同様に分析できる．

以上は，ブランソン[11]らによる資産接近の静学的な分析結果である．このような結果は，内外資産の役割を明らかにするが，どのようにして$\bar{\pi}^e$が決まるかについては何も教えてくれない．そして多くの場合，金融政策等が行われる場合に$\bar{\pi}^e$も変化することが多いのである．外国債券の供給Fは，対外純資産を意味するので，これは一朝一夕には変化せず，経常収支の累積によって徐々

に変化する．したがって $\tilde{\pi}^e$ を内生的に説明できて，しかもフローである経常収支と，ストックである外国債券残高の関係を明示的に取り入れた動学的な分析が試みられるようになってきた．このようなフローとストックをつなぐモデルとしてクール[12]のモデルがある．そのモデルの骨格を示すことによって，フローとストックとの関連の理解を深めたい．

分析を簡単にするため，国内生産が一定($=Y$)であるような小国を考え，国民は，自国の貨幣 M と，外貨建てでの対外資産 F だけを保有するものとする．つまり自国債券を捨象して考える．したがって

(11-16) $$W = M + \pi F$$

であり，対外資産の均衡式は資産需要が富に関して同次的であるとすると，

(11-17) $$\pi F = f(i^* + \tilde{\pi}^e)W, \quad f'(\ ) > 0$$

ということになる．ところで，F の時間的変化率 $\dot{F}$ は経常収支に等しく，経常収支は為替レート π が上昇すると増加する．また経常収支 $\dot{F}$ は国民の対外資産の蓄積，つまり国民全体の純貯蓄を意味するので，対外純資産残高 F の減少関数であると想定する．対外残高の増加によって，国民が豊かになり，消費を増加するといえるからである．すなわち

(11-18) $$\dot{F} = S(\pi, F), \quad S_\pi > 0, \ S_F < 0$$

なる関係が成立する．11-6図[13]はストック均衡とフロー均衡の関係を直観的に示すのに有効である．図の右半分は11-5図と同じであり，ストックとしての F の需要と π の関係を示す．図の左半分は経常収支が π の増加関数であることを示したものである．資産残高が $\bar{F}$ であるとき $\dot{F}$ もゼロとなるので，Q は長期的均衡点である．しかし，F が F_0 のような点にあると，ストック均衡

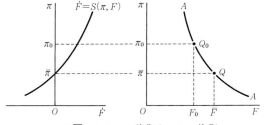

11-6図　ストック均衡とフロー均衡

で決まる π_0 に応ずる経常収支はゼロでない．（正確にいうと $\dot{F}$ を決める $\dot{F} = S(\pi, F)$ 曲線は F がより小さい値 F_0 をとるとき（$S_F < 0$ で F が小さくなったため）若干右にシフトするはずであるが，簡単化のため固定しているものとする．経済メカニズムは曲線が動く場合でも同様である．）したがって経常収支は増加し続けて Q_0 から Q 点に向けて均衡は進んでいく（実は AA 曲線そのものも，諸変数とくに $\tilde{\pi}^e$ が変化するとシフトするが，ここではそれも捨象する）．

より厳密に考察すれば次のようになる．(11-17)式を $\tilde{\pi}^e$ について解き，予想が実現するものとして $\tilde{\pi}^e = \dot{\pi}/\pi$ とおいて，$\dot{\pi}/\pi$ を表すと次のようになる．

$$(11\text{-}19) \qquad \frac{\dot{\pi}}{\pi} = \tilde{\pi}^e = g(\pi, F), \qquad g_\pi > 0, \ g_F > 0$$

(11-17)式において π が増加するときそれを吸収するためには $\tilde{\pi}^e$ が増えなければならないことを考察すると g は π の増加関数，F についても同様のことがいえるので g は F の増加関数である．

(11-18)式と(11-19)式とを連立させることにより 11-7 図のとおり，完全予見を前提した資産接近における位相図を描くことができる．(11-18)より $\dot{F} = 0$ を達成する F と π との組み合わせは右上がりの曲線 AA である．自国通貨が切り下がるとき（π が上昇するとき）経常収支は黒字となるので，それをゼロにするために対外資産が上昇しなければならないからである．AA の右側で $\dot{F} < 0$，左側で $\dot{F} > 0$ なることも容易にわかる．同様にして $\dot{\pi} = 0$ を達成する F と π の組み合わせは右下がりの曲線 BB で示される．BB の上側では $\dot{\pi} > 0$，下側では $\dot{\pi} < 0$ なることもわかる．

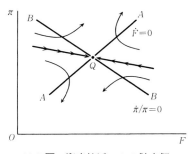

11-7図 資産接近による鞍点解

第11章 為替レート決定理論III：折衷モデルと資産接近　137

したがって，ここでふたたび，鞍点をもつ位相図ができあがる．均衡点に安定的に近づくような経路は，矢印のように両側から1本ずつしかない．この図だけからでは明らかでないが，安定な鞍点解は右下がりの曲線上にあることもわかる．たとえば，Qの左側ではFが増加しているので，貨幣需要は増加している．したがって貨幣量一定の下では物価は下落するはずなので，為替レートは将来切り上がる(πは下落する)と予想されなければならないからである．

このような資産接近は為替レート決定のメカニズムに関して次のような理解を与えてくれる．

まず第1に，資産接近の静学的分析からもわかることは，その他の事情が一定ならば，経常収支が累積することは自国通貨の対外価値を強めるということである．単純なフロー均衡においては，輸出入にもとづくフローの超過需要に依存して為替レートが変動すると考えられたが，資産接近によれば経常収支黒字累積が対外資産を増加させるので，それを公衆のポートフォリオに吸収するために，外貨の為替レートが下落(自国通貨価値が上昇)するのである．そして合理的期待をとりいれた動学モデルの分析からわかることは，経常収支黒字の累積が行われている過程でその国の通貨価値が上昇するということである．

第2に，合理的期待を取り入れた動学モデルでは，さまざまの比較動学を行って本節のはじめに述べたような問題に答えることができる．たとえば価格が伸縮的な古典派的仮定にもとづくこのようなモデルでは，貨幣拡張はQを垂直に上方にシフトさせるのみなので，為替レートを即時にジャンプさせるだけの効果にとどまる．もっとも興味あるのは経常収支関数のシフトである．たとえば，急に輸出競争力が増加するとか，国民の貯蓄意欲が高まった，などの理由で経常収支を示すS関数が増加方向にシフトしたとしよう．そのことはAA曲線が11-8図の$A'A'$のように下方にシフトすることを意味する．はじめ均衡がQのような点にあったものとすれば，Fは即座に動くわけにはいかないので，πが直ちにジャンプしてPQ'のような経路をとるという合理的期待経路によくある性質が導かれる．自国通貨はただちに切り上がるのである．ドーンブッシュ・モデルのときに示したように，位相図をつなぎ合わせると，将来(たとえば日本海に油田が発見されて)日本の経常収支が増加することがわ

かったときにも，将来時点でちょうど安定的な鞍点経路に経路が乗るような過程が生まれる．たとえば為替レートは R にジャンプし，すぐに円高となるが，将来の収入を予想して国民が消費に走るため一時は経常収支が悪化する．（このような現象をオランダ病と呼ぶこともあるが，国を病気にたとえるのは失礼にあたるので止めておく．）その後，石油収入が入ってきて経常収支を潤すようになった時点で，S から Q' への経路にのる．将来に関するニュースが入ったときに，調整の速いストックの市場はただちに反応して，為替レートがジャンプして円高となるのである．

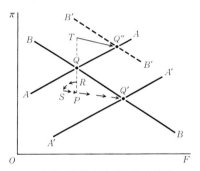

11-8図　経常収支増と鞍点経路

第3に，なんらかの理由で対外資産保有のインセンティブが増加したときの効果も分析できる．たとえば，国際政治不安などによってドル資産に対して需要が高まる場合には，BB 曲線は上方に $B'B'$ のようにシフトし，当座は F は変わらず π がオーバーシュートする．調整経路は TQ'' のようになり，ドル高と経常収支の黒字が生じて，日本の外貨保有 F のより高い水準が長期均衡点となる．

1995年春に起こったドルの80円割れ(瞬間風速)といった事態は，購買力平価説はもとよりドーンブッシュ・モデルからも説明することは難しい．同年4月にはなはだしい金融政策の変化があったとは考えられないからである．しかし，資産接近からすると多少は説明が可能である．たとえば，(1) 世界の投資家にアメリカの財政節度がなかなか回復できないので将来アメリカの国際収支は赤字を続けるという意識が強くなったとしよう．また，(2) アメリカは赤字

を続けると，国内的にも国際的にも負債を解消するためにインフレ政策を行うのではないかというおそれがでてきたとしよう．つまり資産選択の態度がドル離れ，円選好の高まりを示したとする．

そうすると(1)から AA 曲線は下方に，(2)から BB 曲線も下方にシフトする．そのような予想の生まれた現在の時点で，為替レート π がジャンプして下落する（円高となる）ことも容易にわかるであろう．

第11章 注

1) 後述するように，ファイナンス理論，証券市場論(theory of finance)を為替レートに適用しようとする試みが近年盛んである．伊藤隆敏「為替レートの決定理論 II」伊藤編『国際金融の現状』有斐閣，1992年．市場は刻々と変わるので，データのサンプル数が多く利用できるし，予想の変化に対してもきめ細かい分析が可能となる．ただ，ファイナンス理論によってもっとも有効に分析できるのは，資産価格の相互関係であり，国際金融でも多通貨相互間，直物と先物，現在の為替レートと将来の為替レートといった為替レートの相互関係であることが多い．為替レートそのものの水準に関してはマクロ経済学と結びつけた分析が必要であると考えられる．

2) 昔，理論的説明に困るとマルクス経済学の先生は「歴史」を持ち出していいぬけようとし，近代経済学の先生は「短期」ではこうだが「長期」は違うといいぬけるとある学生が言ったのが印象に残っている．ここでの，「短期」「長期」の具体的意味は位相図の分析で明らかになるが，専門用語が厳密に何を意味するのかにはたえず注意を払わねばならない．

3) Dornbusch, R., "Expectations and Exchange Rate Dynamics," *Journal of Political Economy*, Vol. 84, 1976, pp. 1161-1176. また，その意味と拡張については，Dornbusch, R., *Open Economy Macroeconomics*, New York: Basic Books, 1980(大山道広他訳『国際マクロ経済学』文眞堂，1984年)をみよ．ドーンブッシュの他にも同様なモデルを提示した学者もあるが，彼のモデルがもっとも有名である．

4) 加藤寛孝氏によれば，合理的期待というより合理的予想といった方がいい．なぜなら，日本語では期待するのは普通いいことに限られるからだというのであるが，ここでは通常の用法である合理的期待という言葉を使う．

5) 所得が変化するモデルは，植田和男『国際マクロ経済学と日本経済』東洋経

済新報社，1983年，35ページ以下参照．同書は一連のオープン・マクロモデルについて優れた解説を与えている．

6) この体系は線形なので Q に収束する解は右下がりの一本の直線上の経路となる．この経路と一致するように θ をとることが可能なのである．

7) もちろんこのような議論を日本に適用する際には日本経済において名目賃金と実質賃金の硬直性の度合いがどのようなものであるかについての検討が必要である．本文の議論は Sachs, J. D., "Wages, Flexible Exchange Rates, and Management Policy," *Quarterly Journal of Economics*, Vol. 94, June 1980, pp. 731-747.

8) 先物市場と直物市場の同時均衡を求めるツィアン＝ゾーメン型のモデルはフローの分析である．もっとも期間分析においては，一定期間内のフロー変数(の累積)をその期首のストックに加えると，次期の期首のストックになるという関係になっているので，その点をうまく解釈すれば，ツィアン＝ゾーメンのモデルもストック均衡の分析とは，基本的には矛盾するものではない．

9) ここで π はふたたび対数値でないことに注意．そこで $\tilde{\pi}^e$ は $(\dot{\pi}/\pi)$ の予想値を表し，$\tilde{\pi} = \dot{\pi}/\pi$ と定義されている．

10) 二国モデルも含めたグラフを用いた丁寧な説明は植田前掲書16ページ以下参照．

11) Branson, W. H., "Stocks and Flows in International Monetary Analysis," in A. Ando *et. al.* eds., *International Aspects of Stabilization Policies*, Federal Reserve Bank of Boston, 1974.

12) Kouri, P. J. K., "The Exchange Rate and the Balance of Payments in the Short Run and in the Long Run, A Monetaray Approach," *Scandinavian Journal of Economics*, Vol. 78, 1983, pp. 280-304.

13) Kouri 同論文，また Krueger 前掲書をも参照．

第12章　円の国際化(通貨代替モデル)

　本章では，資産接近の延長として，貨幣を各国民が持ち合う通貨代替モデルを提示するとともに，それを用いて近年よく論じられる「円の国際化」の問題を考察したい．これらの為替レート決定モデルの説明力には皆かぎりがあるが，少なくともどう要因がからみあって為替レートを決定しているかを理解するための座標軸をそれぞれ提示している．

　国際間の貿易や資本取引が盛んになり，為替管理が撤廃されたり緩和されたりすると，日本国民がドルやポンドを持ち，アメリカ国民がポンドや円を持つといった形で，外国の通貨を持ち合うようになる．資産接近を応用すると，われわれは，各国国民が相手国の通貨を持ち合う現象も分析することができる．

　もっとも簡単な枠組みとして考えられるのは，貨幣だけしかない世界を考え，前章における外貨資産 F を外国貨幣と読みかえてやればよい．貨幣の名目利子率がゼロであるとすると(11-17)式において $i^*=0$ であり，資産選択は為替相場の予想変化率だけの関数となる．合理的期待の下では，貨幣供給の変化，輸出入関数の変化の効果がまったく前章と同じように分析できる．たとえば，日本国民のドルに対する選好が増せば，ドル相場は上昇し，オーバーシュートの現象も生じうる．このように，通貨を持ち合う状態を記述するモデルを通貨代替モデル(money substitution model)と呼ぶが，その動学的性質は資産接近に類似している．

　ある国が政情不安や，先行きの経済力に関する不安が生じ，その国の通貨離れが起こると，通貨の急落(free fall)が起こることも説明できる．また一国のインフレーションがはげしくなると，国内通貨を国民が保有しなくなり，ドル保有が増え，多くの取引や契約がドル建てで行われるという形での国内通貨離れが生じ，それがますます通貨価値を下落させることもわかる．

　前章のモデルでは，小国の経常収支の黒字累積は外貨(純)資産の増加となり，それは自国の為替レートの上昇(外貨レートの下落)をまねいた．しかし，2国

以上からなる世界経済のモデルでは必ずしもそのような結果は生じない．たとえば日米の2国からなる世界経済を考え，両国の総資産は一定であるとしよう．そして日本が黒字累積の結果，純外貨資産を増加したとしよう．すると日本の純資産は増加し，米国のそれは減少する．これが，ドル・レートを下落させるためには，両国民が国内通貨建ての資産を外国通貨建て資産よりも選好することが必要である．いいかえれば日本国民がその資産を円資産の形で持とうとする性向の方が，アメリカ国民がその資産を円資産の形で持とうとする性向より強いことが必要となる．各国民は自国通貨をより選好する傾向をもっていると思われるので，以上の条件は，多くの場合みたされるであろう．（もし，自国通貨に対するより強い選好がないと，経常収支の黒字で富が一国に移っても世界全体の資産需要は不変で為替レートは変わらない．）

通貨代替モデルを用いて，日本の資本市場の急速な国際化や規制緩和にともない話題となっている円の国際化の問題を考察してみよう．円の国際化とは，日本の国内通貨である円が国際通貨として用いられることを意味する．すなわち，通貨の基本的機能である計算単位，取引手段，富の保蔵手段の3つの機能の一部または全部を，円が国際取引に関しても果たすようになることである[1]．

第1に，日本の輸出入の契約がドルその他の外貨建てでなく，円建てで行われるようになると，円が国際的取引の計算単位，ないし価値尺度として機能することになる．1991年において，日本の輸出の39.4％が円建てで行われていたが，輸入に関しては15.6％が円建てで行われているにすぎない（平成4年大蔵省国際金融局年報）[2]．その他の取引は外貨建て，主としてドル建てで行われている．輸出入契約のうち円建ての部分が増えていくことが，円の国際化の一つの側面である．国際間の資金貸借がドル建てでなく，円建てで行われるようになることも円の国際化の一要素である．さらに，日本が直接関係しない国々の間の取引，たとえばシンガポールと韓国間の取引が，円建てで行われるようになれば，円の国際化はいっそう進展したことになるが，第三国間で円建てが用いられる比率はきわめて小さい．（ドルは現にこのような機能を果たしている．たとえば日本とヨーロッパ諸国との貿易も，しばしばドル建てで行われる．）

第2に，円が国際取引の決済手段として用いられることが，円の国際化のも

第12章　円の国際化（通貨代替モデル）　143

う一つの側面である．第1の側面の円の国際化によって，貿易契約が円建てで結ばれていれば，支払も円通貨で行われることが多いであろう．もっとも，以前ドルが減価していた頃に，OPEC諸国は，石油価格をSDR建てで固定しながら支払はドル通貨を要求したこともあったので，計算単位と取引手段との概念的な区別ははっきりしておく必要がある．

　管理フロートの下では，通貨当局が為替市場に介入することがあるが，その時に用いられる諸国の通貨当局の介入通貨として，――これは公的機関による取引手段である――円が用いられるようになるのも，円の国際化の一つの現れである．

　第3に，外国の民間経済主体が，資産として円建て流動資産を保有することになり，さらに外国の通貨当局が国際準備資産として円建ての流動資産を保有するようになると，円は国際的に富の保蔵手段として機能するようになる．円が国際取引の決済に用いられるようになると，外国の経済主体は当然その流動資産の一部分を，円建ての流動資産で保有しようとするであろう．各々の取引に際して，いちいち他の通貨を円に交換するのでは取引費用がかさむからである．また介入通貨として円を必要とする外国の通貨当局も，円建ての流動資産を保有しようとするであろう．

　さらに取引動機による円建て流動資産の保有にとどまらず，円建ての流動資産を保有することが，円資産の収益性，安全性，流動性の観点からみて望ましいと考えれば，外国の民間や公的な経済主体は円資産を国際的な富の保蔵手段として保有するようになる．円の国際化はいっそう進んだこととなる．

　以上の通貨の3つの機能は相互に関連している．計算単位として円建てが用いられれば，支払も円貨によってなされることが多くなるし，取引決済の手段として円が用いられれば，円に対する信認が増して，円建ての資産が資産としても魅力あるものとなる．

　そして，円をある経済主体が保有するのは，他の経済主体がそれを喜んで受け取ってくれるからだという，貨幣一般にみられる循環的な論理がここにも現れる．言語の場合，ある言葉が多くの人によって使われるから自分も使うように，貨幣にも，多くの人がドルを使うから自分もドルを使うという性質がある．

ある通貨が通用すること自体に，公共財的な性格があるのである．したがって，かりに日本政府が円の国際化を促進しようと政策的に決め，「円をどんどん国際取引に用いて下さい」と言うだけでは，円の国際化が実現するわけではない．内外の経済主体が，自主的に円建てで契約を結び，貿易取引を円で支払い，円の流動資産を保有しようとしない限り，円の国際化は実現しない．かつてアメリカのリーガン財務長官が，円は国際通貨としての責任を果たしていないと，机をたたいて日本政府を責めたという話があるが，経済論理を無視した議論である．

　もちろん，日本がOPEC諸国のように何か国際的に独占力を行使できるような輸出品を持っていて，輸出業者が円建てでなければ輸出しないと主張して（あるいは政府が行政指導などでそのように指導して），外国の経済主体に国際通貨としての円の使用を要求することができたり，あるいは日本が大幅な資本輸出国となって，借入国に対して円建ての貸借契約を要請することができれば別かもしれない．しかし，日本はそのような立場にあるとは思えないので，日本が円の国際化に関してできることは，円を国際通貨として使用しようと内外の経済主体が欲したときに，その障害となる規制措置等を取り払うことにすぎない．

　もっとも，日本の通貨当局が1980年代まで行ってきたことは，円の国際化を促進したというよりも，むしろ，その逆であったきらいもあり，為替政策や，金融市場に対する規制，指導には，円の国際化を妨げるような要因がかなり含まれていた．そこで，円の国際化の前提としてどのような条件が満たされなければならないかを考えてみよう．

　第1に，円建ての貿易金融が容易になるように，規制の緩和，撤廃が必要である．そして，日本において政府短期証券の市場（いわゆるTB市場）が発達する必要がある．外国の民間経済主体が円建ての短期資産を保有し，外国の通貨当局が介入のために円建ての短期資産を保有するインセンティブが生まれるためには，安全でしかも容易に市場で売却できる（つまり流動性のある）円資産が必要である．（各国においてもっとも信用力があり，流動性のある資産は政府の発行する短期証券である．そのため，各国の通貨当局が現在保有する外貨準

第 12 章　円の国際化 (通貨代替モデル)　145

備の多くは，米国の財務省証券 (Treasury Bill ; TB) の形で保有されている．)

　第 2 に，国内だけでなく，最近行われてきたように，ユーロ市場における円建ての預金や起債等に対する課税はもとより，規制が撤廃されることも，円建ての取引がより自由に，安定的に行われるようになることを助け，円の国際化を促進する．もちろん，国際的な課税管轄の相互調整の問題は資源配分上，そして各国間の所得分配上に重要な影響を及ぼすので，政策問題としてはその影響に注意する必要がある．

　第 3 に，日本経済の将来性，物価安定の展望などに対する信頼が深まることも，富の保蔵手段として円資産を保有しようとする意欲を高める．後述するように，円の国際化自体が円価値の維持に対する信頼を深めるが，逆に，円の将来価値の安定性を高めるようなファンダメンタルズの変化も，円の国際化を促進する要因として働く．

　最後に，日本の資本市場のサービスの質が向上して，東京市場の国際化が進むことが，円の国際化の条件であることは，ポンドの国際化やドルの国際化の歴史的事例からも明らかであろう．

　もちろん，以上の条件は円の国際化のための必要条件にすぎず，十分条件ではない．以上の条件がみたされても，各経済主体が円を決済に使用せず円資産を持とうとしなければ，円はいっこうに国際化しないであろう．貨幣には，先に述べたような循環論的，公共財的な性格があるので，当初は，皆が受け取らない円は，やはり自分も使用しないといった形で，円の国際化は遅々として進まないかもしれない．しかし，将来ある時点でいったん円が用いられ始めると，皆も喜んで使いだすという形で，円の国際化のペースが急に雪崩のように加速化する時期がくる可能性がないわけではない．

　つまり，国際通貨たとえばドルが広く用いられているときには，他の通貨 (たとえば円) を用いようとすることは，ちょうど英語が国際語であるときに，日本語で国際的なコミュニケーションを行おうとするように難しいのである．しかし，ある時期に，円を使う人が十分に増えてきて，ある臨界点を超えたときには，ドルと円とが共に多く用いられるという段階から，——あたかもカタストロフィ理論によるように——円が雪崩のように急速に用いられて国際通貨とし

ての主役となる可能性はある．世界的現象として，他企業が円を用いるので，自分の企業も円を保有し，契約も円建てで行うという状態が起こらないともかぎらない．もちろん，日本語が英語にとって代わる日ほど想像するのが非現実的でないにしても，円がドルに代わる日が近く来るとは思えない．ドルがポンドに代わって支配的な国際通貨になったきっかけとしては，第2次大戦という大きな衝撃があったのである．

さて円が国際化されると，どのような効果が生ずるのであろうか．

円が計算単位として用いられるようになり，円建ての貿易契約の比重が増加し，国際的な資金の貸借契約の多くも円建てで行われるようになったとしよう．円建ての契約が増加すれば，円換算の必要性が減って日本の企業の収益計算はより容易になるという情報節約の効果をもつ．多国籍企業はともかく，日本企業は，多くの場合円建ての収益を最大にすることを目標にしていると考えられるので，この情報効果は日本企業に有利に働くであろう．もとより，貿易の大部分がドル建てで行われている現在でも，先物為替予約を組み合わせれば，円建て収益の安定化も不可能ではない．しかし，そのような間接的な手段を用いずに，直接貿易契約や資金貸借契約を円建てで行う方が，企業の情報コストも節約でき，先物予約等の手数料も節約できる．

このように円が取引手段として用いられるようになると，日本企業は取引のため何度も外貨を交換する必要がなくなり，取引費用が節約できる．企業だけでなく，海外旅行者など個人も，円が，ドルと同じような国際通貨となると，両替費用を節約できる．円建ての旅行小切手がない場合には，ヨーロッパの小国の通貨を得るためには円をいったんドルかポンドに替えた後，もう一度その国の通貨に両替する必要があった．今では円建ての旅行小切手を持って行けば，各国の通貨と両替が可能であるということは，部分的ではあるが円が国際化してきた結果である．

第3に，一国が国際通貨を発行できれば，通貨発行権にともなう利益（シニョレッジ・ゲイン）を享受できる．一般に，通貨発行が可能な主体は，通貨発行によって利益をうける．かりに，個人や一企業の短期債務が通貨として通用すれば，借金証文さえ書けばそれを皆が喜んで保有してくれるわけであり，財やサ

第12章 円の国際化(通貨代替モデル)

ービスの調達が容易となる．昔，通貨発行の権限が封建領主の手にあったので，このような利益を領主権利益という意味でシニョレッジ・ゲインと呼ぶのである．もちろん，円が国際化しても，円の現金や無利息の当座預金を，外国人や外国政府が多量に保有してくれるわけではない．円建ての流動負債に日本国民は利息を支払わなくてはならない．したがって，債務の額だけまるまる利益が生ずることにはならない．しかし，日本はちょうど，銀行業のように行動できる．つまり短期の流動資産を発行し，集めた資金をより非流動的な長期資産に投資してその利ざやをかせぐことができることになる[3]．

第4に，円が国際通貨となることは，東京が世界的な金融センターとなることを意味する．今まで，日本はその豊富な資金力を背景に国際的な影響力をもってきた．従来は金利規制下で預金さえ集めればといった環境にあり，日本人の金融経営能力を育てる基盤が弱かったが，今後は，日本人の正確な事務処理能力を利用して，世界に向かって金融サービスを供給する機会が増加するであろう．よく教育を受けた人的資源に豊富な日本が，十分な経験の積み重ねによって，金融サービスの先進国となる日も遠くないことを望みたい．

第5に，円建ての短期債務が多くの外国人や外国政府によって保有されるようになることは，円建ての資産に対する需要が増加することを意味する．つまり，貨幣の富の保蔵手段としての機能によって円資産が保有されることは，円の他の通貨に対する交換比率である円レートを高める要因となりうる．

理論上のレベルでは，通貨代替モデルを用いた分析は以下のようなことを示す．円の国際化が，外国人の円資産に対する需要を高めるならば，円レートは長期的に上昇する．そして，円の需要が高まるとわかったときに，円高が直ちに生じるというオーバーシュート現象が生ずる．そして経常収支はそのような資産選好のシフトのなかったときに比べて，経常黒字が減少する．しかし，もし円の国際化にともない，日本の金融市場の国際化も同時に進行し，対外投資への障害も低くなり，したがって日本人の対外資産に対する選好が増加するとすれば，以上の力を中和するような逆方向への力も働く．

最後に円の国際化は金融政策の運営にも影響を及ぼす．

まず，貨幣の供給プロセスが円の国際化によって影響を受ける．円が国際通

貨として用いられず，また外国通貨を居住者がほとんど保有しない経済では，通貨のコントロールが比較的容易であった．日本銀行の貨幣的な債務であるハイ・パワード・マネーをコントロールすることによって，銀行部門の貨幣的な債務である預金通貨量をコントロールすることができたからである．ところが，非居住者が，多量に円の流動資産を保有するようになると，銀行部門の貨幣的な債務の一部は，たとえばユーロ円の準備資産という形で非居住者が保有することになる．したがって，ハイ・パワード・マネーと国内の預金通貨との間の比較的安定的だった乗数関係が不安定なものとなり，ハイ・パワード・マネーと貨幣量の間の関係も不安定となる．

さらに，マネー・サプライのコントロールを通じて行う国内総需要のコントロールという形[4]の金融政策の波及過程も，円の国際化によって影響を受ける．すなわち，国の内外に通貨の代替資産が生ずるので，資金シフトが活発となり，貨幣需要関数が不安定になる可能性がある．また，非居住者のもつ円建て流動資産が，他の流動資産と比して日本で生産した財・サービスに使われる可能性が高いとすれば，外国にある円債務，たとえばユーロ円と，日本の生産する財・サービスに対する需要との関係も考慮しなければならなくなる．このように，日本の金融市場の規制緩和にともなう円の国際化によっては，金融政策が，さまざまな外的条件の変化に対していっそう注意深く，しかも柔軟に対応することを要求されることになる．

第12章　注

1)　円の国際化に関しては，Tavlas, G. S. and Yuzuru Ozeki, *The Internationalization of Currencies : An Appraisal of the Japanese Yen*, IMF Occasional Paper, 1992 が優れた展望を与えている．

2)　円建て比率は1980年に輸出29.4%，輸入2.4%，1985年には輸出39.3%，輸入7.3%であった．

3)　かつて，60年代の後半アメリカがドルのたれ流しをしていると批判された際，キンドルバーガーは，アメリカは世界の銀行として短期借り長期貸しをしているのであり，十分に流動性ある安全資産としてドルを世界に供給しているのである

から，なんら非難されるべき筋合いはないと論じた．Kindleberger, C. P., "Balance of Payments Deficits and the International Market for Liquidity," *Essays in International Finance*, No. 46, 1965, Princeton University. このような世界の銀行としての機能をも，円の国際化によって日本が果たすようになりうる．また，日本が世界の銀行となれば，それが円の国際化を逆に助ける力も働くであろう．Tavlas and Ozeki 前掲参照．

4) もっとも，1993年7月に，グリーンスパン米国連銀総裁は，貨幣流通速度には不安定な要因が多すぎるので今後はマネー・サプライを金融政策の指標とせず，利子率の調節を行うと述べた．マネー・サプライ安定化は優先目標でなくなりつつある．一つの時代が過ぎ去ったという感である．

第13章　変動制下の円相場

13.1　円レートの推移

　1971年8月15日，ニクソン・ショックと呼ばれるアメリカの新経済政策が公表されるまで，日本は旧IMF体制の下で1ドル360円という為替レートを固持してきた．しかし71年以降は，変動幅を拡大した固定制をとったスミソニアン体制(71年末から73年2月まで)の短い時期を除いて，日本の為替市場は変動制あるいは管理フロート制の下にあった．フロート制に移行してから，すでに四半世紀が経過しているのである．本章では，変動制以降の円相場の推移を簡単にあとづけながら，為替レートの決定に関する諸学説がどれくらい円相場の動きの説明に役立つかを検討してみよう(変動制に移るまでの円の歴史については第16章でのべる)．

　13-1図は1965年から最近にいたるまでの円/ドル為替レートと通貨当局の外貨準備高の推移を示すものである．固定制の下では為替レートを固定するため為替市場に介入する義務があり，通貨当局は外貨準備を保有する必要があった．ところが，不思議なことにこのような必要性のなくなった，あるいは少なくなった変動制の時代の方が外貨準備の量が増えている(これは世界的な傾向である)．

　71年秋，73年春に円レートは大きく上昇した．71年秋には旧IMF体制から離脱したことにより，介入により円安に固定されていた円が実勢値に復帰したわけである．73年春には，スミソニアン体制の拡大された変動幅の，(円/ドル・レートの数字でいえば底)円の価値でいえば天井にはりついていた円が再び実勢値にもどったのである．1973-74年の石油危機，79-80年の石油危機のときには，円/ドル・レートはドル高にゆれ，円の買い介入が行われて外貨準備高が減少している．

　1978年に，円は当時までの史上最高値176円をつけるが，その際各国政府に

第13章　変動制下の円相場　151

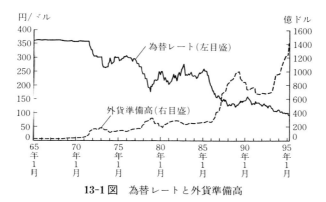

13-1図　為替レートと外貨準備高

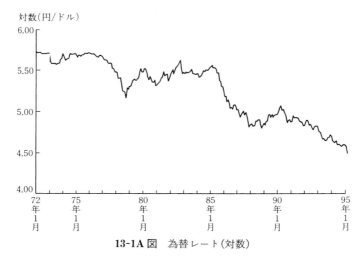

13-1A図　為替レート(対数)

よる協調介入が行われて円高はおさまり，1985年に至るまでドル高，円安が続く．米国の経常収支が赤字であるのにもかかわらず，円安はおさまらなかった．そこで1985年9月22日ニューヨークのプラザホテルに集まった先進国蔵相会議(G5)は協調介入を宣言し，そこから継続的なドル安の傾向がはじまったのである．そして1987年2月のルーブル合意では，為替レートが大幅に変化しないように暗黙の介入の変動幅ターゲット・ゾーンをもうけて為替レートを安定化しようという試みがなされたといわれる[1]．グラフからも1986年以降は円/

ドル・レートの変動がそれまでと比べてゆるやかになっていることが読みとれるであろう．

13.2　学説の説明力

さて，理論との関係がグラフで読みとれるかどうか以下で調べてみよう．

A　購買力平価説

13-2図は，円/ドル・レートについて購買力平価説がどれだけあてはまっているかを明らかにするために描いたものである．いちばん太く書かれた実線は，実際の為替レートの推移を示しており，他の線は購買力平価説によって基準時点(スミソニアン協定から変動制に入った73年3月の状態)において為替レートが均衡為替レートだと想定した場合に計算される為替レートの経路を示す．すなわち，購買力平価による理論値は，日米両国の消費者物価指数CPI，卸売物価指数WPIを用いて，

$$\text{理論値} = \underset{(\yen/\$)}{\text{基準時点の為替相場}} \times \frac{\text{日本のCPI(WPI)}}{\text{米国のCPI(WPI)}}$$

(ここで物価指数は両国とも基準時点を100としたもの)という公式にしたがって計算したものである．ある時点で為替レートが購買力平価をみたす均衡値で

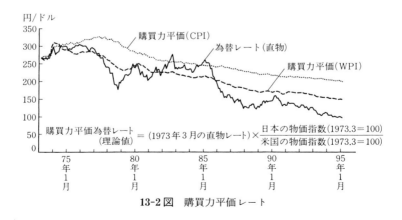

13-2図　購買力平価レート

第 13 章 変動制下の円相場

あったとすると，日本の物価が 10% 上がれば，円/ドル・レートは 10% 上昇（ドル高）とならねば均衡しないことからこの公式がでてくる．卸売物価指数による値をみると，75-77 年にかけて現実値はやや理論値よりも円安であったが，78-79 年前半にかけては理論値よりも現実値が円高になった．その後短期間の間現実値の方が円安，現実値と理論値がほぼ等しい期間がみられるが，1981 年から 86 年頃まで現実値の方が円安の時期が続いた（消費者物価指数で計算した理論値と現実値を比べてみても，現実の為替レートの方が理論値より円安となった時期がわずかの期間ながら存在したが，ほとんどの時点では現実の方が円高である）．

卸売物価と消費者物価による購買力平価の動きの差は，日本において消費者物価と卸売物価の上昇率の間に，はっきりした差があることによる．このような物価上昇率の差は，日本の工業セクターの急速な技術進歩に依存している．さて貿易収支や経常収支に直結するのは，貿易財の価格であり，それは卸売物価に似た動きをするので，卸売物価を用いて測った実質為替レートが一定値から乖離していることが，近年一貫して円が購買力平価よりも円高になっていることのより強い根拠となる．

これと同様のことは，実質為替レートの動きを調べてみてもわかる．実質為替レートは

$$\text{実質為替レート} = \text{各時点での(現実)名目為替レート} \times \frac{\text{米国の CPI(WPI)}}{\text{日本の CPI(WPI)}}$$
$$(¥/\$)$$

という公式で定義される．ある時点(WPI，CPI の基準時点)からみて，ドルの実質単位ではかった購買力が円に変換したとき増加しているか（実質為替レートの上昇），減少しているかを知るための指標である．為替の理論値が現実の為替レートに等しくなるときに，実質為替レートは基準時点の現実の名目為替レートに等しくなる[2]．指数の作り方から基準時点では名目為替レートは実質為替レートに等しくなる．つまり理論値と現実値の等しくなるときには実質為替レートは一定となるのである．13-3 図は，CPI と WPI で表したドルの実質為替レートを示す．¥/\$ で表したドルの実質為替レートが 85 年以来急速に下落している．円の購買力が 85 年以降大幅に上昇しているのである．

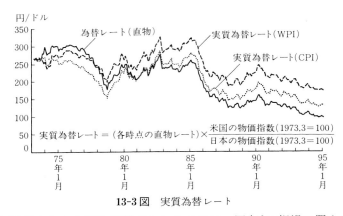

13-3図　実質為替レート

購買力平価からの大幅な乖離がみられるのは，円/ドル相場に限られない．フレンケルによれば[3)]，1920年代には良好なあてはまりを示した購買力平価関係が，1970年代に至ると，ドル=ポンド，ドル=フラン，ドル=マルク等において認められないか，あるいは認められる場合でもきわめて不安定な動きをするという(ヨーロッパ通貨相互間では，より強いあてはまりがみられる)．そして，このような乖離は，部分的には国内の相対価格変化に起因しており，相対価格の変化の影響が考慮されなくてはならない．しかし，より重要なあてはまりの悪さの原因は，ストックの市場で一刻一刻相場の変化する為替市場と，ゆるやかに変化するフローの市場である財市場の価格とのすれ違い，とくに予想変化がストック市場に速やかに影響するといった要因である．

B　貨幣接近

貨幣接近が円の為替相場の動向をどれだけ説明するかを調べるために，白川方明氏(日本銀行特別研究室『金融研究資料』第3号)は73年3月〜78年1月の円/ドル・レートを，貨幣接近を用いて計測し，次のような推定式を得た(79年1月にまで延長したデータによってもほぼ同様な結果が得られている)．

$$\log \pi = 3.59 + 0.85 \log M_2 - 1.77 \log M_2^* - 0.74 \log y + 0.87 \log y^* + 0.061\, i - 0.01\, i^*$$
$$(4.89)\quad (5.09)\qquad (-5.92)\qquad (-5.04)\qquad (3.99)\qquad (6.37)\quad (-3.27)$$
$$R^2 = 0.813 \quad \text{S.E.} = 0.03 \quad \text{D.W.} = 1.28$$

ここで π はドルの為替レート，M_2，M_2^* は両国の貨幣量，y，y^* は両国の鉱工業生産指数（GNP の月次データが利用できないため用いたもの），i は自由円定期の預金金利，i^* はユーロ・ドラーの3カ月ものの金利である．R^2 は決定係数，S.E. は標準誤差，D.W. はダービン・ワトソン比，（ ）内は推定係数の t 値である．この実証研究は，貨幣供給，所得，金利が貨幣接近の示す方向に効き，円レートが日本と米国の金融政策のスタンスの差に依存していることを示唆している．もちろん，細かく見れば，1に近いはずの M_2 の係数がどうして1からかなり大幅に乖離するかなど疑問点もある．しかし大筋として為替レートの変化率が自国の貨幣の超過供給率と，他国の貨幣の超過供給率によって影響を受けることを見出したことは興味深い．

1980年代になってからは，貨幣接近によって円相場がよく説明できるという実証結果は報告されていないようである．また，フレンケルによるマルクの対ドル相場に関する貨幣接近の適用例は，78年以前についてはよくあてはまるが，それ以降の相場の説明には，資産残高を新たな変数として貨幣需要関数に導入することが必要であるといわれている．ともかく，貨幣接近は購買力平価説を前提にしているので，購買力平価説が成り立たないところで貨幣接近がうまくあてはまるとは考えにくい．

C 資産接近

さて，為替レートへの資産接近の一つの帰結は，各国民が資産保有に関して外国資産に比して自国資産に対する選好が強いときには，経常収支黒字の累積が増加すると自国の通貨が値上がりするということであった．このような傾向が，変動制下の日本においてかなり顕著に見られた．13-4図は，1970年以降の円/ドル為替レートと経常収支の推移を表したものであり，13-5図は，ドル/円為替レートを横軸にとり，日本の経常黒字の累積を縦軸にとって1966年以降の関係を調べたものである．13-5図にみるように，フロートの開始された73年第1四半期から94年までいわば螺旋状の右上がりの関係が観察できる．これは，わが国の経常収支の黒字累積が，長期的に円の上昇と結びついていたことを示す．円相場は78年第4四半期ごろから右上がりの関係からやや離脱し

始め,80年第2四半期以降はむしろ逆の関係を示した．83年以降の円相場は,経常収支の累積の増加にもかかわらずほぼ横ばいの動きを続けた．しかし89-90年,93年後半など為替レートが円安にふれた時期を除き,右上がり基調は否定できない．つまり1973年から20年間にかけて,為替レートと経常収支の累積には,大まかではあるが経常黒字累積が円高をもたらす相関関係があるといえるであろう．為替レートの資産接近の予想する動きであるが,より詳しい分析が必要であろう．

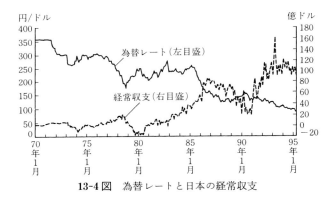

13-4図 為替レートと日本の経常収支

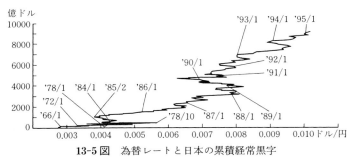

13-5図 為替レートと日本の累積経常黒字

以上を要約してみよう．まず,円相場は購買力平価とかなり乖離する．そして1970年代には貨幣接近と矛盾しない動きを示し,現在まで一貫して大略としては資産接近の予測するところに近い動きを示しているといえる．残念ながら,現在のところ円相場の推移を統一的に説明できる学説がこれだとはいいにくい．

さて,金利裁定式は,金利差と直先スプレッドに差があれば,スワップ取引が危険をともなわずに利益をもたらすので,裁定資金が移動することを意味する.もちろん,裁定取引にも取引費用がかかるので両者が微少に離れていても不思議はない.しかし,両者が数%離れているときには,裁定取引が為替管理等の形で阻害されていたと判断すべきであろう.金利差と直先スプレッドの差は,為替管理の強さを示す潜在価格(shadow price)なのである.

13-6図は,直先プレミアムと金利差との関係を示すものである.点線よりも実線が大幅に上回る時期には,資本流出に対する規制が,逆のときには資本流入に対する規制が有効に働いていたことを意味する.この図から,第1次石油危機後の74年においては強力な流出規制があったが,その他の時期においては,しばしば資本の流入規制(円転換規制,非居住者預金の付利制限,準備率の操作等の形で)が効いていたことがわかる.そして79年以降は,金利裁定の関係が近似的にみたされるようになり,新外為法の施行された1980年以後はかなりみたされるようになった[4].しかも90年代に至ってほぼ正確にみたされていることを示している.このことは,近年短資の流出入に対する規制が緩められて,ほとんど制約として働いていないことを示している.

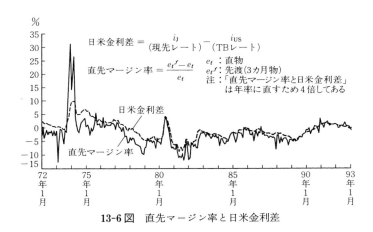

13-6図 直先マージン率と日米金利差

13.3　為替市場に関する効率性仮説

　もし，為替市場が現在利用可能な情報を十分に消化しているとすると，たとえば(今日の市場で決まる)3カ月物先物レートは，3カ月後における直物相場の最も良い推定値であるはずである．なぜならば，そのほかに先物市場に反映されていない情報がどこかに隠れていれば，その情報を用いて人々は利潤を上げようとするからである．そうすると，現在の先物レートがその瞬間に変化してしまう．たとえば将来円高になるだろうという情報が流れれば，それは今日の先物の為替相場を引き上げ，それは金利裁定によって直物相場そのものを今日のうちに引き上げてしまう．そのように為替レートは，現存する将来に関する情報とそれに基づく期待を十分に反映して決まるはずである．このように為替レートが現在の情報を十分織り込んで決定されると考えるのが，いわゆる効率的市場仮説である[5]．

　もし，市場が効率的であれば，為替レートをけい線(チャート式)などで予測し，それで続けて利益を上げるということも不可能であるはずである．なぜならば，もしあるけい線の最適戦略がうまくいくという情報が伝わると，皆もそれを利用しだして将来上がるべき株価は今日のうちに上がってしまうという形で利益の機会もなくなってしまうからである．皮肉なことに，資産(株式，債券，商品，為替等)市場の科学的分析の結果もっとも信頼できる知識は，市場よりもよく言いあてる予想法，したがって資産投機の必勝法はないということなのである．

　この仮説は，合理的期待形成仮説の市場の価格形成への応用例である．この効率性市場仮説と，資産保有に関するリスク・プレミアムが存在しないという仮説とを結びつけると，先物為替レートは将来の為替レートの不偏推定値となっているという命題が生まれる．

　すなわち，もし現在の市場での価格形成がその時点に利用可能な情報を十分に消化しているならば，先物相場が将来の為替相場の予想値を平均的に上回ったり，下回ったりすることは，リスク中立的な経済主体からなっている市場で

は想定しにくい．先物レートが不偏推定値から乖離すれば，その乖離を利用して投機家が(平均的には)利益をあげることができるからである．効率的市場仮説の帰結として，予測時点で用いることのできたデータと，予測誤差との間に系統的な相関がない——統計学者は予測時点の情報ベクトルと予測誤差が直交していると表現する——という系(コロラリー)がでてくる．

　形式的に書けば，現在の情報のもとで期待値Eをとるとき，1期後の直物相場の数学的期待値は，現在の(1期間)先物相場に等しい．すなわち為替相場にもどって $E_t \pi^s(t+1) = \pi^f(t)$ という関係がある．これを実証的に検証しようとして，学者は $\pi^s(t+1) = a + b\pi^f(t) + u_{t+1}$ という関係式を推定する．そして $a=0$, $b=1$ という帰無仮説が棄却できないかを検討する．しかも残差 u_{t+1} が時系列的相関を示さないこと，そして u_{t+1} が t 時点で観測可能な変数と独立かを検証する．すなわち $\pi^f(t)$ が $\pi^s(t+1)$ の不偏推定値であれば，$a=0$, $b=1$ でなければならないからである．またもし誤差項に系列相関があれば，この誤差項の性質を用いて，π^f にまさる推定値を考察することができるから，市場は効率的でないことになる．日本銀行の『金融研究資料』における白川方明「外国為替市場の期待形成について」(第3号，1979年8月)，瀬尾純一郎「わが国為替市場の効率性」(第9号，1981年9月)の両氏による分析は，円レートが以上のような基準を満足するという意味で，市場は効率的であるという仮説を棄却できないことを主張している．

　この仮説が実際に検定されるときには，効率性市場仮説とリスク・プレミアムが存在しないという仮説との複合仮説として検定される．したがって，先物相場が将来の直物相場の不偏推定値でなかったからといって，効率性市場仮説が誤っていたのか，市場成員がリスク中立的でなかったのかを識別することは困難である．また，この仮説が棄却できないとしても，市場成員が本当に全部の利用可能な情報を使いきっていることを検定によって証明できないこともちろんである．説明変数をくまなく探すことによっては，先物為替レートより正確な推定値を作成できるかもしれないからである．

　さらに，日本の円レートに限らず，為替レートの動きの内で先物市場の動きによって説明される部分はごくわずかである．市場がかりに効率的であったと

しても、前時点で予想できなかった新しい情報（つまりニュース）によって動かされる変動部分がきわめて大きいのである．このことを示すのが，13-7図である．図は為替レートの3カ月物直先マージン率（ゆるやかな実線）と3カ月間の為替レート変化率をとったものである．もし，為替市場が効率的であって，人々が危険中立的であれば，直先マージン率は為替レート変化率の不偏推定値となるはずである．人々が合理的な期待をしているとすれば，直先マージン率の中に，現在の情報がすべてとりこまれているはずである．そして直先マージン率の予測以上の予測を継続的に行うことは不可能だということになる．

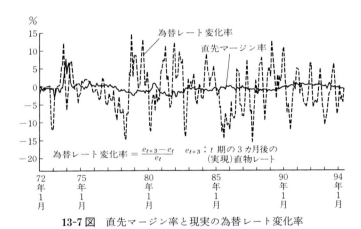

為替レート変化率 $= \dfrac{e_{t+3} - e_t}{e_t}$　　e_{t+3}：t 期の3カ月後の（実現）直物レート

13-7図　直先マージン率と現実の為替レート変化率

ところが，この図は，将来の為替変動のうち直先マージン率で説明できる部分がきわめて少ないことを示している．したがって，かりに市場が効率的で，直先マージン率が合理的な推定量であったとしても，市場レートに含まれている情報の御利やくはほとんどないことを意味する．

すなわち，市場が効率的であるとしても，予想できない情報によって為替相場の動きが大きく左右されるので，効率性市場仮説が市場予測能力に与える力は限られている．しかし，効率的市場では過去利用可能であった情報データと予測誤差とが独立であるはずであること，将来の予想の変化が現在の市場に影響を与えること，予想されていた外生変数の変化と予想されない変化の影響の差がどれだけあるかなどについて，興味ある仮説を提供しており，相場形成に

関する理解を深めてくれる．したがって，効率的市場仮説は「ドグマであって実証科学上の命題として有意義なものとは認め難い」[6]というのは言い過ぎであろう．

ところで，為替レートに影響するようなニュース，たとえば予想されなかったような各国金利政策の変化，成長率の変化，石油など商品価格の変化，が1日の内にどういう地理的，時間的な順序で為替レートを変化させるかについては，伊藤隆敏氏の興味深い研究がある[7]．

第13章 注

1) この間に政府高官，中央銀行総裁の間でどのような政策協調の話し合い，かけひきがなされたかを綿密にインタビューした船橋洋一『通貨烈烈』朝日新聞社，1988年，が貴重な情報を提供してくれる．

2) ¥/$ レートを e，その理論値を $\bar{e}$，実質為替レートを x，日本の物価水準を p，米国のそれを p^* とすると，購買力平価説の下では
$$p = \bar{e}p^*$$
$$x = ep^*/p$$
となるから $e=\bar{e}$ のとき $x=1$ となる．

3) Frenkel, Jacob, "The Collapse of Purchasing Power Parities during the 1970's," *European Economic Review*, 1971.

4) Ito, Takatoshi, "Capital Controls and Covered Interest Parity between the Yen and the Dollar," *Economic Studies Quarterly*, Vol. 37, 1986, pp. 223-241.

5) 高木『入門国際金融』(前掲)．

6) 小宮・須田『現代国際金融論(理論編)』(前掲)，40ページ．

7) 伊藤隆敏「為替レートの決定理論Ⅱ」伊藤隆敏編『国際金融の現状』有斐閣，1992年，第3章，Ito, Takatoshi, "The Inter-daily Exchange Rate Dynamics and Monetary Policies under the Group of Five Agreement," *Journal of the Japanese and International Economies*, Vol. 1, 1987, pp. 275-298.

第 14 章　為替介入の効果

14.1　はじめに

　変動相場制が純粋な形で行われている限り，すなわちクリーン・フロート制下では，通貨当局はなんら為替市場に介入する必要がない．しかし，1973年以来先進諸国が変動制をとった後でも，各国は随時為替市場に介入して，為替レートの急激な変動や，望ましくない（と各国の通貨当局が考える）方向への変動をやわらげようとしてきた．特に，1985年の（ニューヨーク・プラザホテルでの）プラザ合意の後には，各国が協調して介入することも増えてきた．変動制も管理フロートの性格が強くなったのである．

　固定制の下では為替レートの平価を守るために，各国は為替市場への介入を余儀なくされていた．これが管理フロートの下では，介入は各通貨当局の意向や，各国協議の結果にまかされているのである．どのような理由であれ，為替市場の介入（あるいは公的決済ベースの国際収支の不均衡）が行われると，中央銀行の外貨準備を悪化させ，ハイ・パワード・マネーを変化させるので国内金融に影響を及ぼす．本章では主として国際金融と国内金融，つまり為替介入と国内金融との関係を述べ，為替介入の効果について説明するが，その前に日本の為替介入が為替レート安定に役だったかをしらべてみよう．

　まず管理フロート（managed float）制のもとで通貨当局がうまく介入してきたのかという問題を考えよう．日本が1971年8月15日に発表されたニクソンの新経済政策に対抗して，為替市場を開き続け，ドル相場を固定したままでドルの買い介入を行い，納税者に多額の損失を与えたことがよく指摘されるところである（もちろん，その一部は，日本企業や外国企業の損失を救った面もある）．その後，スミソニアン合意による308円マイナス2.25％，つまり301円前後に相場が固定化された時期を経て変動制が採用された．変動制の下での日本の通貨当局の介入が為替レート安定にうまく成功しているかは興味深い．もう

1度，前章に掲げた日本の外貨準備と，ドル円為替相場の推移を示す13-1図をみよう．動きの幅の大きさを無視すると2つのグラフがほぼ上下逆の形で動いている．大体のところ円相場が円高になりつつあるときに外貨準備が増加し，円安になりつつあるときに外貨準備が減少しているのである．外貨準備の増加は，利子収入等を除けばほぼ為替市場でのドル買い介入額に等しい．したがって，この2つのグラフの動きは，円相場が上昇しているときにドル買いの介入が，下落しているときにドル売りの介入が行われたことを示す．いわゆる風に逆らう(leaning against the wind)介入政策がとられたことを意味している．

スミソニアン体制の崩壊後には，通貨当局は1ドル＝260円をいわば「守ろう」としたが，その後74年の第1四半期にかけて，石油危機の影響もあって円相場は下落し（ドル相場は上昇し），これに対して通貨当局はドルを売って立ち向かった．その後77年末，78年前半において円高を阻止しようとして，通貨当局が240円，220円〜225円前後で介入を行い，しかもそれが成功しなかったことが，崖のような形を示した為替レートのグラフと，77年の第4四半期，78年の第1四半期に大幅な外貨準備の増加が見られることからわかる．しかし，78年11月1日の日米協調介入等によるドル防衛策が効を奏し，その後第2次石油危機の発生によって再びドルは反騰した．78年秋，80年春そして81年秋などの場合は，通貨当局はおおよそ介入によって利益を上げるような操作をしている．したがって，第6章にのべたように，利益をあげる投機がレート安定化に結びつくという意味で介入が安定化作用をもった公算が大きい．85年のプラザ合意以降の協調介入，ごく最近の95年夏の介入（たなばた協調介入）なども，それぞれファンダメンタルから大幅に離れた為替レートの方向を変えるのに役立ったといえよう．

14.2 国際金融と国内金融

国際金融と国内金融とは，密接に関係している．固定為替制度の下においてはもちろんのこと，現今の管理フロート制の下においても，通貨当局は為替レートに影響を与えるために，外貨を為替市場で売買する．通貨当局が外貨を市

場に売却すると，その代わりに通貨当局は円を回収するので，国内の貨幣供給は減少する．したがって，結果は市場操作における売りオペレーションの結果に類する．逆に，通貨当局が外貨を購入すると，代金の円が市場に出回るので，すなわち，円の供給，つまり国内通貨は増加する．市場操作の買いオペレーションと同じ効果を国内通貨に対して与えることになる．

　まず固定為替制のケースで（公的決済ベースの）国際収支の黒字が，中央銀行の準備の増加となる場合を考えよう．この場合，国際収支の黒字は，結果として中央銀行がそれだけの外貨を買い上げることになるので，国内貨幣供給の基礎である中央銀行貨幣（ハイ・パワード・マネーあるいはマネタリー・ベース）を増加させる．外貨準備が対外的な準備としてだけではなく，国内の通貨供給の準備資産としても用いられるので，一国の貨幣供給は国際収支とは無関係には決まらないのである．

　もちろん，以上は，通貨当局が国際収支の赤字や黒字に対して受動的に行動する場合の効果である．外貨準備が流出していくときに，国内金融の収縮を防ごうとする中和的な買いオペレーションを行ったり，国際収支が黒字のときに外貨準備が増加しても通貨供給が拡張しないように，逆の売りオペレーションを行ったりすることが多い．このようなオペレーションを不胎化オペレーションという．

　ただ，不胎化オペレーションは，資本移動に対する誘引を高めるので，資本移動が自由に近い場合には，その効果には限度がある．

　たとえば，1970年初頭の円切り上げの際に，多量の外貨が日本に流入したが，それは買い介入で通貨当局の所有するところとなった．その際，受動的にのみ貨幣供給を行ったとしたら，日本の金融が著しく緩和してしまうはずであった．そこでその効果を和らげるため，政府証券の市中売却（売りオペレーション）が行われた．（その額はおそらく国内金融引締のためには十分でなかったらしく，後にインフレーションが起こっている．）しかし，不胎化のためのオペレーションが行われると，わが国の金利は国際水準に比べて高くなるので，資本流入がいっそう進み，外貨はますます増加して，乗数効果による通貨の拡張も起こる．したがって，固定為替相場制の下においては資本移動が自由であれ

ばあるほど，自国の通貨供給量をコントロールするのが困難となる．

　以上のことは，中央銀行が外貨売買を全く行わないまったくのフリー・フロート，つまり公的決済ベースの国際収支がゼロであるような純然たる変動制の下では起こらない．一国の貨幣供給はまったく一国の中央銀行の政策だけによって決まる．しかしながら，変動制の場合でも，中央銀行が外貨の売買による為替市場への介入を行う場合には，介入の結果として外貨準備が増減する．これを放置しておけば，マネタリー・ベースが固定制のときと同じに増減してしまうので，これを中和するような国内の市場オペレーションを行うことが多い．このような不胎化オペレーションと組み合わされた介入を不胎化介入という．

　日本銀行が外貨の大幅な買い介入を行い，大量の円を市場に放出したとしよう．それによって，市中に資金がだぶつくと日銀が考えるときには，日銀は別に市中に売りオペレーションを行って余剰の円を吸収しようとする．これが不胎化介入である．すなわち，14-1表のように，中央銀行が外国為替を1000万ドル買い取ると，為替レートが＄1＝￥100として，国内の円預金が10億円増える．しかし，この外国為替が流入したことによる預金はまさに金融論の教科書による「本源的預金」であるから，市中銀行全体としては預金創出の乗数効果が働く．すなわち，全ての銀行がローン・アップの状態にあるという簡単化の仮定の下においては，市中銀行全体のバランス・シートは14-2表のようになる．すなわち，準備率がたとえば10％であるとすれば，市中銀行は貸出を10億円の9倍増加し，預金をその10倍だけ増加することが可能になる．これが信用拡張に与える外貨流入の第2次の影響である．

14-1表　外国為替の流入の影響
　　　　(1)　第1次

中央銀行	
外国為替 +1000万ドル	預金 +10億円

14-2表　外国為替の流入の影響
　　　　(2)　第2次

市中銀行	
準備預金　10億円 貸　　出　　90	預金 +10億円 　　　　　90
100	100

　為替介入が不胎化せずに行われるときには，以上からもわかるように，それは一国の貨幣政策を変更することを意味する．たとえばドル買い介入は，ハイ・パワード・マネーの増加を意味する．ドルを買い上げることは，ドル・レ

ートを直接上昇させる力として働くが，同時に国内の貨幣供給が増加するので，為替レートの貨幣接近からも，ドーンブッシュのモデルからもわかる通り，ドル高，円安への力が働く．同様のことはドル売り介入のときにも方向は逆であるがいえる．介入の為替市場への直接的効果が，金融政策によって裏打ちされるのである．

14.3 不胎化介入の効果

ところで，現実に為替介入が行われる際には，その国内金融市場への攪乱効果を中央銀行が望ましくないと考える場合が多い．そして国内市場で不胎化のオペレーションが行われることが多い．しかし，そうすると，国内のハイ・パワード・マネーは一定に保たれて，一国の貨幣量もほとんど変化しないはずである．したがって，貨幣接近やドーンブッシュ・モデルからは為替レートには何らの影響も及ばないはずとなる．

それにもかかわらず，実際には不胎化介入が多く行われるのはなぜであろうか．その理由としては次のようなことが挙げられよう．

第1に，不胎化介入は確かに国内のハイ・パワード・マネーには影響を及ぼさないが，市中のポートフォリオを変化させる．14-3表に示したように，中央銀行は不胎化介入以前に比して外国為替を1000万ドルだけ余計に保有し，（円建ての）短期証券を1000万ドルだけ少なく保有している．このことは公衆は外貨建て資産を1000万ドル少なく，円建て資産を1000万ドル多く保有していることになる．したがって，——貨幣接近でなく——為替レートの資産接近からは，過不足なく両種の資産を保有するためドル・レートが上昇しなければならない．このように，円建て資産とドル資産が（両者のリスクの違いなどにより）不完全代替資産であるときには，不胎化介入は理論的にも効果がありうるわけ

14-3表 不胎化介入後の中央銀行

中 央 銀 行	
外国為替 ＋1000万ドル 短期証券 －1000	預金 ±0億円

である．もちろん，その効果は不胎化をともなわない単純な介入に比べて弱い．

　第2に，中央銀行が不胎化を行うときには，その時点では金融政策に変化がないものの，将来における金融政策が為替政策と整合的なスタンスで行われるというシグナルとして受け取られることが多い．たとえばドル買い介入は，現在すぐでなくても，ドルが上昇するような緩和型の金融政策を将来に向けてとっていくことをシグナルしていると市場に受け取られる．そうだとすれば，将来の緩和型の国内金融政策を期待してドル・レートが上昇するという効果がありうる．

　それでは実証研究の結果はどうであろうか．オブストフェルドは西ドイツの1975-81年の間の不胎化介入を分析した．それによると不胎化しない外貨買い入れの10%の増加は外貨レートの3%の増加をもたらすが，不胎化したそれは0.04%の増加しかもたらさない．これに対しては，マクドナルドによる，イギリスの1973-83年の例では，不胎化しない介入は7.9%の外貨レート上昇，不胎化したそれは3.2%の上昇をもたらすという不胎化介入の効果を強く示す実証研究も報告されている[1]．

　オブストフェルドは，1985年プラザ合意以降の先進諸国間の協調介入についても，それがほとんど不胎化介入であったこと，そして介入の影響も大きいという実証結果はないと主張している．介入は，確かに将来の金融政策に対するシグナルの効果をもち，そのシグナル効果は協調介入の方が大きいが，その効果も介入の後で本当に整合的な金融政策がとられないと弱くなる[2]．たとえば外貨を買い介入したときには，金融を緩めるといいながら，実際に金融緩和を行わないことが繰り返されると，当然公衆も介入のシグナルを信用しなくなるわけである．

　もともと，中央銀行の介入額はたかだか10億ドルどまりであり，何兆ドルという1日の為替取引に比べれば大海のしずくのようなものである．したがって，介入が有効に働くには，それが不胎化されずにマネタリー・ベースに影響を及ぼすか，信頼できる将来の金融政策に関する期待効果をもちうるときに限るのである．

14.4　ターゲット・ゾーン

　ターゲット・ゾーンの考え方，つまり為替レートを固定はしないが，「適当な」範囲に為替介入によっておさめようという考え方は昔からあった．固定制度の下での為替変動幅の拡大という提唱もその一つである．変動制が先進諸国によって採用されてからはベルグステンやウィリアムソンなどによって提唱された．ヨーロッパ通貨システム(EMS)では実際上これに類する介入方式が用いられていたし，G7会議も1987年に為替レート変動について「変動の枠組み」(reference range)を決めたといわれている．

　すなわち1985年のプラザ合意の後，先進諸国はより積極的に，あるときは協力して為替市場に介入するようになる．特に1987年2月のルーブル合意のあとでは，たとえば円/ドル・レートを当初146円から161円の間に収めるように協調介入しようという暗黙の合意が行われていたらしい(4月になって円が高くなるとターゲット・ゾーンは139円から153円の間になった)[3]．このように為替レートの変動を一定の変動幅以内に収めようとする試みが行われるとき，収めようとする変動幅をターゲット・ゾーンと呼ぶ．ヨーロッパ諸国のように為替レートをお互いに一定の比率で固定する方向に向かおうとする国々の間には多くのターゲット・ゾーン(時間的にそれが変わっていくときにはスネークなどと呼ばれる)があるわけである．

　ターゲット・ゾーンの内側に為替レートが収まっているときには問題はない．問題なのはターゲット・ゾーンの境界に近づいたときである．たとえば円のターゲット・ゾーンが100円と110円であったとき，円高が進行して円が101円となったようなときに，日本の通貨当局(あるいは日米の通貨当局)のとりうる道は2つある．1つは，断固としてドルを買いまくってドルを防衛し，為替レートが100円を下らないようにすることである．他はドル防衛をあきらめてフリー・フロートにもどるか，新たなより円高な，たとえば105円から95円の間のターゲット・ゾーンをもうけることである．前者の政策がもちこたえられないときには，ミニ通貨危機が発生し，結局円高が100円を超えて進行し一層の

円高を予想した投機家が利得をうける．逆に，後者の政策が採用されると，はじめに円高を 100 円で食いとめるといった政策意図を変更することになるので，政府への信認(クレディビリティ)が失われることとなる．

クルーグマン等は，為替レートが単純なファンダメンタルズ(たとえば二国の貨幣政策の差)に依存するような状態でのターゲット・ゾーンの効果を分析した．14-1 図の横軸にはファンダメンタルズがとってあり，縦軸に円/ドル為替レートをとってある．簡単のため，ターゲット・ゾーンや介入がないときには，為替レートはファンダメンタルズに比例しており，図の 45 度線のように動くものとする．

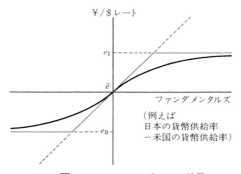

14-1 図　ターゲット・ゾーンの効果

ここで，ターゲット・ゾーンが導入されて，政府が基準値 $\bar{e}$ の上下一定％のところ e_0 と e_1 の点でドル買い介入と売り介入を行うものとする．そして政府のターゲット・ゾーン宣言が信頼されているものとする．

クルーグマンは，ファンダメンタルズが，ランダム・ウォーク，ないしブラウン運動をするときには，実際の為替レートは太線のようになることを示した(ここでも，オプション価格の導出に用いられたと同じような微分方程式が用いられる)．つまり，中心値 $\bar{e}$ の近くでは，多少ファンダメンタルズが動いても，政府がいずれ介入するので為替レートの将来の動きがなだらかになることをみこして，ファンダメンタルズの動きほどは為替レートが変動しないのである．このように，為替レートがターゲット・ゾーンの存在でなだらかになる効果は，俗にハネムーン(蜜月)効果と呼ばれている．政府が新たにターゲット・

ゾーンを宣言し，それを公衆が信じている間はうまくいくということなのであろうか．

結局のところターゲット・ゾーンは公衆の信認があるときにはうまくいくが，そうでないときにはターゲット・ゾーンがないことと同じになる．そして，信認がなくなると，ターゲット・ゾーンの天井(あるいは底)に為替レートがはりついてしまい，そのときには，固定為替制度の場合と同じような投機的アタックと通貨危機が生ずるのである．

第14章 注

1) 両研究の比較は MacDonald, Ronald, *Floating Exchange Rates : Theory and Evidence*, Unwin Hyman, 1988, pp. 255-259 参照．

2) Obstfeld, Maurice, "The Effectiveness of Foreign Exchange Intervention: Recent Experience, 1985-1988," NBER Discussion Paper, No. 2796, 1988. 渡辺努「不胎化介入のシグナル効果について」『金融研究』(日本銀行金融研究所)第11巻1号，1992年3月．

3) 船橋『通貨烈烈』(前掲)．

第15章 経常黒字と資本輸出

15.1 はじめに

　さて，経常収支の黒字は，変動制の下では資本収支の赤字，つまり資本輸出に等しい．資本輸出の議論は国際資本移動の議論であり，国際貿易論でも取り扱われる[1]．したがって，国際貿易と国際金融の境界領域といえるが，現在日本の計上する多額の累積経常黒字が，国の内外で大きな問題となっているので，簡単な解説を加えておく．

　経常収支の黒字によって資本流出が生ずるのは，国民全体が将来の消費にそなえて海外に投資していることを意味する．15-1図は，現在の消費と将来の消費とを両軸にとったものである．生産可能性曲線は，国内に投資したときに，現在財と将来財とがどのような組み合わせで消費可能かを示す．図は，国際的な(実質)利子率が r で与えられたとき，国民がそこに書いたような無差別曲線をもっていると，その国は P で生産し，RP だけを対外投資し，将来に $RQ=RP(1+r)$ だけの元利合計を受けとって Q 点で消費することを示している．

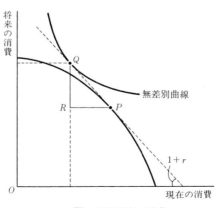

15-1図　対外投資と消費

つまり，国民は RQ だけの将来の経常赤字を予定しながら，現在 RP だけの経常黒字を計上していることとなる．

このことから，経常収支の黒字や赤字は，本質的に異時点間の選択であることがわかる．そして，価格理論にあるように所得効果と代替効果が働くことがわかる．たとえば国際的な利子率が上がると，対外投資の収益力が上がるので，現在の国際収支の黒字が上昇するというのが代替効果である．利子率が上がると，その国民の2期間にわたる予算制約を律する所得が上がるので，現在の消費を増やし，現在の経常収支黒字が減る方向に働くというのが所得効果である．このような観点から，現在の急速に債権国化しつつある日本に的をあててみよう．

15.2　世界への資金の供給主体，日本

終戦からすでに50年，日本は今や世界の大債権国となりつつある．1993年末において，日本の対外資産は，2兆1800億ドル，債務は1兆5700億ドルであり，純資産は6100億ドルであると推定されている．1993年の日本のGNPは約4.4兆ドル(同年平均為替レート1ドル107円で換算して)ほどであったので，国民所得の5割弱の対外資産と3割強の債務とを日本は持っており，結局GNPの約14％，1人あたりにして50万円弱の純資産を海外に蓄積していることになる．

これらの数字は，過去の日本の投資額を積み上げて計算した値である(累積額の年々の足どりは15-2図のようになる)．日本の純投資収益，つまり日本の投資収益の受取と支払との差は，年間約414億ドルであり，国民所得の1％に満たないもののはっきりと受取超過である．

1992年末の数字によれば，日本につぐ債権国はドイツで2900億ドルの対外純資産，イギリスは400億ドルの対外純資産を持っている．70年代に世界最大の債権国だった米国は1989年末から赤字国に変わり，92年末には6115億ドルの純債務を抱えている．アメリカの純債務国の地位に関しては，純投資収益が正だから，投資の収益力からみるとアメリカは純債権国だという意見もあった

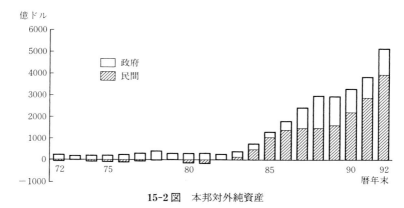

15-2図　本邦対外純資産

が，1994年のアメリカの純投資収益はついにマイナスに転ずることが確実だという．

　このような指標は，日本が資本の純輸出国となって，世界に資金を供給する役割をはたしていることを示している．世界全体にとっては，開発，成長そして福祉のための資金は明らかに不足しているので，日本は資本供給国として世界に重要なサービスを提供している．

　すでに前節でのべたことからもわかるように，日本が債権国の地位を獲得してきたのは，経常収支の黒字によって対外資産を蓄積してきたからである．国民所得会計の恒等式が示すように，経常収支の黒字，すなわち財やサービスの輸出額から輸入額を差し引いたものは，日本の対外資産として蓄積される．いいかえれば，経常収支の黒字は，資本流出に等しくなる．すなわち，国民が稼いだものから消費したり，国内の投資に回したものを差し引いた残りが，経常収支の黒字となり，対外資産として蓄積される[2]．

(i) 対外資産蓄積の諸形態

　経常収支の黒字にともない，対外資産を蓄積していく仕方にはさまざまな形がある．

　まず直接投資である．直接投資は経営の支配等を伴う資金，経営活動の移動である．日本の直接投資は，当初(50年代)融資買鉱という言葉が示すように，

資源国の鉱山や石油エネルギー源など資源を安定的に輸入するための資源志向的なものから始まった．その後対アジアの製造業投資にみられるように，外国の労働賃金の低廉さを求める人的資源志向型の直接投資が支配的となった．1994年の日照りで，エアコンが品不足となったが，エアコンの供給はアジアの日系企業の製品が日本に急拠輸入される形で行われたのは，この形での直接投資の帰結である．第3の形は，市場志向型である．すなわち関税，輸入制限，あるいは自主輸出規制という形での貿易制限があり，輸出が妨げられている場合に，貿易障壁の壁を乗り越えて相手国の中で生産する形での直接投資が促進される．80年代の欧米に対する自動車の直接投資はこの例である．

これらの直接投資は通常資金の移動を伴う．しかし，直接投資が間接投資と異なるのは，小宮隆太郎氏[3]が強調するように，それが経営資源の移動をともなう点にある．すなわち，経営の仕方に何らかの優位がある場合に，外国に投資してそこで組織力を発揮し，あるいは優れたノウハウを用いて生産を行うのが直接投資の特色であり，後で述べる間接投資と異なる．

ところが，最近は経営資源が投資と同方向に流れるだけでなく，日本が資金の大きさにものをいわせて，外国からノウハウをとってこようという，いわば相手国の経営資源を，合弁事業や子会社を作ることによって吸収しようとする形の投資が増えてきた．ハリウッド産業に関係したMCIやコロンビア・ピクチャーズに松下やソニーが投資するという投資の形である．また多角経営の利益を生かせるように，ハードウェアの強い日本企業がソフトウェアの映画産業のノウハウを身につけようとして行われているらしいが，結果は今のところあまりうまくいってないらしい．各社とも経営がうまくいかなくなったり，株式売却等経営を手離すところもでている．もっともある映画通の米国の友人によると，そもそも映画というのは水ものなので，割高な買収をさせられてしまったからといって，あるいは経営の失敗があったからといって，日本人が特にこの分野で経営能力をもたないことの証明にはならない，より長期的に見守るべきだとのことである．

資金移動の次の形態は，間接投資である．間接投資は株式，債券に対する投資であり，後者はTBのような短期ものから30年満期のものまである．1985

年以降日本の資本輸出,とくに間接投資が増えているが,その大部分はおそらくドル資産に投資され,ドル安によって大部分は減価してしまった.このように,間接投資をとってみても,日本は図体は大きいけれども,その投資活動の質をみると,結果的にみて今までのところ必ずしも良質の投資を行った形にはなっていない.

(ii) 経常黒字と異時点間の選択

さて,このような対外純投資増加の背景には,日本人の高貯蓄と国内投資機会の鈍化傾向が隠れている.対外純投資は貯蓄と国内投資の差,より詳しくいうと民間部門の貯蓄投資バランスと政府部門のそれとの和であるからである.確かに投資機会は,狭い国土で高成長の後では少しずつ衰えるのは当然であろうが,立地規制とか産業規制が投資を妨げているとすれば,それは取り払わなければいけない.日本の住宅とか,下水道環境の整備が規制解除によって,活気を帯びて貯蓄投資バランスを減らすことも十分にありうる(洪水や地震などに対する安全のための投資ももとよりきわめて重要である).

ところで,貯蓄が国内投資を上回る最大の原因は,日本人の高貯蓄水準である.(貯蓄の高さは,国内投資の増加に結びついて必ずしもそれだけの対外投資を生まないという「フェルドスタイン＝ホリオカの逆説」[4]がある.逆説をくつがえそうという多くの研究は今のところ効を奏していない.世界の市場は不完全なので,貯蓄が増えてもそのまま外国に流出しないというフェルドスタイン＝ホリオカのはじめにあげた理由は現在でも通用するようである.)強調したいことは,貯蓄投資バランスが異時点間の選択の問題であるということである.日本国民は現在貯蓄しておいて外国に預け,それを将来回収するという行動をとっているのである.それでは,なぜ日本人はそう貯めこもうとするのであろうか.

その一つの要因として,将来の消費の時間割引率がある.儒教の影響かどうかわからないが,日本人はより孫(まご)子のことを考慮する国民なのだとすると,それだけ他国民より多く貯蓄して将来に残そうとしているのかもしれない.あるいは,日本人は家族制度の関係で,一生を終わるときまでに貯蓄を全部消

費し尽くすという行動よりも，将来の家系全体，孫子全体のために貯蓄を行うという，後述する万世一系(ダイナスティ)モデルの行動様式にしたがって貯蓄しているのかもしれない．これに対して，アメリカ人が世代交代モデル，すなわち自分の一生の消費しか考えない形で行動したとすると，孫子のことまで考える日本あるいはアジア諸国の方が，国民全体としての時間割引率が低くなり，より多く貯蓄し，国内投資にあまり差がない限り資本輸出国となりやすい．

次には，高齢化の問題がある．日本人は急激な勢いで老齢化しており，2020年くらいになると，国民の4人に1人は65歳以上の老人となるといわれる．その時点になると，老人は貯蓄をくいつぶすと考えられるので，貯蓄は減り，資本輸出(＝経常黒字)が減るであろう．最近はやりの議論である．高齢化のため日本は2020年になれば経常赤字国になるであろうというのである．このような見方にたてば，日本国民全体とすれば，将来働き手が少なくなるので，そのために消費をきりつめ，それを海外に資産として貯めておこうとする行動をとっていることになる．こう考えれば現在の黒字は何ら心配がないことになる．

次に，市場の閉鎖性である．日本市場が閉鎖的であると，それだけ多く貯蓄するかどうかは必ずしも一義的でない．輸入品が高いから消費しないでおこうという効果は働いても，将来も輸入品が高いと予想されていれば，現在と将来との代替の結果である貯蓄行動には影響がないかもしれない．しかし，日本の輸入品が将来安くなると予想されているときには，日本の貯蓄は短期的に大きくなっているかもしれない．もし国民が将来輸入品が安くなることを期待して消費を控えているとすると，現在輸入障害を取り除くことは明らかに貯蓄を減らし，経常黒字を減らすのに役立つ．

政府部門の財政バランスは，社会保障基金等を加えると1991年までほぼバランスを保っていた．その後公共部門は赤字に転じ，それが続くと予想されている．政府部門のバランスがどう国際収支に影響するのかは，後で説明するように世代交代モデルと万世一系モデルによって見解の違いがあるが，世代交代モデルの考え方をとる限り，政府部門の財政バランスが大幅に赤字でなかったことは，日本の経常黒字を助けていたことになる．

(iii) 外国側の事情

　資本収支の問題は，本来は多国間の問題であるが，説明のために日米の2国問題と考えて，日本の黒字を相当部分吸収しているアメリカを例にとって外国側の事情を考えてみよう．第1に，アメリカの家族や社会の仕組みは，どちらかというと即時的な消費をあおる傾向がある．クレジット・カード多用などによって，借金をして消費できるという状態は，貯蓄を低める効果がある．アメリカでも日本のように投資率は頭打ちとなっているが，アメリカの貯蓄率がきわめて低いので，貯蓄投資バランスは大幅マイナス，経常収支も大幅赤字となっている．アメリカ国民は，したがって，過去の対外投資を食いつぶし，対外債務を増やしながら現在の消費を享受していることになる．

　政府の経済政策も，住宅2軒までは所得税の利子控除があるという形で，借金をして家を買うことに対する奨励策がとられ，消費者信用の条件もゆるやかである．そのように，いろいろな形で支出を容易にする環境がある．しかし，これ以上に国際収支の赤字を続けてアメリカが大きな借入国になってしまうと，将来は消費を切り詰めなくてはならないはずである．このような将来の過程をアメリカ国民が全部見通してやっているのか，あるいは現在のことだけを近視眼的にみて消費に走っているのかはわからない．将来の見通しの範囲については，次にマクロの世代交代モデルと万世一系モデルの比較をするときに，もう1度触れることにする．

　次の要因は，アメリカの政府の財政赤字である．政府の赤字分だけ，民間が貯蓄するというリカード命題が働かないものとすると，国民の貯蓄‐投資バランスの重要な構成要素である財政バランスの赤字は，そのまま経常赤字に直結することになる[5]．

(iv) マクロ動学の2類型

　以上のように，財政支出，財政赤字，国際収支相互の関係は異時点間の消費の問題として動学的に考えなくてはならない．さて，動学マクロ経済学には2つの理論的考え方の類型があり，その考え方の違いは政策問題の判断にも違いをもたらす．

1つの類型は，いわゆる世代交代型(オーバーラッピング・ジェネレーション)モデルの類型である．時が経るにつれ，新しい世代が生まれ，働き，老い，そして次の世代に道を譲っていく．壮年の世代が働いているときに次の世代が生まれる．各世代は重複しながら歴史が進んでいく．このようなモデルの典型的な仮定では，各個人は自分の一生だけを考えるものとするという仮定である(どれだけ子孫に資産を残すかという遺産動機を考えることもあるが，通常子孫の満足状態は十分に考慮しない)．

　このような重複世代モデルでは，国債累積は将来世代に負担を残す．また政府の赤字は国際収支の赤字と結びつく．もし日本とアメリカが世代交代モデルで記述できるとすると，両国間の財政赤字の差が問題だということになる．

　これに対するもう1つの類型はいわゆる万世一系(ダイナスティ)モデルである．万世一系モデルでは，有限しか生きない人間も，孫子のことを十分に考慮して行動すると想定する．すなわち，自分の満足状態は死ぬとき子供に残す遺産が子供の満足状態にどう影響するかに依存し，そして子供の満足状態は孫の満足水準に依存する．さらに孫の満足水準は，曾孫のそれに依存するという形で永遠に将来のことを考慮するようなモデルである．このモデルによれば，不死身でない人間も，その経済行動はあたかも孫子の代々永遠にまで満足を考えて行うかのような形をとる．

　万世一系モデルでは，国債に関してリカードの中立命題が成立する．一定の政府支出を租税でまかなわずに公債発行を行うとどうなるかという問題を考えよう．政府が公債を発行して公共支出を賄えば，租税で調達するのに比べて現在の税金は少なくなるが，将来孫子の代の税金が増えるはずである．孫子の代の税金を割引いて現在価値になおしたものはちょうど借入れの額に等しい．子孫のことを十分考える万世一系の家計の消費行動にとっては政府支出が一定である限り，それを租税で賄おうと公債で賄おうと関係ないはずだというのが，この中立命題である．もっとも人間は将来を十分にみこすほど利口ではないから，やはり公債発行で政府支出を賄うと将来の負担は忘れて，近視眼的に行動して使い込んでしまうので，やはり公債は発行しないに越したことはないと，リカードがこの命題をのべたすぐ後につけ加えているのは興味深い．

リカード命題が成立する社会では，財政の赤字は何ら現在と将来との間の資源配分と関係ない．政府支出の大きさが，将来世代の負担を決め，経常収支の赤字を決める．たとえばアメリカの経常赤字を解消するためには，財政赤字を抑制するのでは駄目で，財政規模を小さくしなければならないこととなる．日本の経常収支の黒字を解消するためには，財政規模を大きくしなければならないことになる．

リカード中立命題を認めない，世代交代型のモデルからはアメリカの財政赤字つまり歳出と歳入の差を小さくすればよいということになる．リカードの中立性の成り立つ世界は理論家にとっては魅力があるが，なま身の人間は将来完全予見は不可能なので，世代交代モデルの方がより現実に近いように思われる．

最近日本の経常黒字はなぜ続くのか，そして日本経済がいっそう市場開放を進めたときに，経常黒字が解消するのかどうかに関する一連の論争がある．リチャード・クー氏と小宮隆太郎氏[6]はじめ多くの論者を巻き込んだ論争である．

まずこの論争について気になるのは，それが異時点間の消費選択の問題であることの認識が薄いことである．貯蓄投資のバランスは，本来動学的な概念である．異なった時点での消費の選択を議論すべき時に，議論が往々にして静学的なレベルで行われるという点である．経済主体が異時点間の予算制約式を満たしているとすると，現在から将来にわたって全体として貸し借りがバランスすることを意味する．これは世代交代型と万世一系型では多少違うが，経常黒字があることは将来これを経常赤字で食いつぶすということを予定していることを意味する．あるいは経常赤字があることは将来これを経常黒字で返さなければならないことを意味する．

余談であるが，将来のことなどどうでもよい，後は野となれ山となれという形で予算制約式を考慮しない経済主体もいるかもしれない．まず借りて，借りて借りまくって，将来これを返さずにドロンを決めこむような策略は，「ポンジ・ゲーム」という名で知られている．ポンジはボストンで日本でいえば「ねずみ講」のような形で新しい金を借りては今までの借金を返済することを繰り返して暴利を得たといわれている．

しかし，経済的に整合的で信頼のできる経済像を考えると，予算制約式を満

たすと想定するのが普通である．そうすると，現在日本が対外資産をためこんでいることは将来なんらかの形で使うということを予定している．人口増加，老齢化の進行，将来の日本の市場開放のスピード等，将来変化する要因によって日本人の高貯蓄と経常黒字を動学的に説明するのは，比較的容易である．

これに対して，農産物が自由化され，さまざまな政府の規制が取り外されて，日本がより透明な開かれた社会になり，市場の閉鎖性が弱まったときに経常黒字がどうなるのかという問題がある．

リチャード・クー氏は，市場の閉鎖性が円高そして経常黒字の基本的要因であるとするのに対し，小宮隆太郎氏はそもそも日本の市場は閉鎖的といえないが，これ以上市場開放しても経常収支はISバランスで決まるのでどちらに転ぶかわからないというのである．経常黒字が異時点間の選択で決まるという本章の立場からは，一応後者の意見が正しいようにみえる．

しかし，異時点間の選択の問題として次のような効果はある．第1に所得効果が働く．市場開放により日本人はより購買力をもつという意味において豊かになるので，現在もう少し消費していいと思うかもしれない．あるいは，日本国民がある富の水準をめざして貯蓄してきたとすれば，現在より豊かになったと感ずることにより，今は少し貯めすぎかなと思って，消費を増やす形で対応し経常黒字は減るかもしれない．

現在から将来までの水準に変化があるときの効果に比べて，より明確な効果があるのは現在にだけ変化があるときである．現在のところ物価の高さに閉口して，将来もっと日本の物価が安くなると思って消費を控えていた国民が，安い輸入品が現在入ってくることになれば，将来を待たずに今消費を増やすかもしれない．そういう意味で，閉鎖的な経済を開放的にしたならば，動学的な理由からも黒字が減少する[7]可能性が強い．

15.3　累積債務危機

すでにみたように，資金の貸借は異時点間の消費の交換であるが，現実の貸借は必ずしも15-1図でグラフで書いたように簡単ではない．まず生産可能性

曲線は，いろいろな経済的ショックによってシフトする．また生産された財が予想した価格で売れるとは限らない．そこで，一定の投資に対して確実な収益率が得られるとは限らない．将来の国際的な金利も不確実性の下にある．収益が予想外に低下したり，借り入れ金利が予想外に上昇した場合に，借り入れ主体，とくに開発途上の借り入れ国は，債務が返済できないことになる．これらの要因が同時に起こったときには一層である．1980年代の前半の累積債務危機はまさにそのような理由で起こった．

　石油危機以後，石油産出国に生じた石油代金による貯蓄超過分が開発途上国に投資された．そして，メキシコなど開発途上国石油産出国には，将来の石油収入をみこして先進国から資金が流れた．1978年末に3300億ドルだった開発途上国の総債務は1982年までに6000億ドルに達していた．1981-83年の間世界経済は世界的な不況にあって，開発途上国の輸出額はのびず，投資の収益率が低下した．

　他方，これらの債務はドル建ての変動金利の下にあって，金利支払は米国の短期金利に強く依存していた．レーガンのインフレ退治の金融引締(財政緩和)政策によって米国の金利が2桁になって，金利負担は急速に増加した．このような要因で，メキシコは82年8月に，約850億ドルの負債の返済を履行しえないと宣言して累積債務問題が発生したのである．ブラジル，アルゼンチン等がこれに追随し，返済遅滞や債務繰り延べが相次いだ[8]．

　IMF，世界銀行，各国の大民間銀行などがその処理にのり出し，各国の協調追加融資等が行われたが，再建の交渉は難航した．IMFは，債務累積国の財政制度を監視するという形で，債務国の返済を助けようとした．

　開発途上国政府とすれば，支払わないならば，増税をしなくてよいので，その分国民の消費にくいこまないで，経済的にも政治的にも楽をすることができるわけであるが，支払をおこたると将来外国が貸してくれなくなったり，貿易上の制裁をかけてくるコストがある．以上の利益と損失とのかねあいで支払猶予を決めるということになる[9]．IMFの政策は，なるべく開発途上国に不当な楽をさせないという政策である．

　しかし，元本と未払利子が債務として累積しているところでは，その重圧で

経済活動が活発に行われず，輸出も伸びず，貯蓄も増えない．そうするとむしろ債務を軽減した方が開発途上国に良い影響を与えるのではないかという考え方から債務救済(debt relief)の考え方がでてきた．89年3月にはブレイディ米財務長官が，開発途上国の元本削減，利子軽減を行う代わりに，IMF，世銀等の監視機能を強め，これらの国際機関や政府系金融機関(日本の場合は日本輸出入銀行など)から借り入れた資金をバックにして残りの元本の返済を保証するという案を提案した．

ブレイディ案は，開発途上国の保有する債務を額面から減価した値段で安全な証券に代えるという，債務の債券化アプローチの一つである．両当事者とも満足なら，市場にまかして債務の取引をしたらよいという市場メカニズム重視の考え方がここにある．しかし，不良化した債務を買い上げる債務国は，買い上げの過程で市場で値上がりした部分を負担——限界利益を負担——しなければならないのに，それに見合う利益は限界利益より低い平均利益なので，結局は債務国が損失をうけ，債権者だけが利益をうけるという興味ある理論的結果もある[10]．

開発途上国債務の問題を述べたついでに，一般に債務契約の経済的な意味について補足しておく．経済主体が破産できるという制度が世の中にある限り，債権債務の経済現象は複雑なものとなる[11]．いわゆる開発途上国債務の問題の背後にも，経済主体や国が債務を支払えなくなる，あるいは，支払わないで済ませることができる場合があることがかくれているのである．

しかしながら，破産という制度はいつも悪い機能を果たすとは限らず，それどころか，社会的に重要な役割をはたす．なぜならば，現在の市民社会において人を奴隷にしたり，人を餓死させることはできない．したがって借金をした人がプロジェクトに失敗して，支払不能となったとしても，その人に労役を強制するわけにもいかない．したがって，破産した企業の解散を許し，借金が払えない人々の最低限度の生活を保障することは社会全体にとってみて必要である．さらに再生可能な企業や経済主体に次の機会を与える(たとえば会社更正法に定められたような)制度も市場経済が円滑に運用されるため必要である．

債権債務にともなう事態の時間的な経緯をたどって不完全情報の効果を考え

てみよう．まずある借り手が現れたときに，貸し手は信用審査を行わなければならない．この借り手の行っているプロジェクトが十分に安全なものであるのか，破産の可能性を利用しようとして市場に現れてきている危険な借り手なのかを識別してみる必要がある．審査した後で貸し出した後，投資プロジェクトが安全に行われているかをチェックする必要がある．すなわち借り入れた企業がプロジェクトをまじめに行っているかを監視する必要がある．事前の審査は非対称情報に対する問題であるとすれば，プロジェクト進行中の審査はモラル・ハザードに対するモニターである．さらに企業が債務の元利合計を素直に払ってくれるのならいいが，企業が破産しましたと手を上げたときに，事後的に借り手が本当に破産したのかを審査する必要がある．そのような審査が行われ，破産手続が行われるためにもコストがかかる．以上あげた各段階のコストを総称してエイジェンシー・コストと呼ぶ．

　以上は，開発途上国債務についてもいえることである．ある国の経済発展の状態や開発途上国の一定企業の将来性は貸し手にとっては必ずしも分からない．注意深い調査が必要であるが，借り手だけが重要な情報を知っている可能性が大きい．そして，いったん開発途上国に貸し出しが行われた場合に，その資金が生産的な投資に回らないで，金持ちがスイス銀行などにひそかに資金逃避するようなことを防がねばならない．さらに，開発途上国が，先日の債務危機の際のように破産しましたと手を上げたときに，その国が本当に破産したのか，本当に支払えないのかを判断する必要がある．債務国の企業が本当に支払えないのかどうかを調べるのは一般の破産と同じである．ただ，多くの場合開発途上国の企業が借り入れる場合には，国が債務保証をするという形でプロジェクトの信頼性を高めていることが多いので，国が支払えないと宣言した場合の判断が必要となる．

　さて，国が支払えないということをどのような基準で判断するのかは新しい問題を含む．絶対王政の国であって，国民から完全に搾取できるような国であれば，多額の税金を課して支払うことも論理的には可能であり，破産するということは事実上起こりにくい．しかし，独裁国でなく普通の国の場合，徴税能力には限度がある．ただその限度は外からははっきりわからない．であるから，

国にとっては破産しましたというのが楽なやり方である．このように，どの点で一国の支払能力が本当になくなったかを確かめるのは，企業の支払能力がなくなったことを確かめるのとは違った性質の難しさをもっているのである．どれだけ国民が課税に耐えられ，どこまでそれが政治的に可能かを判別しなくてはならない．

1980年代の開発途上国債務問題の特徴は，石油危機以降，石油産出国である開発途上国の将来の先行きがばら色と予想されたので，これらの国々に対する貸し出しが，先進国の金融機関にとっても，先進国政府にとっても安全で望ましいようにみえた．その期待が実際は裏切られ，開発途上国が元利を支払うことが難しくなってきたところに，レーガン政権の減税とインフレ退治の高金利政策によって金利負担がますます大きくなった．そこで，債務国は払えませんとひらき直ったのが債務危機の大略である．問題は，いったん債務国が破産しますと手を上げてしまうと，もちろん次回に借りるときには難しくなり，そこで先進国の高貯蓄国から開発途上国への資金の還流が難しくなることである．

第15章　注

1)　伊藤元重・大山道広『国際貿易』岩波書店，1985年．
2)　日本が債権国になる過程で，日本は黒字が多すぎるという諸国から批判が生まれている．黒字と表裏をなす対外投資の過程でも，日本企業の存在が諸外国の国民にとってあまりにも目立ちすぎて対日感情を悪化させることもある．
3)　小宮隆太郎『現代日本経済』東京大学出版会，1988年，第5章．
4)　Feldstein, M. and C. Horioka, "Domestic Saving and International Capital Flows," *Economic Journal*, Vol. 90, 1980, pp. 314-329.
5)　1994年の米国中間選挙の結果共和党が大幅な勝利をしめた．選挙結果の一つのメッセージはアメリカ国民は，特に中高所得層の増税が嫌いだということであった．クリントン政権は，増税と経費削減を組み合わせて財政赤字を減らそうとした．しかしアメリカ選挙民は（故大平首相による一般消費税提案の選挙の例が示すように日本人も同様であったが），増税による財政バランス回復は嫌いであると意思表示をしたのである．共和党が多数をしめた議会において，本当に減税が歳出削減と結びつく形になるのかどうかは，今後の推移を見守るしかない．

6) リチャード・クー『良い円高 悪い円高』東洋経済新報社，1994年(混乱した記述を含むが，問題提起としておもしろい)．小宮『貿易黒字・赤字の経済学』(前掲)．

7) 日本が世界の債権国になったことは，日本人が貸し手として世界の政治，経済秩序の安定により強く関心をもたざるを得ないことを意味する．世界政治，経済秩序の安定は，世界のいわば公共財であり，日本がアメリカの役割を一部肩代わりして公共財を供給することが，諸外国から求められ，また日本の利益のためにも必要となるであろう．政治学者は，これを日本が覇権国となる，あるいは覇権国の役割の一部を負担するという．

もちろん，日本が軍事的な覇権国となるには，アジア諸国をはじめとして多くの抵抗がある．しかし，国際会議等に出席して感ずるのは，日本はしぶしぶお金を出すだけで，貧困，厚生，環境などの国際的な福祉活動に対してリーダーシップを発揮していないというイメージが(実際は改善していると思うが)外国人に定着していることである．どうしたら，日本が世界に向けて有効なリーダーシップをとれるようになれるのであろうか．

8) 以下の記述はKrugman, Paul R. and Maurice Obstfeld, *International Economics : Theory and Policy*, 1994, 21章に負うところが多い．

9) Eaton, Jonathan and Mark Gersovitz, "Debt and Potential Repudiation : Theoretical and Empirical Analysis," *Review of Economic Studies* 48, 1981, pp. 289-309.

10) Bulow, Jeremy and Kenneth Rogoff, "A Constant Recontracting Model of Sovereign Debt," *Journal of Political Economy* 97, February 1989, pp. 155-178. より詳しく累積債務問題について知りたい読者は，Krugman and Obstfeld 前掲書ならびに木下俊彦「累積債務問題と資金還流」伊藤隆敏編『国際金融の現状』有斐閣，1992年，Sachs, Jeffrey, ed., *Developing Country Debt and Economic Performance*, University of Chicago Press, 1988, を参照されたい．

11) 櫻川昌哉・浜田宏一「不完全情報，金融仲介，経済発展」『季刊理論経済学』第43巻5号，1992年12月．

第16章　国際通貨制度と円

16.1　国際通貨制度——歴史と現状

　歴史的にいうと，貨幣としては金よりも銀の方が古くから用いられており，銀は歴史の大部分の期間を通じて主たる貨幣的金属であった．それは，ポンドとかマルクが銀の重さの単位であり，シリング，クラウン，ドルなどが銀貨の単位であるということからもわかる．国際通貨として金が支配的に用いられるようになったのは19世紀に入ってからである（ギニー，ソブリンなどは金の名前であるが，その起源はより新しい）[1]．

　イギリスでは，1821年に鋳貨が全て金兌換されるようになり，1844年のピール条例（Peel Act）で，金準備を基礎とする通貨発行の制度ができあがった．こういう形で，イギリスで金が銀にかわって主要通貨となったのである．そして，ロンドンが国際金融の中心となるにつれて，金本位制がしだいに先進国の支配的な通貨制度となった．

　他方フランスでは，フランス革命以来金銀の二重通貨制（bimetallism），すなわち金と銀が両方通用する制度をとっていた（当時は比価は銀15.5対金1という比率であった）．そして19世紀の後半になるとフランスは，ベルギー，スイス，イタリア，ギリシャとともにラテン通貨同盟を結成した．これは，同盟国内では共通に鋳貨が流通するという制度であり，ここでも金銀の二重通貨制度が採用された．この制度の下では，政府が一定の比率でいつも金銀の交換に応じたので，国際市場で銀が金に対して以上の交換比率より安くなると世界市場より銀高なフランスに銀が流入し，逆に金が国際市場で安くなると金が流入するという現象が起こった．1850年代にカリフォルニアとオーストラリアで金鉱が発見され金が安くなると，フランスに金が流れ込み，1870年代にネヴァダで銀が大量に発見されると，銀が安くなりフランスに銀が流れ込んだ．したがって，フランスは金銀の公定価格比率を決め，その比率で金あるいは銀を買い

支えていたことになる．

　さて，1870年の状況をみると，イギリスが金本位制をとっており，二重通貨制の国ではどんどん銀が流入し金が流出してしまうので，それを阻止するために，フランスはラテン通貨同盟の各国の銀貨の鋳造を禁じ，金の流出を防いだ．こうして金銀二重通貨制が金銀跛行本位制となり，実質上は金本位制に移行しはじめた．

　以上は，二重通貨制の下でいわゆるグレシャムの法則(Gresham's law)が働くことを示している．1560年，イギリスの貿易商トーマス・グレシャムがエリザベス1世に進言したといわれるのが「悪貨は良貨を駆逐する」というグレシャムの法則である．すなわち2つ以上の通貨が流通していて，その間に質の差があるときには，誰でも良貨の方を保蔵して悪貨を使おうとするので，良貨は退蔵されてしまうか，外国に流出してしまい，市場には劣悪な通貨が出回るという法則である．たとえば，二重通貨制の場合，政府が，市場の価値と異なった例えば割安な金の価格で金銀の交換に応じる場合には，すべての人々は銀貨を金に代えて保蔵しようとするというのがこの法則のあらわれである．1種類の信用通貨しか流通しない一国内では，この法則は問題とならないが，数種類の通貨が同時に通用する国際金融の場面や，東西ドイツ統一のように国内の通貨統一が行われたり，ヨーロッパ共同体のように国境を越えて通貨統合が企てられるときにはこの法則が有益である．16.3節にのべるように，幕末，開港の際，多量のメキシコ銀が日本に流入したのも，幕府が金銀比価を国際比価に比べて低く保ったからである．

　さて，ドイツ，オランダ，北欧，アジア諸国は，当初は銀本位制であったが，ドイツ帝国に，1871年の普仏戦争での勝利により獲得した多額の賠償金で金本位制に移行した．また，アメリカも1879年から金兌換を開始した．そして，日本も1897年に日清戦争で3億6000万円という巨額の賠償金をポンド貨で獲得し，それをもとに金本位制を採用した．このように，19世紀の末にはほとんどの先進国が，金本位制をとるようになったわけである．しかし，世界でほぼ純粋な金本位制が支配的であったのは，1870年代から第1次世界大戦が始まるまでのたかだか40年ぐらい，あるいは日本が金本位制になった時から数えれば

約20年間という短い期間にすぎない．第1次大戦とともに，各国は金輸出を禁止して金本位制は一時停止するに至る．

　第1次大戦前の金本位制がうまく働いた理由としては，まず各国の物価に後の時代ほど硬直性がみられなかったことがあげられている．また，当時はロンドンの金融市場が世界最大の金融市場であり，国際間決済は，各国がロンドンに保持している資金の相互振替によって行われていた．そのため，金利機能がうまく働いて，イギリスの割引率が少しでも上がると，短資がロンドンの金融市場に流れ込んでくる．また，国際収支が少しでも悪くなると，イギリスは金利を上げ，金利機能が働いてイギリスの国際収支のバランスが回復できた．このことも，金本位制をうまく働かせたとよく指摘されている．さらに，世界経済が弾力的で上昇傾向にあり，金生産も順調であって，金価格を大体一定に保つことが可能であったことも金本位制がうまくいった理由といえよう．

　第1次大戦後になると，各国の国民経済には価格の下方硬直性が認められるようになり，金が流出して通貨が収縮しようとしても，価格の調整ではなく雇用の調整が行われるため，失業や過剰設備が発生するという現象がみられるようになった．また，ロンドンに加えてニューヨークが国際金融の中心となり，一つの金融的なセンターから他の金融センターへ短期資本の動きが非常に容易になった．いわゆるホット・マネーの流出入が激しくなったのである．それから，平価自体が，永久に不変なものと考えられなくなってきた．このように金本位制を困難にするような状況が生じてきた．

　第1次大戦後1920年代初期に，各国の貨幣当局は国際金本位制を再建しようと意図した．1925年には，イギリスが旧平価で金本位制に復帰し，1926年には（公式には1928年），フランスが少し平価を切り下げて新平価で金本位制にもどった．しかし，1929年からの世界大恐慌により，1931年には，各国とも金輸出の再禁止を余儀なくされた．その結果，両大戦間の時代は，金の価格が大幅に下落し，為替レートが何度も大幅に変更される――一種の変動為替レート――という形の不安定な時代となった．

　さて，1931年には，フランスその他の諸国はスターリング（英国の法定通貨ポンドの為替上の名前）残高を金に代え，イギリスは金本位制を離脱した．こ

うして世界は，スターリング地域と金ブロックという2つのブロックに分かれた．スターリング諸国というのは，イギリス通貨の正式名称，ポンド・スターリングにちなんでつけられた名で，金本位制を離脱したイギリスと通貨制度を共にする諸国，すなわちイギリスの旧植民地の諸国(カナダを除く)，ポルトガル・スカンジナビア等であり，これら諸国は金本位制を離脱して管理通貨制をとった．これに対して，フランス・オランダ・ベルギー・スイス・アメリカの諸国は，金ブロックと呼ばれ，金本位制をなんとか維持しようとつとめた．英ポンドは全ブロックの各通貨の為替レートの変動を許した．何回も為替レートが変更され，いずれも不安定だった．しかし，金ブロックの諸国はどちらかというと不況になり，金本位制を離脱したスターリング地域は景気が回復してきた．

こういう状態を見て，ヌルクセは，フランス(1922-26, 37-38)，スターリング(1931-32)，ドル(1933-34)という4つの投機の例から，変動相場制の下で投機が不安定な役割を果たすと主張した．国連の報告書における，「(両大戦間の変動為替制度の歴史が)為替レートを，市場の需給にゆだねて，日々に変動させてはならないということ，そして投機的な資金に影響される市場によって，為替レートに自己の水準を見出させようとすると，ほとんど確実に混乱を招くということを示している」という彼の主張は大きな影響力をもった．

これに対して，イーガーは，固定為替制度(金本位制)がうまくいかなくなった時に，急にフロート制にしたから，変動為替制がうまくいかなかったのだ，そして将来また釘付けられるおそれがあるという期待があったため，変動制はうまくいかなかったのだと主張する．変動制が管理されたフロートであることによって本来の機能を果たさなくなることを強調している．したがって，以上の金融的混乱は変動制の責任とはいえないというのである[2]．

16.2 戦後 IMF 体制(アジャスタブル・ペッグ制度)

1930年代の変動為替制は不安定なシステムであった．1934年に，アメリカは金の価格を上げて不況を回復しようと考え，$22.67＝1オンスから$35＝1

オンスに通貨を切り下げた．またイギリスでは，為替平衡勘定により1ポンド＝5ドルという形で通貨レートを固定化しようという試みがなされた．1936年には，フランスもフランの切り下げを行った．その後，英米仏の3国により，平価を安定化するために三国協定(Tripatriate Agreement)が結ばれた．

そして，日本，ドイツの敗戦が決定的になった時，1944年7月に米国ニューハンプシャー州の緑美しいブレトン・ウッズで国際通貨会議が開かれ，固定為替レートを基軸とするシステムに戻そうとする協定が結ばれた．これが，ブレトン・ウッズ協定である．国際通貨基金(IMF)と国際復興開発銀行(IBRD)——普通世界銀行(World Bank)と呼ばれる——の2つの組織に関する協定が，ブレトン・ウッズで結ばれたのである．

ブレトン・ウッズ会議のイギリス代表はケインズであった．彼の提案(ケインズ案)は次のようなものであった．国際的な清算同盟を作り，バンコー(Bancor)と呼ばれる決済手段を創造する．中央銀行はお互いにバンコーを無制限に受け取り，債務国は，当座貸越契約を用いて借り入れる．つまり，国際収支が赤字になったとき，自国の預金がなくても国際通貨を引き出せるシステムである．つまり，赤字国は清算同盟に対して借金をする——債務国になる——ことになる．黒字国は，逆に債権国となり清算同盟に対して預金を獲得する．こういう形で，国際収支が赤字になっても借りられる．もちろん，赤字国も無制限に借り入れられるわけではなくその限度額は輸出入の大きさから算出される．清算同盟は，また世界の中央銀行の機能をもち，公開市場操作をして，世界の流動性を調整したり，信用創造を行う，というシステムがケインズの提案であった(16-1表参照)．

16-1表　清算同盟

清　算　同　盟	
当座貸越 (債務国の中央銀行)	預　金 (債権国の中央銀行)

これに対して，アメリカ代表の財務長官ホワイトは，各国が一定額の醵金(きょきん)によって通貨のプールを作り，その中から借り入れる．つまり醵金の枠内での貸借関係に限るという制度，つまり基金を提案した．両案とも，貿易は

自由貿易を原則とするが，各国の政策の独立性を損なわない程度で為替レートの固定制を採用するという考え方であった．

ケインズ案を採用すると，戦争で疲弊して借り入れを必要としていたヨーロッパ諸国に対して，アメリカが恒常的な貸出国となる状態に追いやられるおそれがあった．そこでアメリカはケインズ案に反対し，基金にプールした外貨を融通するというホワイト案を主張し，結局会議の結果ホワイト案に近いものが採用された[3]．ハロッドの『ケインズ伝』は，この辺の交渉の舞台裏を生き生きと語っている．ケインズがブレトン・ウッズ協定が成立してから，議会でイギリスの主張したサラブレッド——ケインズ案——の代わりに，雑種のIMF憲章が成立したとのべたことは後述する．

さて，ブレトン・ウッズ協定は，1945年12月27日に発効し，1947年3月1日より，国際通貨基金(IMF)は業務を開始した．結局ホワイト案に近い形で，国際通貨基金(IMF)が創設された．「基金」の名のとおり，各国が一定金額を拠出し，拠出された基金から(信用創造なしに)お互いが使いあうという制度となった．採用された為替制度は，いわゆるアジャスタブル・ペッグ制度であった．大戦間の変動制の経験を踏まえて，原則的には為替レートを固定する．しかしがんじがらめに固定するのでは，各国経済に生じる大きな変動に対処しきれない恐れがあるので，場合によっては為替レートの変更を認めるという制度であった．

国際通貨基金の目的は憲章に次のように掲げられている．IMFという常設の機関を作り，通貨に関する国際協力を促進する．貿易の均衡のとれた拡大を助長し，高水準の雇用および実質所得の促進ならびに維持に努め，生産資源の開発に寄与する．為替の安定を促進し，秩序ある為替取引の取り決めを維持し，為替の切り下げ競争を防止する．経常取引に関して多角的な決済制度を確立し，各国の貿易制限・為替制限の除去を達成する．適当な保障のもとに基金の資金を加盟国に利用させ，国際収支不均衡の持続期間を短縮し，かつその程度を軽減するというのである．

加盟国は，各国の経済規模に応じて決まるquota(割当額)に応じて出資し，quotaによって，資金利用の限度，投票権などが定まる．出資方法は，quotaの

25％を金（またはドル）で支払い，その残りは自国通貨で支払うという方法がとられた．加盟国はすべて平価維持の義務を負っていた．平価(par value)とは，自国通貨を金または1944年7月1日現在の量目および純分を有する米ドルによって価格表示したものであり，それによって1オンス＝35ドルで評価された米ドルに各国通貨をリンクしていた．各加盟国の通貨当局は，為替相場が平価の上下1％以内（日本での当初の運用では0.75％以内）に収まるように外国為替市場に介入しなければならない．しかし，平価変更を禁止しているのではない．国際収支の「基礎的不均衡」(fundamental disequilibrium)に際しては，平価を変更することができる．そして，その変更は，10％以内の時はIMFに通知するだけでよいが，10％以上の時には異議を唱えられる可能性がある．

　当初，IMF体制の性格は金為替本位制(gold exchange rate system)と考えられていた．アメリカは，各国の通貨当局の保有するドルに対してのみ，35ドル＝1オンスという固定相場で交換に応ずる．そして，国際間の取引の決済は，金と結びつけられた米ドルで行う．つまり，金為替であるドルが国際通貨として通用するのである．こういう金と密接な通貨を基軸にして国際金融システムとしての金為替本位制がうまく機能したのは，1950年代までである．ヨーロッパ，アジアは戦後疲弊しており，いわばアメリカだけが世界の工場だったので，アメリカの経常収支は常に黒字であり，マーシャル・プランなどの援助で他国の経常収支の赤字をうめるという状況だった．したがって，ヨーロッパの赤字，流動性不足がアメリカの援助によって和らげられて，システムは機能していた．しかし，1950年代になるとヨーロッパ・日本が次第に経済発展を遂げるにつれ，アメリカの国際収支が赤字に転化してきた．

　トリフィンの"流動性のジレンマ"によれば，世界の流動性は，貿易の拡大とともに増加していかなくてはならない．そのためには金かドルが増加する必要がある．金の生産には限度があるので，アメリカの国際収支赤字の増大によってドルが増加する必要が生ずる．しかし，ドルの増加いいかえればアメリカの短期債務の増加によって国際流動性が増えていくと，アメリカが保有している金に対する短期債務の比率が増大し，したがって，ドルの信認が失われることを意味する．だから，国際流動性の増加という要請と国際通貨ドルの信認を

保つという要請は相矛盾するというジレンマが生ずるというのである．

つまり，最初は，ドル不足（過少流動性）が問題であったが，アメリカの国際収支が赤字になるにつれ，ドルが各国に流出しドル不足は解消された．しかしそれとともに，ドルの信認の問題，つまり本当にドルと金との兌換性が将来にわたって保証されるかの問題が深刻となり，1960年に，金価格が急騰した．これに対処するために，アメリカが中心になり，金プールを作り参加国の中央銀行が一定の割当額に基づいて金を拠出して金価格の安定操作が行われた．しかし，1968年に再び金価格が暴騰したため各国は安定操作をするのをあきらめ，金の二重価格制（two-tier system）が採用された．第1に，アメリカ政府は各国通貨当局に対しては1オンス＝35ドルで金を売却する．第2に，参加国は自由市場に金を供給せず，公的保有金は通貨当局間の振替にのみ使用する．第3に，各参加国は自由市場から金を購入しない．すなわち，自由市場と公的保有金を分離したのである．金の二重価格制によって，金為替本位制はドル本位制に変質した．このかすかな金とドルとのリンクも，1971年8月のニクソン大統領の新経済政策以降断ち切られ，多くの国は変動相場制を採用するに至るのである．

変動為替レートは，ブレトン・ウッズ体制，IMF協定とはかけはなれたものであった．通貨危機に陥った各国がやむをえず採用に踏み切らざるを得ない制度である．（IMF自体，固定為替制度が存在しなくなると，その存在理由も薄くなるおそれすらある．）1976年にキングストン（ジャマイカ）で協定が改正されて，加盟国は「平価を定めずに，各国の選ぶ為替レート決定方式を選んで」よいということになり，変動為替制がIMFのお墨付きを得たのである．

ここでSDRについてのべておく．IMF加盟各国は，流動性を増加するには世界通貨を発行するのが一番よいと考え，1967年にリオで開かれたIMF総会で国際通貨であるSDR（Special Drawing Rights）の制度の大綱を決定し，1970年から実際に，SDRが配られ始めた．SDRは，当初1オンス＝35ドルで金に結びつけられている1ドルを1単位とする形で発足したが，変動相場制採用後は，ドルの価値が激しく変動したので，不安定なドルに結びつけておくのは心配ということで，結局1974年7月からは，各国の通貨価値の平均的な動きを加重してSDRの価値を決めるという標準バスケット方式がとられている．

SDR は，世界通貨への1つの道であり，fiat money からなる世界通貨への試みであるという意義がある．ただ，貨幣の機能を全面的には備えてはいないという意味で SDR は未だ部分貨幣である．すなわち，SDR は価値の保蔵手段としては役立っているし，価値尺度としても機能をもちはじめているが，交換手段としては一般的受容性がない．そして，現在先進諸国はフロート制を採用しており，国際流動性に対する需要が少なくなったうえ，世界的にドル短期資産を中心とする外貨準備が急速に増えているので，流動性準備資産としては SDR はほとんど役割を果たしていないといえよう．

ブレトン・ウッズ体制採用後最初の30年間には，71年まではカナダが変動為替制をとっていた以外，先進国間の通貨は固定為替制度で運営されていた．この期間においては，多くの国が固定為替レートを守るために金融政策の節度を保ったという，固定制のメリットを認めることができる．

しかし，為替レートの変更が不可能ではないアジャスタブル・ペッグ制のもとでは，通貨危機が発生しやすい．ある通貨が弱くなって，いつか切り下げられるという予想が生まれると，その通貨を売って他の通貨に逃げようとする投機が起こる．逆に，日本がニクソン・ショック(71年)の前に体験したように，円の切り上げがあると予想されると，円買いの膨大な投機が起こる．それを通貨当局がドル買いの形で介入したことが，日本を調整インフレに導いた．このように，通貨危機が起こるのがアジャスタブル・ペッグ制の大きなマイナスの面である．

71年には，通貨危機の結果，先進国間は変動為替制を採用するようになった．同12月から73年2月までのスミソニアン体制，つまり変動幅拡大制度の時期をはさんで，現在に至るまで変動相場制が先進国間で採用されている．ほとんどの国が固定制を採用していた時には，変動制はあたかも遠目の美人のように，価格メカニズムで何でも解決してくれるすばらしい制度のように見えた．しかし，採用されてみるといろいろな欠点も目につくようになってくる．

変動制の一番の問題点は，財，サービスや労働の価格は穏やかに動くが，ドルと円とか，円とポンドとかいった通貨(紙)の相対価格である為替レートは大幅に，しかも急激に動きやすいということである．したがって，標準的な財の

バスケットには為替レートで換算すると同じ値段がつくという，つまり為替レートの購買力平価説が意味するよりもはるかに大きな変動を為替レートは繰り返している．

例えば，米国に比べれば，日本や欧州は一般的に物価水準が高い．欧州はいわゆるVAT(付加価値税)が課されており，日本には依然として市場が閉鎖的であるといった要因もあるにはある．しかし基本的には，財やサービスの価格が緩やかに調整し，資産価格である為替レートが速やかに変動することが，このような価格差を生んでいるように思われる．

急激な為替レートの変動，そして為替水準の大幅な購買力平価からの乖離に対処するため，85年9月，ニューヨークのプラザホテルで先進諸国の大蔵大臣がひそかに会合し，協調介入によって為替レート変動をなだらかにしようとする合意が行われた．当時は経常収支の水準などから見ても，あまりにもドル高だったのである．

協調介入はドルを引き下げることに成功し，それ以降為替レートはやや安定的に動くようになった．為替制度が自由な変動制から管理された変動制(管理フロート)に変化したといえる．ルーブル合意後，各国が変動の上下幅を決めて介入するターゲット・ゾーンが用いられることも多くなった．第14章で理論的に説明したように，為替レートの上下幅を政府が公表し，あるいは公表しなくても市場参加主体に信じ込ませることによって，投機を抑制し，大幅な為替レートの変動を防ぐことができるという考え方である．

このようにブレトン・ウッズ以降，最初の30年足らずは本来の意味でのブレトン・ウッズ体制，つまりアジャスタブル・ペッグ(調整可能な釘付け)制度が基本的な世界通貨体制となり，次の20年間には先進国間の為替レートは変動制の下にあった．しかも後半のはじめの10年間は介入の影響の比較的少ないクリーン・フロートに近いフロートであったが，1985年のプラザ合意以後，先進諸国の通貨当局は積極的に介入することも多く，為替制度は管理フロートの色彩を強めている．

ユーロ・ドラー

ユーロ・ドラーとは，ヨーロッパの銀行に置かれたドル建ての預金のことであり，国際金融に大きな影響を与えてきた．銀行は普通，自国の通貨で預金をもつが，ユーロ・マルク，ユーロ・フラン等他国通貨で表示された預金もあり，ドルによる預金が広汎に行われているのでユーロ・ドラーの名がある．ユーロ市場の起源は，冷戦の頃，ソ連や東欧圏の銀行が取得したドルを，アメリカから中立的なヨーロッパの銀行に預け替え，アメリカに凍結されるのを防ごうとしたことに始まる．預けられた銀行は，ニューヨークの銀行に当座預金をもつことになり，それを運用し始めたが，その主たる銀行がイギリスのマーチャント・バンクであった．

ユーロ・ドラーが大規模に蓄積されたのは，鉄のカーテンがあったからだけではなく，アメリカとイギリスの事情により，ドル保有者がヨーロッパでドル建てで預金をしておいた方が有利であったからでもある．すなわち，アメリカでは Regulation Q すなわち預金金利最高限度規制が存在したため，より金利の高いヨーロッパにドル建てで預金をするインセンティブが働いた．もう一つの要因はイギリスのポンド預金に対する制限である．ポンド預金は，イギリスの短期債務であるので，いざ一気に引き出されるとイギリスの国際収支を悪化させる要因になるというのでポンド預金が制限されていた．そこでドル建ての預金が盛んになったのである．なぜロンドンにドル預金が集まったかというと，ロンドン金融市場が，第1次大戦以降世界の金融の中心であり，専門化，能率化に秀でていたからである．現在は，何もロンドン市場には限らず，規制の少ない香港，シンガポールなどが国際資本市場として発展している．

16.3 円の歴史

さて，日本の円の歴史をふりかえり考えることによって，日本の経済発展のドラマをたどることができる．国際金融のさまざまな概念を，日本の円を通じて例示することができる（従来の国際金融の教科書では国際金融制度がどう決まってきたかの説明に比して，日本の円や為替制度の歴史について説明が少な

第16章 国際通貨制度と円

い)4).

　1868年の明治維新によって日本は近代国家としての歩みを始めることになる．当然日本は統一した通貨が必要である．それが円と名付けられたが，円の誕生は1871年，明治4年5月1日の新貨条例の施行による．

　徳川幕府の支配化の通貨制度は非常にこみいった二重本位制というか，むしろ金銀二重本位制以上の複雑な制度であったということができる．江戸時代の通貨は金・銀・銭の三貨体制で通貨発行権は幕府にあった．その上，各藩は流動性が不足したときには藩札を発行した．金は小判・大判という形をとり1両が4分，1分が4朱，という定位貨幣(currency by tale)であるが，銀は何匁で測る秤量貨幣(currency by weight)であり，銭はいわゆる小額貨幣であった．上方(京都・大阪)を中心とした関西の経済圏では銀が流通し，江戸を中心とした関東の経済圏では金が流通した．上方の銀使い，江戸の金使いである．

　したがって，金銀の比価は両経済圏間の為替相場に類するものと解釈できる．そして貨幣改鋳が行われるとき，その金，銀含有量をどのように決めるかは，江戸の商人と上方の商人との間の利害関係に大きな影響を与えた5).

　開港ということになり，1858年に，日本はアメリカ・イギリス・フランス・オランダ・ロシアの5カ国と通商条約を結んだ．この条約は，貿易上だけでなく貨幣についても不平等な条項を含んでおり，幕府は外国人に対して金・銀の自由な兌換に応じなければならないことが明記されていた．この通商条約が結ばれた頃には，日本では金と銀の比価は4.63：1であった．ところが，外国では，比較的銀の高いフランスのレートでも15.5：1であった．そこで，多量の金の流出と銀の流入が起こり，メキシコ銀(貿易銀)が多量に流入した．そこで，日本も1860年に改鋳して銀貨の品位を大幅に下げ，比価を15.3：1にした．このように多量の銀貨が流入したために，激しいインフレーションがまき起こった．

　すなわち，諸外国の銀貨，ドル表示の銀貨，特にメキシコドルと通称された貨幣が多量に日本に流入してきた．なぜならば，当時において日本の金銀比価が銀にとってきわめて有利であったからである．これもグレシャムの法則の典型的な事例である．そしてメキシコドルが，実際に日本で通貨として通用したのである．

このような複雑な幣制の下にあった明治新政府にとって、新しい通貨を発行することが急を要する問題であった。新貨条例は、大隈重信のイニシアティブによって作られた。条例によると、新しい通貨は円と呼ばれその100分の1が銭と呼ばれた。当初政府は銀本位制を採用しようとしたけれども、当時米国にいて、西欧諸国が金本位制に向かうのが流れであることを感じとった伊藤博文は、銀本位制ではなく金本位制を採用すべきだと進言したのである。しかし、現実に日本においては銀の流通が盛んで、しかも円は銀貨で日本国内に通用していたメキシコドルと等価であったといった事情のため事実上の銀本位がとられた（同時に円は徳川時代の1両貨とほぼ等しく価値を決められた）。こういう形で円が創られたために、新しい金融制度は金銀の二重為替制度であって、真の金本位制の採用は1897年を待たなければならなかった。

円という名前がなぜ用いられたかについては、さまざまな説があって定説はない。円の形が丸かったから円と呼ばれたのだとか、香港で通用した香港ドルが、中国名で時に香港円と呼ばれたことでそれが円になったのだといった議論がある。そして「円」という言葉がいわば両の代わりに、通貨単位として日常用いられた例があるという興味深い事例については、三上隆三『円の誕生』を参照されたい。さて日清戦争後に、日本は中国から約3億円の賠償金を得たが、それは日本の当時の予算規模の3倍もの大きさをもっていた。この賠償金によって得た正貨をバックに日本は1897年に貨幣法を制定して金本位制を採用することになった。その時に決定された為替平価は100円が $49\frac{7}{8}$ ドル、1円が $2\frac{9}{16}$ シリングという形であった。円が生まれたときには、円の価格は大体ドルの価格と等しい基準で決められたので、明治の当初から約20年間に円の対外的な価値は約2分の1に減価したことになる。

1890年の初頭において、日本経済はすでに経済成長の離陸期、あるいはクズネッツが「近代経済成長」と呼んだ段階に達していた。金本位制は約20年間の間日本経済にも物価安定の時代をもたらした。第1次大戦は、ほとんど軍事的な関与なしに輸出需要を日本経済にもたらし、日本経済は好況を呈する。戦争に入ると、各国は金輸出禁止を行うが、日本もこれにならい、1917年アメリカが金本位制から離脱してちょうど2日後に金の禁輸を行っている。戦争が終わ

ると，アメリカ合衆国が1919年に金本位制に復帰したのを始めとして，英国も1925年に金本位制にもどり，他国も次々とそれに従った．そういう世界の動きに遅れないようにと，日本でも金の輸出解禁を行おうとする意見が強くなった．日本は1919年に景気後退が生じ，翌年には国際収支は赤字に転換するなどで金本位制への機会をつかめずにいるうちに関東大震災が1923年に発生し，金融恐慌（銀行取付騒ぎ）が27年に生じてしまう．そのような事態のため，日本経済が金本位制に復帰したのは1930年のことであった．

　金本位制に復帰するにあたって，日本国内では旧平価で金本位制に復帰するべきか，円平価を切り下げた形での新平価で復帰すべきかという論争が行われていた．金本位制を離脱していた時代の市場為替レートは100円が43ドル前後という値であって，旧平価は100円が$49\frac{7}{8}$ドルという値であった．したがって，旧平価での金本位制復帰は，大きな円切り上げであり，デフレ効果をもつおそれがあった．当時東洋経済新報社の石橋湛山と高橋亀吉氏は，旧平価での金本位制の復帰は，輸出入のバランスを保つために日本に急激な引き締め政策を必要とさせるので望ましくない影響を国内経済に与えるという理由で，新平価での解禁を主張していた．この考え方はケインズの『貨幣改革論』に影響を受けていたといわれる．学界や官界に属さず在野の経済ジャーナリストであった彼らが，今から思うと一番経済学の理解が深かったのである．しかし政府は旧平価での解禁に踏み切った．金解禁を行った主役は井上準之助であるが，三井財閥の池田成彬などがこれを支持していた．井上準之助は『男子の本懐』（城山三郎）では美化されて描かれているが，古典的な経済学観の持ち主であり，旧平価解禁の国民の生活に与える影響を十分に理解していなかったということができよう．

　さて，円が切り上げられるとわかれば，そこには投機の可能性が生ずる．そこで為替銀行は，円解禁前の割安の円を買い（割高なドルを売り）金解禁後に高くなった円を売る（ドルを買う）ことによって円の大幅な値上がりを利用して利潤を上げる機会が存在した．したがって，金解禁が公表されるや否や，日本には多額の資金流入が発生した．実際に金が解禁されると，大幅な利益を儲けたこれらの資金は，将来の円安を予期して再び海外に流出していった．なぜなら

ば投機主体は，日本政府が内外価格から妥当な値からみてきわめて高すぎる円の値を保つことができないと予想したからである．政府がこれらの投機筋に立ち向かった結果，日本から正貨が流出した．1930年に日本からの金輸出は2億8000万円にも及んでいるといわれている．

さて，日本の貨幣供給は，ドル売り介入によって大幅に縮小し強いデフレ効果を生みだした．旧平価は円高を意味したので，輸出は当然伸び悩み，これに29年から始まった世界大恐慌が追い打ちをかけた．当時日本はどちらかというと，雇用よりも価格が伸縮的であったといわれている．したがって，失業はそれほど増えなかったけれども価格の下落は甚だしかった．そして，特に農産物価格の工業製品に対する価格の低落は甚だしかった．「キャベツ50個が「敷島」(タバコ)1つ」といわれたように，30年から31年の間に農産物の工業生産品に対する比率は約45％も下落したといわれている．イギリスは1931年9月に金の輸出の再禁止を行った．(ちなみに，日本は同年満州に侵攻しているが) 1931年12月13日に再び金の輸出禁止の措置をとった．

この国際金融のドラマは国民生活に多大な影響を与えずにはおかなかった．その頃から青年将校らによる暴力クーデターの試みが相次いだ．軍国主義的ファシスト的な行動の陰には，以上のような金の解禁，輸出禁止劇を利用した財閥，投機家たちによって上げられた利潤と，それがもたらした疲弊した農村との対比に関する不満が隠れていたといわれる．これら一連の軍部によるテロ行動は多くの政治家や財界人を凶刃の下においた．特に金解禁を実行した蔵相井上準之助，そして再禁止を実現した蔵相高橋是清はともに凶弾に倒れる．ナチスの台頭が，当時の天文学的なドイツのインフレーションとおそらく関係があるように，日本におけるファシズムの台頭も国際金融における出来事とかかわり合いをもっているように思われる(それとともに，思想(イデオロギー)の影響も無視できないという最近の研究もある)．このようにして日本は戦時経済に突入していくことになる[6]．

16.4 戦後の円

　連合国に降伏した際の日本はまさに杜甫の詠じた「国敗れて山河あり」という状態であった．飢餓状態に近い国民生活，激しいインフレーション，そして輸出入の不均衡を前にして，日本の経済復興への道は悲観的なものとならざるを得なかった．ソヴィエト連邦解体後の東欧諸国やロシアにおけるように，戦後の日本においては，過剰な通貨と過剰な国債残高が，乏しい生産・消費物資と共存するという不均衡が生じていた．すなわち，金余り現象と物資不足という古典的なインフレーションが当時の状態であった．このような状態が占領下の当時の政府の努力によってどう解消されていったかは大変興味ある問題であるが，ここでは，国際金融の側面について簡単にたどっておこう．

　終戦後真っ先に日本が驚かされたのは，円の代わりに軍票を使おうという占領軍の申し入れであった．日本自体，第2次大戦中には東アジア，東南アジア等において，軍票の使用によって各国に大幅なインフレーションをもたらし，いわゆるシニョレッジ（貨幣鋳造権）によって現地住民を搾取した経験をもっていた．政府は，このような体験から軍票の恐ろしさを知っていたらしく，猛烈に抗議してどうにか軍票の使用はくい止めることができた．

　当時日本はきわめて複雑な補助金の制度が支配しており，特に輸出入に関して補助金の体系が並存していた．全ては管理貿易になっていて，政府が輸出品を民間から買い上げるときには高値で買い，そして民間に輸入品を払い下げるときには安い値段で払い下げる形となっていた．したがって，一国全体としてみると日本の貿易収支は赤字であったが，貿易会計を通じて政府は民間に国際価格より低い値段で輸入品を売却し，国際価格以上の値段で輸出品を民間の輸出業者から買い上げていた．その結果，輸入においても輸出においても財政赤字が生じていた．この政府会計の赤字は日本銀行からの借り入れ，つまり通貨を印刷することによって賄われていた．

　考えてみれば不自然な話である．いわゆる金本位制のルール，固定為替制のルールの下では，国際収支が赤字であれば，政府は民間に対して外貨を売却し

円は市中から吸収されるはずである．したがって国際収支の赤字は，民間セクターにとっては引き締め政策として働くのが当然なのである．それにもかかわらず，この時代においては国際収支が赤字であるにもかかわらず，会計のからくりによって，円の支払超すなわち貨幣増発が行われていたわけである．

固定為替制のメカニズムとは正反対の形で，貨幣が市中にばらまかれていたのである．輸出品に適用される為替レートと，輸入品に適用される為替レートが違うという意味で，この制度は一種の複数為替レートであると見ることができる．しかも，単に複数為替レートであるのみならず，結局は日本銀行が通貨を印刷して，インフレを助長することを可能にするように国際収支の調整が行われていたわけである．では，ドル表示で生じた国際収支の赤字はどのように埋め合わされたかというと，それはガリオアとかエロアといった海外からの援助によって埋め合わされていたのである．

当時のインフレーションを収束するために，1946年には金融緊急措置令が公布されて，円の預金が封鎖され新円に切り替えられる政策がとられた．しかし以上述べたような，国際収支の赤字がかえって国内のインフレに伝わるというメカニズム，そして傾斜生産方式による補助金の組み合わせが日銀の信用創造を生むメカニズムの下では，金融緊急措置令の効果は限られていた．国際金融の関係で重要なのは，1948年の5月に来日した米国連邦準備銀行のラルフ M. ヤングが，単一為替レートの設定を強く進めたことである．結局48年にやはり来日したドッジによる復興計画，ドッジ・ラインの名における金融引き締め政策の実施が，この単一為替レートの採用によってより容易になったのである．

ミルトン・フリードマンは，自国の通貨当局が信用できるならば，他国の価格水準に自国のそれを直結させるような固定為替制度よりも，自国の当局が通貨供給量やインフレ率を選ぶことができる変動為替制度の方が，一国の経済政策の自立性を保つために望ましいことを強調した．すなわち，自国の政府が信用できるならば変動為替制度の方がいいということになる．しかし，もし自国の政府がいろいろな政治的な条件等によって制約されていて，インフレ政策しか採用できないときには，むしろ安定的な通貨と平価を固定する固定為替制度を採用することにより，自国の金融政策の施政の手を縛ってしまうのがかえっ

て望ましいともいえる．

　結局，1949年に日本はIMF体制に加入し，固定為替制度を採用する．その時に採用された円レートは1ドル360円であった．当初1ドル360円というドル・レートはどちらかといえば円安な，輸出を助長させるようなレートと考えられたけれども，実際にはその後英ポンドが切り下げられたこともあって，日本経済が輸出入の均衡を保つには円高に過ぎる，家賃の高い為替レートであった時期も生じた．

　ドッジ・ラインの緊縮政策に基づく不況が深刻化するのは朝鮮戦争のおかげで妨げられた．しかし1950年代は，いわゆるストップ・アンド・ゴー政策の連続であった．(この時代為替取引は自由化されていなかったので国際収支といえば経常収支のことであった.)すなわち，経常収支の黒字がでれば青信号だから出発と，金融拡大政策をとり，その赤字がでれば赤信号だからと金融引き締めが行われた．国際収支の制約に基づいた金融政策の舵取りが行われたわけである．すなわち，固定為替制のメカニズム，すなわち国際収支の赤字が金融引き締め政策を生み，それが物価を安定させて輸出伸張につながって国際収支が自律的に回復していく，そういうメカニズムが50年代にはたらいたということができる．

　1960年代の後半になると，アメリカのベトナム戦争への介入によって世界の商品市況が堅調になったことから世界の有効需要は高まり，日本以外の国でのインフレ基調が定着する．したがって，わが国が国内の物価を一定に保とうとすると，国際収支の黒字累積が生ずることになった．経常収支黒字を解消するためには，本当は安定させておきたい国内の物価を，国際的な水準に鞘寄せして上昇させる政策，つまりゆるやかなインフレ政策を採らざるを得なかったのである．

　日本の通貨当局は，固定為替制度をとる先進諸国のうちほとんど唯一為替を切り下げなかった国は日本だけだという観念から，自らブレトン・ウッズ体制の優等生といった意識を脱却することができなかった．1971年春に各国，ドイツその他ヨーロッパ諸国はドルに対して通貨切り上げを行ったが，日本だけが通貨を切り上げずに360円レートに固執しようとした．8月15日のいわゆる

ニクソン大統領の新経済政策により，アメリカが10パーセントの輸入課徴金と，すでに名目的なものとなっていた金とドルとのリンクを断ち切るといったドラスティックな政策を採ることによって，ついに日本も為替レートを切り上げざるを得なくなった．しかし数日の間，日本の通貨当局は通貨市場から将来下落するとわかっているドルを買い続けて，国民に多大な損害を与えたのである．

1971年8月27日に日本は360円レートから離脱したが，奇しくもそれは円が誕生してから100年目に当たっていた(荒木『円でたどる経済史』)．この100年間円は一方的に減価の一途をたどり戦後には，1対1であるはずであったドルと円との比率は1対360となっていた．おそらく初めて大幅に円が切り上がるという形で反転したのは奇しくも100年たってからだったのである．1971年の10月から73年の2月まで続いた変動幅拡大のスミソニアン・レートのところでの中心円相場は，308円であったけれども，実際は円はその天井に張り付いていたので，大体円はこの期間ほぼ300円で取引された．

73年の3月になると，再び世界通貨市場が混乱し，スミソニアン・レートを保てなくなった．その結果先進国は変動制を採用して現在(1995年)に至っているが，そこでの円の役割，特に円/ドル相場の推移については，すでに第13章でみたとおりである．

16.5 補 論

ここで理論，歴史，統計的手法との関係を簡単に考えてみよう．経済学は実験の困難な科学である．もちろん最近では，人間がどのように不確実性に対処するかを，アルバイトの学生にさまざまなゲームや賭けを競わせて実験で調べる試みも行われている．お互いに相手の出方を考えて作戦をたてるようなゲームを戦わせて，ゲーム理論におけるいろいろな解概念の現実性を試すことなどが行われる．さらに，最近の研究のように人間行動が，どれだけ国によって違うかを実験で比較しようとする研究もある[7]．

経済学の実験の試みに対しては伝統的な経済学者は，お遊びのような実験と，

生活がかかった為替市場の取引等とは全然規模が違う．だから，満足最大化の原則からの帰結の方を重視するという立場をとる．私は，経済学が人間行動を取り扱う学問である限り，人間の心理的ないし社会的行動の特性をより詳しく正確にとりいれることが経済学自体にとっても重要だと考える．本当に経済現象を十分に理解しうるもの，単に経済学が経済学者の論理的，数学的な知的喜び以上のものになるためには，実験も含めた人間心理，社会心理の研究が必要であるように思う．そうはいっても，経済学はほとんどの場合実験ができない．下手に実験をするといろいろな人が餓死してしまったりする可能性もある．

したがって，人類の体験した歴史的経験，すなわち1回きりの歴史的経験に，われわれは十分注意を払わなければいけない．経済理論は，経済的論理のメカニズムをはっきりと理解するためにさまざまな思考実験を行う．そして，理論的な見通しをよくするために，理論家はさまざまな簡単化の仮定を行う．そして簡単化の仮定は非現実的であっても，理論が何らかの形で本質的な経済論理を抽出する限りにおいて有効なわけである．しかし，理論の現実に対する切り口が果たして妥当なのか，あるいは理論が予見，予告することを実際の歴史がたどったのかどうかを，過去の経験からていねいに調べてみることが，実験のほとんどできない経済学にとって重要な作業なのである．

これに対して，統計的な手法による時系列分析は，歴史的な体験をより大きな母集団からの1回の抽出であるという想定の下で議論を進める．例えば，神が──仮に神という名前を使うことにするが──いろいろな歴史的体験がそれぞれ1つの玉として出てくるようなくじ引きの箱（抽出箱）をもっているとしよう．1つボールを取り出すと，それが歴史的な体験となるというのが時系列分析の立場である．そのような，歴史的体験がいくつも詰まっているような抽出箱の中の母集団が，一定の統計的な法則によっていると考えて，歴史的体験は1つの試行だと考え，1回の歴史的体験でも，観測時間を長くとることによって，1回きりの体験が母集団に関する一定の統計的な情報を与えてくれると想定（これをエルゴード性の仮定という）して近代統計学による推論を行うのである．

たしかに統計的な手法は，母数の推定とか仮説の検討とかより科学的な推論

を可能にする．しかし，往々にして，統計的手法は為替危機とか超インフレの発生と収束とかいった危機的な状況の起きた時期のサンプルを異常事態として取り除いたりする．構造の急激に変化する時期，為替危機などについてもっとも興味ある時期が，安定的な経済行動を提示しないという理由で除去されてしまう可能性もあるのである．したがって，われわれは1回きりの現象を1回きりの現象としてあとづける歴史的接近をも重視しなければならない．すなわち，歴史を綿密に跡づけることによって，思考実験の結果である理論の妥当性，現実性を検討することが必要なのである．

第16章 注

1) ハート=ケネン『現代金融論：理論，政策，歴史』(吉野昌甫・山下邦男訳)日本評論社，1966年，第19章．

2) Yeager, Leland B., *International Monetary Relations : Theory, History and Policy*, New York : Harper & Row, 1966.

3) ホワイトはその後，ソ連のスパイの疑いをうけて数奇の生涯を閉じることになる．

4) 以下の議論は，三上隆三『円の誕生』(増補版)，東洋経済新報社，1989年，荒木信義『円でたどる経済史』丸善，1991年による．

5) この間の政治経済学的な事情は大石慎三郎『大岡越前守忠相』岩波新書，1974年と新保博他『数量経済史入門』日本評論社，1975年を参照されたい．

6) 中村隆英『経済政策の運命』日経新書，1977年(のち『昭和恐慌と経済政策』と改題)．

7) 余談であるが，わずかな金額に対する賭けであるけれど，法律上ギャンブルが許されていない日本において，このような実験を学生を用いて行う場合には，違法にならないようにするために工夫が必要であるという．

第17章　通貨改革と政策協調の政治経済学

17.1　はじめに

　国際間の決済を円滑に行うために，どのような金融的枠組みを選択したらよいか，いいかえればどのような国際通貨制度を選択したらよいかは，世界経済にとって重要な問題である．一国内における金融制度のあり方と運用の仕方によって，その国の経済活動の水準，所得分配，経済成長，物価上昇率などが影響を受けるのと同様に，国際金融制度のあり方と，運用の仕方によって，各国の経済活動の水準，経済成長，物価上昇率，各国間の貧富の差などが影響を受けるからである．

　一国内における金融制度の選択は，究極には国民の合意にその基盤をおいている．歴史的には，近代国家の成立とともに，銀行制度が発達し，中央政府に発券機能が集中される発展過程を経て，現在の金融制度が定着してきた．これに対して，いまだ世界政府という政治権力の集中機構が成立していないので，国際通貨は，各国政府間の合意——その合意形成上での各国の力関係にはさまざまな形があるにせよ——を基礎として国際通貨制度が成立し，それによって各国の金融政策が運用されるという形をとる．一国の金融的発展の段階にたとえてみれば，国内の金融制度が十分に集権化されず，複数の発行銀行が併存し，銀行券と（補助貨でない）鋳貨が混用されていた時代に，国際通貨制度の現状は対応しているといえよう．

　ここにみられる国内金融と国際金融の制度の差は国内法と国際法の差に似ている．国内法上は，立法や法の施行が単一の国家権力の下に統一的に掌握されて，生のままの力関係がヴェールに隠されているのに対し，国際法上は，利害の調整過程における力関係がいまだにあらわな形で現れており，また必ずしも強制力を伴わない国家間の条約が数多く存在することと対応している．

さて，どのような国際通貨制度を選択すべきかに関して，数多くの提案がなされ，それぞれの提案の長所短所を論じた研究は枚挙にいとまがない．しかしながら，これらの研究のほとんどは，一つの盲点を共有している．すなわち，それらは，国際通貨制度の長所，短所を客観的，一般的に論ずるのみで，ある制度が採用されるとき，それがどのような利益，不利益を，各国や各国内のさまざまなグループに対してもたらすかを正面から考慮していない．さらに，各国の受ける利益，不利益を前提したときに，どんな国際通貨制度であれば国際間の合意が実現可能であるのか，すなわち各国が(国内のグループの圧力の制約下に)合理的に行動するとき，どのような方向で国際通貨制度の改革が可能であるかという問題意識を欠いている．

　すなわち，ある理想的な国際通貨制度がいったん採用されたあかつきには，ものごとはすべてうまくいくという議論は多いが，どのようにしてその制度を実現するか，そしてその制度が採用されるための客観的な経済的，政治的な条件は何かという分析は少ない．ちょうど，イソップ物語でネコに鈴をつけてしまえばその後のネズミは安泰であるが，その鈴をつけにいくうまい手段がないというのに似ている．以下では，種々の国際通貨制度の採用が，各国民に及ぼす利害関係を明らかにすることによって，国際金融制度の存続や改革の可能性を考えてみよう[1]．

　分析の手法としては，ごく簡単なゲーム理論の手法を採用する．一般均衡ないし部分均衡理論は，完全競争理論を中心に発達しているため，すべての主体の影響力が無視できると仮定する場合が多い．独占理論の形をとって，一主体の影響を明示的に考慮する分析でも，主体間の相互依存関係を正面から取り扱うのには必ずしも適しているとは限らない．ところが，国際通貨問題においては，アメリカ合衆国のような基軸通貨国，そしてドイツや日本などの大国の影響力がきわめて大きい．さらに各国相互間の交渉，合意形成の過程が重要な意味をもっている．したがって，国際通貨問題を考察する際には，各国相互間の協力，非協力関係を正面から考慮するゲーム理論の手法が有力となる．

　さて，本論に入る前に，なぜ現在までの多くの議論が，各国の利害関係や国際機関の利害から独立であるかのように論じられてきたのかを考えてみよう．

まず，利害関係の分析を行うことは容易でないという事情がある．その他には，次のような理由があると考えられる．第1に，論者が実はある利害関係の主体を代表し，あるいは少なくとも利害を意識して議論しているとしても，その主張が強い説得力をもつためには，彼の提案があたかも一般的に，客観的に良いものであるかのような装いでなされる方が有効である．これはイデオロギー一般に関してあてはまる事情である．第2に，経済学者は政治学に関しては素人であるから，政治的実現可能性にこだわりすぎると，長い時間をかけて説得すれば実は政治的に実現可能な理想案をも放棄してしまう危険があるから，経済学者は純粋に経済的なシステム全体の長所短所をのべればよいという考え方がある．つまり，経済学者は政治学者の領域にあまり越境することなく，自らの領分を守れという主張である．

　第1の理由に対しては，実務家はともかく，経済学者はより冷静にものごとの本質を洞察しなければならないという反論が成り立つ．すなわち，ある提案や改革案が，どの国のそしてどのグループの利益になり，また不利益となるかを冷徹に分析するのは経済学者の任務の一つである．そして少なくとも，利害の代表のされ方の非対称性，つまりあるグループ(たとえば生産者)のみの利害関係がはっきり表明され，他のグループ(たとえば消費者)のそれがほとんど認識され表明されないために，ある特定のグループの利害が経済政策により強く反映するといった事態を是正することが経済学者の一つの役割である．

　また，第2の理由に対しては，政治学者で国際金融問題を十分に理解する者が必ずしも多くないという事実からも，この重要な興味ある領域を国際経済学者と国際政治学者が相譲り合ってポテン・ヒットとしてしまう危険を避けるべきだという反論を提起したい．

17.2　国際通貨制度の便益と費用

　まず，ゲーム論的接近，ストラテジック(戦略的)な接近の基礎として，国際通貨制度が各国の利害に及ぼす影響を考察しよう．

（イ）金本位制復帰

　金本位制への復帰は，「金本位制のゲーム」のルールの復活を意味する．すなわち，金の流出は国内通貨の収縮を通じて所得，価格水準の下落を招き，輸入を減少させる．逆に，金の流入は国内通貨を膨張させて，所得・価格水準の上昇を招き，輸入を増加させ，結局，国際収支を均衡化する．このような体制に復帰することによって，各国はどのような経済的利害を受けるであろうか．

　金価格の引上率を適正に定めることによって，ドル・ポンドなどの国内通貨が同時に国際通貨として流通することを止めることができれば，世界のインフレーション防止に役立つかもしれない．しかしながら，インフレーション防止の効果は金価格がどのような値をとるか，また金以外の通貨がどの程度まで国際決済手段から追放されるかに依存して定まる．したがって，インフレ防止の効果を定量的に予測することはなかなか困難である．

　いずれにせよ，はっきりいえることは，金の復権は金に対する実用上の需要に加えて，貨幣としての需要増加をもたらすので，金の価格上昇を意味する．したがって，金の保有国や金の生産国にとって有利なことである．金価格の値上がりは，ヨーロッパ諸国のような金保有国，そして金産出国である南ア共和国の利益となる．ここで，金保有国の利益は1回限りの資本利得，ストックの利得であるのに対し，金産出国の利益は毎年利得の生ずる所得利得(income gain)，すなわちフローの利得であることに注意しなければならない．金保有国であっても，同時に自国の通貨が決済通貨として用いられているアメリカ合衆国にとって，金価格の上昇がプラスであるかどうかは問題のあるところである．金価格引き上げによる資本利得と，金本位制への復帰による事実上の通貨発行権(seigniorage)の喪失という不利益とを比較しなければならないからである．

（ロ）ドル本位体制

　旧IMF(ブレトン・ウッズ)体制は，建て前としては，金と準備通貨ドルを中心とする金為替本位制度として運用されてきたが，1968年3月の金二重価格制採用以来，金とドルとのリンクが事実上断ち切られ，1971年8月のニクソン大

統領の新経済政策以後，完全にドル本位制に移行した．

　ドル本位制，つまり合衆国の国内通貨であるドルが同時に国際的決済手段として用いられる制度においては，合衆国は国際通貨を発行しえない他国に比べて非対称的な地位にある．すなわち，合衆国のみが国際通貨の通貨発行権をもっていた．

　通貨発行権がいかなる利益をもたらすかは，かりに一国内で私人が紙幣を発行できたとするとき，その人の有利さを考えてみればよい．自分の書く借金証文がそのまま誰にでも受け取ってもらえるとしたら，通貨として通用するため，わずかの紙幣印刷の費用で巨万の富を蓄積することができるであろう．

　もっとも，立ち入って考えてみると，準備通貨国の利益はふつう想定されるほどには大きくない可能性もある．まず，ブレトン・ウッズ体制の下で準備通貨国はかなりの大きさの金保有を行わねばならなかったし，また準備通貨の価値を保持するためにその金融政策の運営に一定の制約をうけていた．このように，準備通貨国の負担する費用も存在する．

　さらに，経常収支や長期資本収支の赤字にともなって供給される準備通貨は，他国によって通常は利子付きのドル短期証券の形で保有されていた．したがって準備通貨国であるアメリカ合衆国はその借金証文に対して短期金利を支払わねばならなかった．それゆえ，通貨発行権の利益は，アメリカ合衆国の国の内外における資金運用の収益率と流動的なドル資産の利子率との差に限られることになる．このような考え方を強調すると，商業銀行が競争的に行動する限りドル本位制におけるアメリカ合衆国はなんら不当な利益を得ているのではなく，短期借りの長期貸しを行う世界の銀行の役割を果たしていたにすぎないという主張も生まれてくるのである．

　もちろん，アメリカ合衆国の支出活動が国内の，そして世界のインフレーションを促進し，ドル債務が減価する結果となって債権国が損失をこうむるという可能性もある．このような世界に対するインフレーション課税による通貨発行の利益が生ずる可能性が存在したことは事実であろう．

(ハ) 世界中央銀行による集権的通貨発行

次に，IMF，世銀，国連などの国際機関によって通貨発行が行われ，それが国際取引における決済通貨となり，さらに準備通貨となった場合を考えよう．ケインズやトリフィンなどによる世界的中央集権機関による通貨発行案は，流動性を十分に増強する目的を達成し，また一国の国内通貨が国際通貨として用いられることによって生ずる「信認」の問題を解決するものとして主張された．もし中央機関のみが国際通貨を発行できるものとすると，ドル本位制のように一国のみが国際通貨を発行できるという非対称性は失われる．残るのは，ある国が国際収支の赤字になり，ある国が黒字になるということにより，信認，つまり将来の返済可能性の問題をどう処理するかということが残る．もちろん，世界通貨を共通通貨として各国が国内通貨としても用いるようになれば，日本で一県，一道の収支を議論しなくてもよいように，国際収支を問題にしなくてもよくなる．

国際機関による世界通貨の発行は，通貨の公共財的性格にもとづく利益をもたらすが，同時にそれは固定為替制度にまつわる国際収支調整の困難をもたらすこととなる．

IMFにおけるSDR創出は世界通貨への動きとも考えられたが，その後の歴史はそのように動いていない．

(ニ) 変動為替制度

現在諸先進国で採用されているのは変動為替制度である．これは，どの国に対しても国際通貨発行権を否定する制度であり，国際通貨そのものを不必要にする制度である．ただし，特定の国民通貨(たとえばドル)に対する取引上の民間需要が生ずるので，民間主体が一国の通貨を保有してくれるという事実上の発行権利益は完全に解消するには至らない．いずれにせよ，各国の国際収支(公的決済ベース)は常に均衡することになるので，通貨発行権による利害関係，特に非対称的な利害関係は生じない．

ここで生ずる重要な利害関係は，変動為替レートの採用による為替変動のコストの負担と，変動為替レート制の採用が世界のインフレーションにどのよう

な影響を及ぼすかという問題である．為替変動のコストについては，何度も通貨危機をもたらしたアジャスタブル・ペッグ制でのコストと，変動制のコストのどちらが大きいかについては人によって意見がまちまちであろう．私見によれば，アジャスタブル・ペッグのコストの方が大きかったと思われる．インフレーションへの影響については，変動為替レートの採用によって，国際収支の歯止めがなくなり各国がインフレ政策を続けるのではないかというのが悲観的な考え方であるが，他方自国の政府が金融節度を守るかぎり，固定制下のように他国の金融緩和政策によるインフレーションを輸入することを強制される必要がないので，インフレーションに対する各国の抵抗力が高まるはずだという楽観論もありうる．すなわち，ドル本位制の下では他国の金融節度を期待しなければならないのに，変動為替制の下では自国の節度を期待しさえすればよい．自国政府を他国政府よりも信頼できるときに人は変動為替レートを採用すべきだということになる（逆に自国の通貨当局がインフレ的で信用できないときには，固定制を採用すべきことになる）．

すでにみたように，変動為替制が純粋な形で運用される限り，各国の金融政策の自律性は回復できる．たしかに，世界通貨の存在しない不便はあるし，為替リスクの不利益もあるが，変動為替制は各国に政策の自由度を許し，最悪の状態を避けさせうるという意味で，ゲーム論でいえばマックス・ミニの条件を満足する制度であると考えられるべきである．

17.3 国際通貨制度選択のゲーム

かかる利害関係を前提として，各国は通貨制度の選択を行うわけであるが，これを一つのゲームいわば「世界マネー・ゲーム」としてとらえることができる[2]．

ただし，ゲーム理論を国際経済に適用する際には，まずゲームの主体がはたして各国家なのかという問題を考えておく必要がある．国民的利害といっても，必ずしも一国に関して一枚岩の利害関係が存在するとは限らない．国は1つの政治的経済的単位であり，国際交渉の主体であるが，それを構成する国民がす

べて同じ利害を共有しているわけではない．国際通貨制度のいかんによって輸入業者と輸出業者，生産者と消費者はそれぞれ異なる影響を受ける可能性もある．以下で国家が1つの主体であるかのように論ずるのは，あくまで近似ないし擬制にすぎない[3]．

さて，国が主体であると想定してこのゲームを見るとき，それは2段階のゲームである．第1段階のゲームはどのような世界通貨体制に合意するかというルール作りのゲームであり，第2段階は，ある体制，あるルールへの合意が得られたときに，そのルールの下で各国がどのように経済政策を運用するかというゲームである．この2つの段階は互いに密接に関連している．ある体制の運用のいかんによっては，その体制の不備が明らかになり，ルールそのものが変更されることも起こりうる．とにかく国際金融の場で競われているゲームは，ルール作りとその運用という，論理的には性格の異なる2つの段階が組み合わさったゲームだということを注意しなくてはならない．

17-1図はこの2段階ゲームを，ゲームの木に類する形に表したものである．もし第2段階について一定の基準からもっとも望ましい最適戦略の組み合わせが見出されるならば，この2段階ゲームを1段階のゲームに次のようにして帰着することができる．たとえば，図においてAがはじめのIのルールの下で最適戦略の組み合わせ（たとえばナッシュ均衡）の結果実現する利得ベクトルであるものとする．BはIIのルールが採用されたときに，上と同様にして実現するような利得のベクトルであるものとする．そうすると2段階のゲーム全体はAとBのどちらを選ぶかという1段階のゲームに帰着してしまう．なぜなら

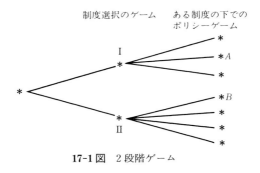

17-1図 2段階ゲーム

第17章 通貨改革と政策協調の政治経済学　215

ば，ルールが1つ選択されてしまうと，そこではその与えられたルールの下で最善を尽くすというのがサブゲーム完備（パーフェクト）性の要請であるからである．もし第2段階での最適な戦略の組というものが，すべての成員にわかっていたとすれば，第1段階のゲームによって，1つのルールが選ばれたときには最適解の利得も決まってしまうのである．

　もし，第2段階のゲームのプレーヤーに単純な最適戦略が存在し，ゲームの解が確定するときには，ゲームの木の論法によって，これを1段階ゲームに還元することができる．たとえばドル本位制を合意の上で採用したときには，そのルールの下でアメリカにとって最適な経済政策，特に金融政策は何であり，他国にとってのそれは何であるかがわかると，そこで第2段階の解，たとえばナッシュの非協力均衡が決まる．同様に，他の国際通貨制度の下でも，ナッシュ均衡に対応する各国の最適戦略が決定されるものとする．そうすると，各国が最適政策を行うことを前提すれば，ある国際通貨制度を選択することに合意するだけで，各国が第2段階のプレイの結果得ることのできる利得（pay-off）が決定されてしまう．すなわち，第2段階でプレイされる仕方はわかっているので，第1段階では第2段階の帰結を各国が考えてルール間の選択を行うこととなる．ゲーム論の言葉では，多段階ゲームはサブ・ゲーム・パーフェクトな解をもちうるということとなる．

　ルール作りのゲームは，お互いに合意に達しなければ体制，ルールは現状のままであり，合意に達してはじめて新しいルールが選択されるという性格をもっている．その意味で，この第1段階のゲームは，タッカーの名付けた「逢引きのトラブル」に類似した構造をもっている．「逢引きのトラブル」（Battle of Sexes）とは，デートする際に，男性はボクシングを，女性は映画を見に行きたい（最近はこのような男女の役割想定は問題で，逆にした方がよいかもしれないが）という例で示されるような利害の構造をもつゲームである．17-2図Aに示したように，どちらの見物に合意するかに依存して，両者の利得は異なってくる．しかし，2人が自分の好みに固執して約束が成立しないと，2人とも家でくすぶるという結果になり，いずれを見物するよりも悪くなるという状況である．

国際通貨制度に関する合意が成立しなければ，現状のまま制度が続行されることになる．金本位制復帰，世界通貨案などの採用が決定されるためには，それについての合意や協定が結ばれなければならないが，そのときの各国の利得は，(もし1国に1つの利得があるとして)現状維持とは異なった値をとる．ただし，17-2図Bに示した a, b, c, d などの値は必ずしもすべて正でないので，常に新しい制度の方がより有利になるという保証はない．国際通貨制度改革の合意が行われるのは，(a, b), (c, d) のいずれかの組の値が正で，しかも大きな値をとったときに可能となる．国際通貨制度の改革が行われるのは，合理的に計画された理想案が整然と採用されるという形で行われるというよりも，現行の国際通貨制度が危機に陥ってどうにもならなくなったときの窮余の一策として行われる公算が大であるというサムエルソンの指摘はこの観点から解釈しなおすことができる．

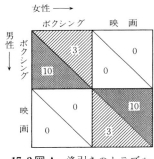

17-2図A　逢引きのトラブル

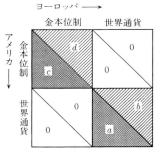

17-2図B　国際通貨制度改革

ゲーム論との類推からわかる第2の点は，固定為替制とか変動為替制といった純粋型の通貨体制よりも，妥協的な体制，いいかえれば純粋型の体制の混合型の方がより合意される可能性が高いということである．逢引きのトラブルの望ましい解決法は，2人で相談してボクシングと映画に交互に行くことである．2つの国際通貨体制のランダムな混合体制を考えることは困難である．しかし，純粋な体制の性格を組み合わせたような体制を考えることは可能である．例としては，ブレトン・ウッズ体制における調整可能な釘付け制(adjustable peg)があげられる．ほとんどの時期において，アジャスタブル・ペッグ制は固定為

替制度のように用いられていたが，国際収支の基礎的不均衡の場合においては為替レートは調整可能になり，変動為替制度的な要因が導入されていたのである．したがって，すでに述べたように，ブレトン・ウッズ体制を，ケインズが当初の純血の改革案のいわば雑種にたとえたのは単なる偶然ではない．「犬が失われたということ（彼の清算同盟案がほうむられたこと）をわれわれはそれほど悔やむ必要はない．もちろん，清算同盟はアイディアの交配によって生まれてきたIMF憲章よりも，サラブレッドの犬であったと私はあくまでも考えたいのだが．」しかし，興味あることに，彼は同時に次のようなことをもつけ加えている．「しかしながら，雑種は純粋犬よりもより頑健で，より飼い主に役立つこともある[4]．」

17.4 制度与件の下でのポリシーゲーム

(1) 固定為替制

さて，いったんあるルールが達成されたときに，そのルールの下でどういう運用がなされるであろうか，このことを例示するために，金融政策を考えてみよう．まず固定制の下での各国のとりうる金融の最適戦略を考察してみよう．17-3図は，異なるインフレーション率と，国際収支赤字に対する各国のもつ無差別曲線を示している．物価上昇が望ましくないのは当然として，国際収支赤字を好ましいものとすることは説明を要するかもしれない．国際収支の黒字，特に経常収支の黒字は，自国の生産するものに比して消費を少なくすることを意味する．したがって，それが恒常的に継続することができる限り，経常収支の赤字が望ましいことになる．したがって左方の方が良い状態となり，I_1はI_0より，I_2はI_1より良い状態となる．ところで，一定の簡単化の仮定の下では，世界の物価上昇率は各国の貨幣成長率の加重和に依存し，ある国の国際収支（特に経常収支）の赤字はその国の貨幣成長率と世界の平均貨幣成長率との差に依存して定まることを導くことができる[5]．17-4図は，横軸に準備通貨国アメリカの貨幣成長率を，縦軸に他国（たとえば日本）の貨幣成長率をとったものである．原点を通る直線は国際収支均衡化の直線を，右下がりの直線は物価水準

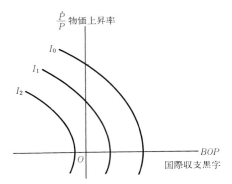

17-3図 インフレと国際収支に対する無差別曲線

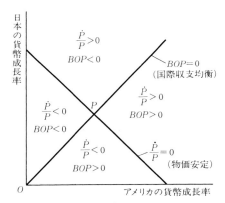

BOP：日本の国際収支
17-4図 マンデルの均衡点

一定の直線を表す．それによって区切られる4つの領域が日本の国際収支 BOP と価格上昇率 $\dot{P}/P$ の符号の組み合わせを示している．そこで，マンデルは，アメリカ合衆国が物価水準の安定化を目標とし，他国が国際収支の均衡を目標として行動することによって，すなわち政策目標を配置(assign)することによって，世界は均衡点 P に到達すると説いた．

しかしながら，このような協力関係が常に達成されるインセンティブが存在する保証はない．このことは17-3図と17-4図を合わせて，スタッケルベルグの図を描けば明らかである．まず，相手国の政策が与えられたとき，自国の最

も有利な政策を示す(自国の)反応曲線を描いてみよう．同様に自国の政策が与えられたとき相手国が最も有利になる反応を示す相手国の反応曲線も描ける．17-5図において両国の反応曲線は RR_{US}, RR_J のようになるので，クールノー解 Q も，リーダーシップ解(日本の場合 S) もいずれも物価上昇率がゼロより大なる点すなわち契約曲線上の点よりも大きい点で定まる．このことは，外貨準備の制約がアメリカには課せられず，他国にのみ課せられることから，アメリカとしては国際収支の赤字を増やす政策をとった方が有利であり，他国はまたそれによるアメリカに対する所得移転を防ぐためにインフレ政策をとらねばならぬというメカニズムに基づいている．

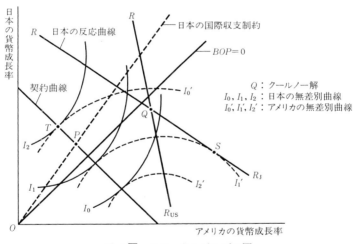

17-5図 スタッケルベルグの図

このような非対称性は，他国が自国通貨をドルに対して切り上げることによって回避できる．また，変動為替制や金本位制の下では常に BOP はゼロの近傍に調整されることとなる．世界通貨発行の際，あるいは SDR 増額がドルを国際通貨の位置から解放した際には，BOP がゼロの近傍に存在するかは別としても，国際通貨発行国とそうでない国との非対称性は解消される[6]．

2つ以上の国からなる一般的な場合にも同じようなことがいえる．その理由は，本章では代数的にモデルは展開しないが[7]，次のように考えられる．各国

の物価は購買力平価と固定為替レートで結びつけられているので，物価上昇率は一種の公共財となりお互いに等しくなっている．そして，どの国の貨幣拡張も同様な影響を及ぼすので世界の物価上昇率は各国の(経済成長を物価一定でまかなうのに必要な値を超えた)超過貨幣成長率の加重平均として決まる．他方，相手諸国より過剰に貨幣を供給した国の国際収支が赤字になるというのが国際収支への貨幣接近の結果である．その結果，世界超過貨幣成長率の加重平均より高い超過貨幣成長率をもつ国の国際収支が赤字となるのである．

　ここでのゲームの結果は，世界のインフレ率が世界の公共財となっていることから次のようになる．自分が超過貨幣供給率を高めると国際収支は赤字になる．しかし，国際収支が赤字になってもよいと思う国は，超過貨幣供給率を増やしても，自国のインフレ率はそう変化しないのでつい貨幣拡張をしてみたくなる．インフレ率は，世界の超過供給率の平均で決まるからである．このようなスピルオーバー効果があるために，赤字を望む国が多いときには，世界全体が貨幣政策の協調を行ったときよりも，よりインフレ的な状態を達成してしまうのである．

(2) 変動為替レート

　変動為替レートの下では，各国の経済政策，特に金融政策はお互いにより独立性を保ちうることになる．もちろん，場合によっては，金利の決定に関して両国の金融政策が相互依存の関係に立ち，相克が生ずる可能性もあり，また短期的な調整の過程で平価切り下げ競争が失業の輸出(beggar my neighbor policy)をもたらす可能性もある．しかし，それらは以上で論じた固定為替制の下での金融政策の相克よりも，はるかにデリケートな相克となる．このように，変動為替制をある国が採用することは，少なくとも一次近似として，金融政策の独立性を回復することを意味する．

　すなわち，変動制の下では各国の物価相互間の関連は断ち切られるので，各国は自国の貨幣政策だけで自国の物価水準，インフレ率を決めることができる．また各国は外貨準備を心配する必要もなくなる．特に物価が伸縮的な古典派の世界では，変動制下の各国は最適インフレ率を実現する θ_{US}, θ_J を選ぶので，両

第17章 通貨改革と政策協調の政治経済学　221

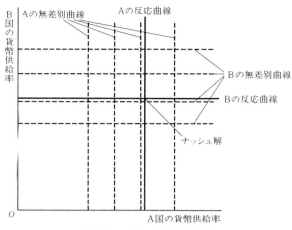

17-6図　変動制下の反応曲線

国の反応曲線は17-6図のように直角に交わるようになり，両国間の戦略的な相克も政策協調の必要性もなくなってしまう[8]．

　しかしながら，物価が完全伸縮的でない国民経済からなる世界経済においては，マンデルや特にドーンブッシュが分析したように(第11章参照)，一国の金融政策が他国の雇用に影響を及ぼしうる．これらのモデルでは自国が貨幣政策を拡大すると，自国の通貨が切り下がるだけでなく，オーバーシュートして切り下がり，それが輸出圧力をもたらして相手国の国民所得を減少させるいわゆる近隣窮乏化効果をもつ．したがって相手国の立場からは，自国の金融拡大に対して相手国も金融拡大を行わねばならなくなる．したがって，変動制の下で，為替レートを通じた金融政策の国際的連関が生ずるときには，反応曲線は右上がりで17-7図のようになる(このような反応曲線の交わり方を戦略補完関係といい，17-5図のような交わり方である戦略代替関係と区別される)．

　以上の連関の性質が強いときには世界全体が，望ましい協力解よりもインフレ的な状況におちいりやすいことも導くことができる．自国が望ましい雇用をもたらそうと思って金融を拡大すると，相手国に対する景気抑制効果をもつ．しかし，一国はその副作用は考えないで行動する．相手国も同様に相手国だけの刺激効果のみを考えて行動して自国への影響は考えない．その結果世界は両

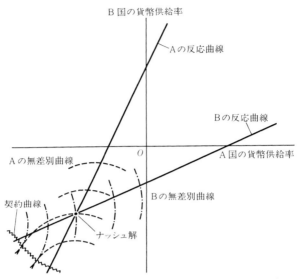

17-7図 金融政策の国際的連関が生ずるときの反応曲線

国とも必要以上にインフレ的となる状況に近づくのである．

　変動制下の戦略的分析を簡単なモデルで例示しよう．相手国の変数に＊をつけて考える．m, m^* が貨幣成長率，u, u^* を両国の失業率，その望ましい値を $\bar{u}$, $\bar{u}^*$ であるものとする．相手国へのスピルオーバーが両国の雇用に対してマンデル＝ドーンブッシュの世界のように負の関係，すなわち

$$u = -m + \lambda m^*, \quad u^* = -m^* + \lambda m, \quad 0 < \lambda < 1$$
$$p = m, \qquad p^* = m^*$$

にあるとする．

　両国が次のような価格と失業のコスト関数 U, U^*

$$U = p^2 + a(u - \bar{u})^2,$$
$$U^* = p^{*2} + a(u^* - \bar{u}^*)^2$$

を最小にするように行動するものとする．相手国の政策を与えられたものとして計算した自国の反応曲線と，相手国の反応曲線が計算でき，それらは

(i) $\qquad m = [a/(1+a)](\lambda m^* - \bar{u})$

(ii) $$m^* = [\alpha/(1+\alpha)](\lambda m - \bar{u}^*)$$

となる．

その交点(ナッシュ均衡)は，$\bar{u} = \bar{u}^*$ と仮定すると，
$$m = m^* = \frac{-\alpha}{1+\alpha(1-\lambda)}\bar{u}$$

となる．このようなナッシュ均衡は両国が協調してたとえば $U+U^*$ を最小化したときに比べてよりインフレ的となることを確かめることができる[9]．

以上を要約すれば次のようになる．

固定制下において，各国の物価水準は強く連動し，国際的な物価水準やインフレ率は各国の金融政策が協同して定める一種の公共財のようなものとなる．そこでは，金融政策が外貨準備(国際流動性)に制約されており，その制約が世界にとってたまたま適当であるとき各国は望ましいインフレ率を達成することができる．そうでないときには，国際流動性が大きすぎると，世界はインフレ的になり，少なすぎるとデフレ的になる．

変動制下では，各国は原則的に金融政策の自律性を回復する．したがって金融連関や戦略的行動の意味は二義的なものとなる．しかし，価格硬直性があって金融政策に正や負のスピルオーバーが存在するときには，非協力均衡は協力解(金融政策協調の結果)に比べておとるものとなる．

ところで，金融政策の協調は通常為替市場介入の形で行われる．それが行きすぎると，せっかく金融政策の独立性を回復したはずの金融当局が独立を失って，制度が固定制にもどってしまうおそれもある．そうなると，他国，たとえば大国がインフレ政策をとると自国はそれを輸入しなければならなくなる．金融当局はこのような協調の功罪をよく比較する必要がある(そして次章にのべるように，金融協調が行われると，国内の政治バランス，省庁中央銀行間の政治バランスがくずれて，インフレ(あるいはデフレ)バイアスのある政策が行われる可能性もある)．

第17章 注

1) 浜田宏一『国際金融の政治経済学』創文社，1982年参照．その後の政策協調

問題に対するゲーム論の応用については，河合正弘『国際金融論』東京大学出版会，1994年がていねいな解説を与えている．

2) 制度選択のゲームと政策手段選択とを組み合わせるアプローチについては河合『国際金融論』(前掲)第7章参照．

3) 国内の利害対立と国際間の交渉との関係は，最近国際政治学者の注目するところである．代表的なものとして，この問題と関連した関税に関する経済学的なアプローチとしては Grossman, G. M. and E. Helpman, "Protection for Sale," *American Economic Review*, Vol. 84 No. 4, September 1994, pp. 833-850.

4) Keynes, J. M., "The International Monetary Fund," in S. E. Harris, ed., *The New Economics : Keyne's Influence on Theory and Public Policy*, London : Dennis Dobson, 1947.

5) 浜田『国際金融の政治経済学』(前掲)第5章．

6) ちなみに，このようなゲームには，自分の影響力のないプレーヤー，つまり inessential player「ミソッカス」の立場とされてしまう多くの国が存在する．開発途上国援助と国際通貨発行制度とを結びつけた改革案が皆無なわけではない．しかし，現在のIMFは所得や貿易に応じた投票権を基礎にして運営され，さらに多くの重要問題が金持クラブ「10カ国蔵相会議」によって大きな影響力を受ける．国際通貨制度に関する多くのことが——それが開発途上国の生活水準や，福祉と密接な関係をもつにもかかわらず——開発途上国の立場をほとんど省みないで決定されつつある．

7) 浜田『国際金融の政治経済学』(前掲)第5章．

8) この点を強調するものに，Feldstein, M., "Thinking about International Economic Coordination," *Journal of Economic Perspectives*, 2 No. 2 (Spring), 1988, pp. 3-13 や小宮『現代日本経済』(前掲)第6章．

9) 変動制下の政策協調のより詳しい説明は Cooper, Richard N., "Economic Interdependence and Coordination of Economic Policies," in R. W. Jones and P. B. Kenen, eds., *Handbook of International Economics*, North-Holland, 1985.

第18章 21世紀の国際通貨体制 ――
　　　　ブレトン・ウッズ体制を超えて

18.1　は じ め に

　ブレトン・ウッズ会議が開かれてから50年，そして本来のブレトン・ウッズ体制(旧IMF体制)が崩壊してからすでに20年がすぎた．将来国際金融体制のどのような形が望ましいのであろうか．そして現実にどのような国際通貨体制が生成していくのであろうか．価格が完全に伸縮的で世界が貨幣に対して中立的であれば，通貨制度のいかんは資源配分にほとんど影響を及ぼさないはずであるが，現実には世界は中立的でないので為替制度の選択は重要である．

　アジャスタブル・ペッグ制は投機を招きやすく，為替切り下(上)げ劇の前後に多くの通貨危機をもたらした．すでに述べたように，通貨切り下げの可能性があるときには，弱い通貨が値上がりする危険がないために，一方的な投機利益をもたらす．切り下げが起これば膨大な利益が得られるのみならず，切り下げが起こらなくても，元々という賭けなのである．

　そして，いったんある通貨が投機の攻撃の対象になると，通貨当局は外貨準備を使って自国通貨を防衛しなければならなくなる．実際に通貨切り下げの実現する前から，投機が殺到して危機を早めてしまうことは，以下のべる「投機アタック」理論の示すところである．その国の外貨準備がますます枯渇して，通貨切り下げの可能性を大きくしてしまう．

　他方，変動制にもいろいろな問題がある．変動制の下では，為替レートの変動がショックを吸収する役割をするので，通貨危機はかなり防ぐことができる．しかし，資産(紙)の相対価格である為替レートが，実物諸変数に比べて大幅に変動しすぎるきらいがある．

　だからといって，金本位制とか，商品本位制とか，あるいは直ちに固定為替制に向かうのが国際通貨制度の進むべき道ではないと思われる．たしかに，全

く真空状態から，国際通貨制度をデザインすることができるのならば，世界全体が1つの通貨を用いることが理想であろう．

しかし各国が異なる通貨を使用している現状から，為替レートを固定し，さらに通貨を統一するまでにはいろいろな障害が存在する．例えば，1992年9月に起きた欧州の通貨危機は，欧州共同体のように緊密に結びついた国々の間でも為替レートを固定制にもっていくのはいかに難しいかを示した．

1991年のマーストリヒト協定の下で，欧州通貨統合実現のために，各国の金利，インフレ率の収束につとめていた欧州各国は，1992年9月から翌年にかけて激しい通貨危機を体験した．デンマークのマーストリヒト協定非批准，東西ドイツ統合などの外的な要因によってこれらの混乱が起こった面もある．しかし，いったん変動しつつある通貨の相対価値の変動を一定限度に収束させ，1つの通貨を通用させようとすることが，いかに大変であるかをこのエピソードは物語っているといえよう．特に，1993年8月にヨーロッパ通貨が15％の変動幅拡大にふみきらざるを得なかったことは，変動制のもつショック吸収作用を示すものである[1]．1995年3月の段階でも，ポルトガルの平価切り下げ等の調整が続いている．

将来アジア諸国も，より大きな通貨圏を形成するのが究極的には望ましいのかもしれないが，通貨圏形成の試みは，欧州のように通貨危機を繰り返す恐れがある．変動制の下では為替レートが変動し経済計算を面倒にするが，為替変動が安全弁となって通貨危機の発生を妨げているのである．

以下ではまず，このような問題の理論的分析を助ける枠組みとして固定制下における投機の機能を明らかにする投機アタックの理論，次いで固定為替制と変動為替制の機能的な差を明らかにした最適通貨圏の理論，そして通貨統合の経済学を説明する．

18.2 投機アタックの理論

アジャスタブル・ペッグ制の下での政府の為替レート固定の試みと，それに対する投機の時間的役割を説明するものに，投機アタックの理論がある．この

理論は，金相場とか，商品相場の投機の分析としても役立ち，はじめは実は政府が相場に介入している商品市場の理論として提起されたのであるが，固定制がくずれる過程の分析に役立つ．アジャスタブル・ペッグ制の下にある国が放漫な金融政策を行って，その国の通貨のファンダメンタルズが悪化しつつあるとしよう．この国では購買力平価(PPP)が成立し，外国の物価水準は一定であるものとする．そしてこの国の通貨需要は名目金利の減少関数であるとする．したがって変動制を採用すれば，一定率で通貨が切り下がると予想されるような状態である．アジャスタブル・ペッグ制の下では，通貨当局は外貨準備を放出して（自国通貨を買い支えて）平価切り下げを阻止しようとする．ある時間がたつと，外貨準備は通貨防衛のために使いつくされる．その時点からは固定相場を維持することができず，その国は変動制に移行し，一定率で通貨が切り下がることとなる．

　購買力平価の下では，切り下げ後，この国は平価切り下げ率に等しいインフレーションにさらされることになる．したがって，切り下げ後には名目金利が上昇し，通貨需要が下落する．為替レートへの貨幣接近からわかるように，切り下げ時点で為替レートは下方にジャンプすることとなる．

　ところで，合理的に将来を予測する投機家は，将来外貨が使われつくされれば，為替レートが切り下がり，しかもジャンプして切り下がることを知ることになる．そこでこの通貨が下がると知っていれば，外貨を買っておけばそこで確実に利益が上がることになる．そうだとすれば，今日のうちから外貨を買っておこうとするであろう（ちょうどドーンブッシュのモデルで将来に与件が変わったとき，為替レートがジャンプして利益を得ることができないように，今日為替レートが変化するのと似ている）．そうすると，通貨当局は，ファンダメンタルに応じた国際収支の悪化を防ぐために外貨を放出するだけでなく，以上のような投機家の需要をみたすために外貨を放出しなければならなくなる．以上の説明は国内の投機家を前提にしてのべたが，国外の投機家も切り下がる可能性のある通貨を売ることによって同様の利益機会を得る．もちろん，投機家がアタックしても，国内通貨が十分に切り下がらないと損失をこうむるので，どの時点で，投機アタックを行ったらよいかは慎重に決定する必要がある．詳

説は避けるが，投機アタックの数学的モデルはいつアタックが起こるかをも説明する[2]．

このようなメカニズムによって，投機家は将来ある国の為替レートが切り下がることがわかり，それで利潤機会が生ずるとわかると，その通貨を売り（外貨を買う）ことによって外貨準備の枯渇を早めるのである．ちなみに，これに関連していわゆるリーズ・アンド・ラッグス(leads and lags)という現象がある．リーズ・アンド・ラッグスとは通貨切り下げが予想される国の輸入業者は外貨が比較的安いうちに輸入し，輸出業者が外貨が高くなるまで輸出をひかえようとして，切り下げ予想国の経常収支の悪化を激化させるという理論である．リーズ・アンド・ラッグスは財市場の現象で比較的ゆるやかに働くと考えられるのに対し，投機アタックは1日のうちに巨額の資金を動かせる資産市場の問題なので，その効果はきわめて激しい．すなわち，ある国の切り下げが予想される，ないし噂されるだけで，投機資金の移動がその予想，噂を実現してしまう可能性があるのである．

18.3　最適通貨圏

経済学者は，価格の調整機能を重視する．そこで，多くの学者は，先進諸国が変動制を採用する前には，国際通貨制度としても，変動為替制度の方が為替レートという価格の機構をうまく使うので望ましいと考えていたきらいがある．

しかし，それならば，変動為替制度である限り1つの通貨の通用する地域がどんなに小さくなってもよいかという疑問がわいてくる．たとえば，県ごとで異なった通貨を発行し，県境で県貨を交換させた方が望ましいのだろうか．また，極端な場合としては，各個人の債務(I.O.U.)がそれぞれ通貨として流通する社会も想定することができようが，それらが望ましい状態ではないことは明らかである．各県がそれぞれ通貨を発行する状態よりも，日本全体で1つの通貨が通用していた方が，共通通貨単位による情報節約の効果をはじめとして貨幣の価値尺度，交換手段，価値の保蔵手段としての貨幣の3つの機能をよりよく果たすことが期待できる．このような問題を最適通貨圏の大きさという形で

第18章　21世紀の国際通貨体制　229

提起したのが，マンデルである[3]．

　通貨圏あるいは通貨地域(currency area)とは，狭義・広義の2つの意味に用いられる．狭い意味では，1つの通貨が通用する地域のことであり，広い意味では各通貨間の互いの平価がほとんど変動しないように固定為替レートに結びつけられた地域である．このような通貨圏が，果たして，国家 nation-state と一致する必要があるかというのがマンデルの問題提起である．情報の節約，取引コストの節約といった通貨圏の拡大による便益を考えれば，通貨圏がむやみに小さいことは効率的ではない．リヒテンシュタインのように，少しドライブすればすぐに他国の国境に行きあたるような国が独立の通貨をもつのは効率的ではないであろう(現に同国ではスイスフランを使用している)．貨幣の機能を十分に発揮させるためには，他の事情が等しければ，1つの通貨がなるべく広い地域で使われた方がよい．

　それなら，逆の極端をいって世界全体を1つの通貨圏にしたらよいかというと，そうでもない．各国が独立の金融政策を行わねばならないとき，通貨圏を広くすることはそれを犠牲にすることを意味する．したがって国民所得調整のコストを考慮すれば，必ずしも通貨圏——この場合は広義の通貨圏を考えるのが自然である——が限りなく大きくなるのが望ましいわけでもない．そうすると，どこかに通貨圏を拡大することの限界便益と限界費用が一致するような点があり，そこで最適な通貨圏の大きさが決まるというのがマンデルの指摘であった．最適通貨圏の観点からみると，固定制論者の主張は，世界がまさに最適通貨圏であり全世界が1つの通貨を使うのが理想的であるという主張であり，変動制論者の主張は，各国がそれぞれ最適通貨圏であるという主張である．

　最適通貨圏を決定する基準として，いくつかの基準が考えられる．第1は，生産要素の移動の難易である．これは，マンデルの考えた基準である．生産要素の移動が自由であれば，ある地域が不況になったとき，生産要素は不況の地域から好況の地域へ動くので地域間の好不況のバラツキは少なくなる．ところが，生産要素の移動が困難であると，両地域に対して共通の金融政策を行っていると，好況の地域と不況の地域とが分かれてしまう．この場合，不況の地域には景気刺激政策，好況の地域には引締政策というような独立の金融政策を行

うためには，両地域がある区域内で違った通貨圏にあればよい．つまり，生産要素の移動が自由であると，その区域は1つの通貨圏にしておいた方がよいが，区域を構成するいくつかの地域間で生産要素の移動が十分でないときには，その区域を異なった通貨圏に分けた方がよいという基準である．マンデルは，最適通貨圏の観点からすると，現状のように，カナダと合衆国を2つの地域に分けるよりは，ロッキーの東と西とに分けた方がよいと論じた．デトロイトと対岸のウィンザー(カナダ)が同じ通貨を使わないのは不合理というのである．(しかし実際問題としては，一国が通貨地域の最小単位にならざるを得ないのであろう．)

　第2の基準は，開放性(openness)の程度，すなわち一国がどの程度貿易に依存しているかによって通貨圏の大きさを決める，というマッキノンによる基準である．変動レートの調整手段の利点が効くのは開放的でない経済なので，閉鎖的な経済では変動レートを，開放度の高い経済では固定レートを採用すべきであるというのである．

　為替レートの変動による国際収支の調整過程を考えてみよう．ある国で輸入が増えて国際収支が赤字になった際，外国通貨の為替レートは上昇し(内貨建て為替レートの減少)，外貨がより高くなる．したがって，輸入品の価格が高くなり，外国から輸入が減るという調整過程である．このような相対価格を通ずる効果を，国際収支の調整に利用するのが変動為替制である．閉鎖的な経済では，為替切り下げによって国内品の価格が相対的に安くなるという効果が働きやすい．そこで輸入品から国内品に需要を振り替えることができ，変動為替レートが有効となる．ところが非常に開放的な経済では，為替レートを切り下げると，輸入財でない財の価格や，賃金も含めすべての物価が上がる(香港のように，外国価格と国内価格がほとんど直接に連動している経済を考えてみればよい)．名目賃金を一定にしておいて為替切り下げによって，実質賃金を下げるという貨幣錯覚(money illusion)の働く余地がなく，為替レート変動の効果は小さい．

　一方，開放的な経済では，有効需要の調整による国際収支の調整はやりやすい．たとえば，限界輸入性向が3割を超える所では，所得が輸入品の3倍だけ

上下すれば1単位の外貨収支を賄っていける．ところが，輸入依存が5％しかない所では，輸入を1単位減らすには20単位の国民所得を動かさなくてはならない．有効需要政策の効果は，閉鎖的な経済では小さいが，開放的な経済ではその効果が大きいため，有効需要政策によって国際収支の調整を行うことは開放的な経済の方が容易である．このような観点からは，開放的な経済では固定為替レートを採用し，有効需要政策で国内の総需要を動かすことによって国際収支の調整を行い，閉鎖的な経済では変動為替レートで国際収支を調整するのが望ましいことになる．

広義の意味で通貨圏を定義して，固定為替レートで結びつけられている国々を1つの通貨圏ということにしよう．そうすると互いに貿易の盛んな国どうしで1つの固定為替レートで結びつけられた通貨圏を形成し，閉鎖的な国は1国で1つの通貨圏を形成するのが，世界的に見て望ましいこととなる．

第3の基準として，金融的統合あるいは資金の移動性が挙げられる．お互いにいつでも借り貸しができるような金融的統合の進んだ地域どうしは1つの通貨圏を形成してよいという議論である．なぜならば，金融的統合が進んでいる限り，不況になった地域はいつでも他域から資金を借りてくることができるので，国際収支と有効需要政策との相克は起こらないからである．この基準は，労働の移動性ではなく，資金の移動性に着目した基準である．

最適通貨圏の理論は，いつでも変動為替レートならよいという議論に対して提起されたものであり，固定制度のもつ長所を再認識させるのに役立つ．

固定為替制は，外貨準備という一種の在庫をもち，外的ショックを在庫調整により吸収する制度である．無限に在庫をもっていれば，自国は従来と同じ所得水準を保つことができるが，実際には外貨準備に限度があるため，準備が不足してくると国民所得を調整しなければならない．ところが変動為替制では，通貨当局は原則として在庫をもたず価格で調整する．その価格である為替レートは，すでに見てきたように，外貨資産に対する超過需要が0になるところで決まる．固定レート制が(準備という在庫)量の調整に依存するとすれば，変動レート制は価格の調整に依存する制度である．

ヒックス流に言えば，変動為替制は flex-price system，固定為替制は fixprice system[4]ということができよう．経済政策当局にとっては変動為替制の方がいいかもしれないが，実際に貿易に従事している人々にとっては，むしろ一種のニュメレールとして外国為替レートが安定していた方が，情報節約の上からいいかもしれない．変動為替制では，為替レート変動の可能性を常に考慮に入れて行動しなければならないという意味で，情報のコストが民間によって負担されているのである．換言すれば，政府にとって経済政策がやりやすくなるコストは0ではなく，民間の取引主体が為替変動のリスクを自分で国際金融市場でカバーなりヘッジなりしなくてはならない．

ちなみに，以上の議論は，決してブレトン・ウッズ体制のアジャスタブル・ペッグ制，つまり一般に完全には為替レートが固定されていない固定為替制度がより望ましいことを意味しない．アジャスタブル・ペッグ体制は，固定為替制のような形をとっていたが，為替危機が起こったときには，変動為替制よりもっと急激に為替相場が変化し，投機家を大儲けさせ，逆に平価変更を予想しなかった経済主体に大きな負担をかけたのである．

本論にもどると，理論的には固定制の長所もないわけではない．しかし，一般に，変動レート制，そして現在の管理フロートの状態は，それほど憂うべき状態とは思われない．確かに，変動為替制下ではコストの一端は民間の取引主体が負っている．しかし，このコストは固定制下での通貨危機のコストと比較してみなければならない．日本でいえば，変動制移行後のコストは，再度にわたる円切り上げの際の混乱や，固定レート制の制度崇拝のもたらした円切り上げ回避の試みによるインフレーションのコストと比較しなければならなかったように思われる．

18.4　通貨統合の便益と費用

「通貨統合」は通貨圏を一国(地域)からより広い領域に拡大することを意味する．「通貨統合」とか「貨幣統一」という語は，さまざまな形，さまざまな程度の貨幣的統一の状態を指すのに用いられるので，通貨統合という言葉に含まれる，以下のような構成要素を区別する必要がある．

(1) 各国の貨幣が固定為替レート，あるいは非常に狭い為替レートの変動幅の間に結びつけられること．この段階では共通の準備通貨や共通の中央銀行があるとは限らない．これはコーデンが「準為替レート統合」と呼んだものである[5]．

(2) 加盟国間の国際収支の不均衡を妨げるために，経済政策とくに金融政策の協調が行われること．

(3) 共通の準備資産が導入されて国際収支を清算するメカニズムが導入されること．何が共通の準備資産となるか，つまり加盟国の国内通貨が準備資産として選ばれるか，たとえばヨーロッパにおいてドルのように加盟国以外の国の通貨が選ばれるか，あるいはSDRや金のような別の国際通貨が準備資産として選ばれるかは，交渉によって合意されなければならない事柄である．

(4) 為替レートの固定化が確実でしかも非可逆的なものであることを人々が確信すること．この確信は，事実上為替レートが永い間，固定的に保たれる期間が経過した後に生ずるであろうし，政治的過程によって政治的統一が行われた後にも生まれてくるであろう．

(5) 最後に，1つの中央銀行から発行された1つの通貨が通貨統合地域の全域にわたって通用すること．これはコーデンの定義による「完全な通貨統合」へと導くものである．最近の東西ドイツの統合は，まさに完全な通貨統合に他ならない．

実際の通貨統合の過程は以上に述べた通貨統合の構成要素を，上の順序とは限らないが，一つ一つ新しくつけ加えることによって進む．したがって通貨統合のどの段階にあるかに依存して，貨幣同盟や通貨統合から生ずる各国への便益と費用もまた異なった形をとる．通貨統合から生ずる主な便益を挙げてみると，次のようになるであろう．

(a) 加盟国通貨相互間における為替レートの変動に関する不確実性が減少し，あるいは全く消失するという便益．この便益は構成要素(1)によって促進されるが，構成要素(4)の実現によってのみ完全に発生する．

(b) 加盟国以外の世界に対して，加盟国全体の保有すべき外貨準備の量が節約される．これは構成要素(3)に由来する便益である．

(c) 貨幣的な決定主体が大きくなったことによって，IMF 等の国際機関における実際上の投票権が増加したり，加盟国の政治的指導者たちの政治的な満足度が高まるという形でのプレステージの増加の便益があるかもしれない．

(d) 貿易や旅行などに際しての貨幣地域内における貨幣の相互交換の費用の節約．交換費用は通貨統合の最終的段階，すなわち構成要素(5)に伴う完全な為替レート統合においてすべて節約される．

これらの便益のほとんどは，すべて消費における非競争性の性質を共通にもっている．貨幣制度には公共財の性格があり，すなわち，ある成員による一つの便益の享受は，他の成員による便益享受の減少を意味しない．この消費における非競争性は公共財の特徴の一つである．他方，他国へのスピルオーバー効果が存在することは事実であるが，便益は主に成員国の成員によって享受されるといってよいであろう．したがって，便益は必ずしも非排他性の特徴をもっていない．すなわち，便益は非競争性という公共財の一つの特徴をもっているが，公共財のもう一つの特徴である非排他性の性質はそれほどもたないのである．

便益の中でも最も重要なのは，(a)と(d)であって，それらは貨幣の価値尺度，交換手段，そして富の保蔵手段であるという機能と密接に結びついている．便益の公共財的性格は，貨幣の性質自体に由来しているのである．貨幣は，取引のために必要な情報の費用を節約する方法であり，一定の財の組み合わせをより少ない費用によって得ることを可能ならしめる方策である．したがって，情報一般が外部性をもっているのと同様に，ある社会において１つの貨幣が選択されること自体が本質的に外部性をもっている．もちろん，個々の経済主体が貨幣を保有するとき，貨幣は私的資産であり，貨幣保有の選択は私的選択に外ならない．しかし，ある社会がある１つの資産を貨幣として選択することは，社会的，公共的な選択である．貨幣制度が創立された後，つまりある１つの財なり資産が社会によって貨幣として選択され，それについて社会成員からの信頼が生じた後には，貨幣が選択されることは公共財の性格をもつ．したがって，貨幣そのものは公共財ではないが，一定の貨幣が流通し，一定の貨幣制度が存在することは公共財である．

さて次に，通貨統合に参加することの費用の側面について考察しよう．通貨統合に参加することによって，とくに国際的資本移動が自由な場合においては，一国の金融政策の独立性が失われる．したがって，一国にとって望ましい失業の水準あるいはインフレーションの水準の達成が，犠牲にされることになる．

変動為替制度は，国民経済に貨幣政策の独立性を与え，最低限度自分で国民経済を制御する機会を与えてくれる．それに対して，加盟国の通貨が固定為替レートで結びつけられている通貨統合に参加することは，一国が金融政策の独立性を放棄して，貨幣政策の相互的協調の結果に自らを委ねることである．このように，各国が政策目標を犠牲にする必要が，通貨圏に所属することによって，しばしば生ずるのである．

さて，集合的であり，国際的であった便益と比較して，費用はふつうの場合，個別的，国民的な性質をもっている．すなわち，公共的便益に対比して，私的費用の意味をもっている．しかも，これらの費用の負担，すなわち各国の被る犠牲は各国が為替レート統合に参加するや否や発生する．このような通貨統合における便益と費用との性格とタイム・プロファイルの相違は，政治学における政治的参加の理論，ないし参加算術を通貨統合に適用する際，重要な意味をもってくる．

まず，時間的にみると，費用の要因，すなわち各国の経済目標のために独立的な金融政策を採用することを犠牲にする要因が強く働く．時間がたつにつれ，資本市場が次第に統合されていけば，国際収支赤字のための資金調達が容易になるので，調整費用は少なくてもすむようになるであろう．一般に費用の発生は，通貨統合の初期から起こるのである．

つまり，公共財的性格をもつ共通便益は通貨統合の後の段階においてのみ享受が可能である．たとえば，異なった通貨を交換する費用を節約できるという便益は完全な為替レート統合が完成した後にしか享受できない．為替レートの安定性から生ずる便益も，平価の固定性に対する信認が成員の各国民の間に生じた後にしか発生できない．それゆえ，便益は遅い将来において獲得することが予想されるのみで，便益が本当に実現できるのかどうかについてさえ，不確実性がつきまとう．

これに対して，独立な貨幣政策を犠牲にするという費用の方は，即時にしかも確実に必要となるのである．

　そして，費用の方は，物価上昇率の増加とか失業の増大とか具体的な形をとって現れるのに対して，ほとんどの便益は漠然としたしかも抽象的なものである．もちろん，ある地域で複数の通貨に代わって唯一の通貨が流通するという便益は大きなものであって，経済統合の進んだ地域においては，この便益を無視することはできない．たとえば，アメリカ合衆国は現在１つの通貨としてドルを使っているけれども，これを２つの異なる通貨当局をもった２つの地域に強引に分割したと想像してみよう．もちろん変化に要する多大な調整費用が，過渡期においてかかるけれども，調整が完全に行われた後でも，一国の中に２つの通貨当局をもつ状態は，かつて共通の通貨をもっていた状態に比べて，多くの不利益をもっていることは疑いない．このような不利益は，いわば通貨統合を逆にした時の不利益であるから，完全な通貨統合の利益があることは事実である．

　ここで，どのような通貨統合が望ましいかという問題をはなれて，各国がそれぞれ自国の利益を考えて行動するときに，どのような通貨統合が現実に実現するかを考えてみよう．政治学に対して経済学的手法を応用した合理的参加決定の理論，あるいは参加算術によれば，個々の決定主体はある共同行為に参加するかどうかの決定にあたって，共同行為に参加することがもたらす便益と，それに要する費用を比較する．そして前者が後者を上回る時に参加を決定する．これを通貨統合の問題に適用すれば，ある通貨統合の企てに一国が参加するか否かの決定は次のような便益と費用の比較によってなされる．通貨統合に参加することによって，その国に帰属する便益としては，統一貨幣の使用，為替レートの予測が確実になること，あるいは通貨統合によって参加国全体が国際政治において政治的な交渉力を増やすことなどがある．各国は，これらの便益が，貨幣政策の自立性が失われたり，失業の変動が激化するといった貨幣同盟参加にともなう犠牲すなわち費用と比べて大きいときに限って参加するのである．

　ところで，共同行為から生ずる便益に公共財的性格がある場合には，公共的な活動のパレート的な基準からみて最も望ましい水準に比して，実際の公共的

な活動がより低い水準におさえられる．オルソン[6]は公共財の理論を共同行為に適用することによってこのことを明らかにした．たとえば，公共財の利益が参加主体のすべてによって同時に享受できる場合を考えよう．個々の決定主体の合理的な行動は，その公共財の私的利益と，その公共財を供給する私的限界費用を均等化させることによって行われる．しかしながら，社会的に最も望ましい公共財の供給は，私的な限界費用を社会的な限界便益，すなわち，個人の限界便益の加重和に等しくなるところまで公共財を供給することによって実現できる．したがって，個別の成員の自由な決定によって選択される公共財の供給水準は，社会的に最適な公共財の供給水準に比べてより少なくなる．

　なお，オルソンの分析においてはグループの成員の人数が所与であって，また公共財から生ずる便益が全然排他性のない公共的便益であると想定している．この点を拡張したものとしてブキャナンは成員の数が変わりうる理論としてのクラブの経済理論を展開している．クラブを形成する場合においては，その成員の人数が変化しうるだけでなく，クラブの成員でない者に対してはクラブの集合的な便益を供与しないことが可能である．ブキャナンの分析によれば，もし適当な会費が共同の便益に対して支払われ，そしてクラブの成員だけに排他的に共同のサービスが供給されうるならば，クラブ財は最適量だけ供給されることになる．

　通貨統合の問題においては，一般には成員の数が変わりうるクラブの理論がより有効であるように思われる．なぜならば，通貨統合の結果生ずる便益は，一つの成員国がその利益を享受することが他の成員国の享受をなんら減少させないという点では公共財の性格をもっているけれども，同時にその共通の便益は成員の国々によって享受されても貨幣同盟外の成員によって享受されるとは限らないという意味で，クラブ財に近い性格をもっているからである．いいかえれば，通貨統合のもたらす便益においては消費の非競争性は存在するけれども，かなりの場合非排他性は成立しないのである．

　政治的参加の理論を通貨統合に適用すると次のようになる．通貨統合の便益は，公共財的な便益である．それに対して，費用は個別の参加国によって私有財の性格をもって負担される．便益は固定的な為替レートに対する一つの信頼

感が確立されるか，ないしは唯一の通貨が流通する時に実現してくるのである．したがって，各通貨の金属含有量がはっきりしていたり，貴金属で示した等価な鋳貨が存在することが，為替レート同盟における信認をもたらすのに重要な役割を果たす．また，政治的統一が行われることが，平価に対する信認を長期間にわたって保つのに有効である．

　もう一つの通貨統合の特徴，たとえば欧州通貨統合を考える際に重要な特徴は，便益と費用との時間的プロファイルの相違である．短期において，便益は多くの場合政治的なものに限られる．たとえば，それはヨーロッパがその決定主体としての規模が大きくなることによる権威の増大，交渉力の増大等であり，それは抽象的，政治的なものであって，具体的，経済的な便益ではない．これに対して，為替レート統合，あるいは準為替レート統合に参加することによって各国が犠牲にしなければならぬ費用は，具体的であり確実なものである．貨幣的な独立性を失うといった政治的ないし心理的な損失だけでなく，雇用水準や物価水準に対する各国の裁量的経済政策を放棄するといった具体的，経済的な費用が各国に直ちにかぶさってくるのである．

　ある通貨統合に加入する経済便益は，もしそれが存在するとしても，長期的な便益である．それは準為替レート統合が完全な為替レート統合となるか，あるいは後者に近づくことによってはじめて生じてくる．すなわち，為替レートの安定性のもたらす便益は，平価の固定性がもはや動かすべからざる，非可逆的なものとなったということについて人々が確信をもつことによって，はじめて生じてくる．また，通貨交換の費用を節減できるという利益は，1つの通貨が通貨統合地域全体について通用するようになった暁に初めて実現する．われわれが見てきた歴史的な事例も，為替レートの固定性に関する人々の信認を本位貨幣なしに実現することが困難であること，ましてや唯一の通貨が流通することは政治的な統一なしには困難であることを示しているといえよう．

　以上を要約すれば次のようになろう．1つの通貨が通用するときの便益，つまり絶対的に固定された為替レートのもたらす利益は確かに存在する．しかしながら，それと同時に，そのような利益が，長期において，すなわち為替レートの固定性に対する公衆の信頼が生じた後において，あるいは政治的な統合が

単一の流通をもたらした後に初めて達成しうる便益であることを無視してはならない．したがって，欧州通貨統合が依然として茨の道をたどっているのは，雇用や物価調整という短期の政策目標の放棄という費用の方が，長期的な利益の希望よりも深刻だということの証拠だと解釈できる[7]．

長々と通貨統合の議論をしたのは，それがヨーロッパの通貨統合のみならず，国際通貨制度改革の問題にも適用できるからである．実際，第1次大戦以前の金本位制は弱い形での為替レート統合であるとみなすことができる．不幸にして，第1次大戦後の国際金融の経験は，金本位制の利益はあっても，それによって固定為替レートを保つことは困難であったということ，それと同時に，平価切り下げ競争が望ましくない結果をもたらすことを示したといえよう．三国協定(Tripatriate Agreement)による平価の固定化への努力を経て，国際通貨基金(IMF)の成立をもたらした過程は，再び為替レートの固定制から生ずる公共的便益を世界各国が回復しようとした試みであった．ブレトン・ウッズ体制，旧IMF体制の崩壊は，世界に単一の通貨当局が存在しないときに行われる固定為替制度を維持していくことが難しいことを如実に示したのである．

18.5　むすびに代えて

以上を要約してみると次のようになる．もし世界が貨幣中立的な世界であれば為替制度の選択は大きな影響を資源配分にもたらさないはずである．しかし，われわれはそのような中立性の成り立つ世界に住んでいないので制度選択が問題となる．

世界統一通貨は，不確実を減じ，情報を節約し，取引費用を節約し，もっとも望ましい姿であろう．しかし，世界政府がないところで統一的な通貨発行を行うにはさまざまな困難が存在する．各国中央銀行が通貨を発行している限り，それぞれの金融政策が固定レートと整合的な形で行われる保証が少なく，また人々がそう信じなくなるので，固定レートを絶対的に保持することはなかなか困難である．そうすると固定制はアジャスタブル・ペッグに類する形をとる可能性が強い．アジャスタブル・ペッグには投機アタックが起こりやすいことは

すでに述べた．金本位制，商品本位制は具体的な物に為替レートをリンクしてルールによって為替レートを固定しようとする制度である．金本位制も商品本位制も，各国が金平価を変更したり，それから離脱できる限り，投機アタックから免疫でありえない．

他方，現行の変動制も，名目為替レートが資産の相対価格として，財のそれに比してより急激に動く．名目為替レートが動きすぎるために，実質為替レートが同時点内，異時点間の資源配分にとって必要以上に激しく変動するという問題点をもつ．

アジャスタブル・ペッグの下においては，通貨当局が持ちこたえられなくなるまで為替レートを固定しようと努め，外的攪乱から生ずるシステム内の圧力を閉じこめておこうとするため，いったん，為替レートの再調整が行われる前後には，巨大な投機資金の流れが生じ，為替市場閉鎖等急激な危機処理が必要となる．そのための内外経済への影響が強いことは，1994年末に起こったクローリング・ペッグ下のメキシコの例が示すところである．

これに対し，変動制の下では，為替レートは絶えず動き，オーバーシュート，時にはおそらく短期的なバブルなどが生じて，名目為替レートの変動が大きな実質為替レートの変動をもたらす．これは，あたかもシステムに自動の安全弁がついていて，外生的な攪乱から生ずる圧力を，その時々に発散させているとみることもできる．両制度の差は，強い構造でショックをおさえ込むか，柔構造でショックをなしくずしに発散させていくかの差であるともいえよう．

為替市場への協調介入，それと裏腹をなす国際金融協調，さらにターゲット・ゾーンの設定等は，この2つの制度の中間を求めた政策である．金融政策が他国の反応も考慮に入れながら，各国と協力しながら行えるようになったことは，政府の知恵が増えたことを意味する．しかし，管理フロートとは，変動制をある程度固定制のように運営することを意味する．したがって固定制の欠陥も戻ってくる．その欠陥の一つである外国からのインフレの輸入も管理フロート下では起こりうる．日本が94年まで長期不況に悩んだのは，88-89年にドル防衛の名のもとに，あるいはそれを口実に金融政策を緩め過ぎ，その後急ブレーキを踏んだことが大きな原因となっていると思われる．

為替政策の協調には，貨幣政策の協調が不可欠である．しかし為替政策を協調することが国内の政策対立，例えば物価安定を志向する中央銀行と，景気拡大政策を主張する大蔵省(財務省)との間の微妙なバランスに影響を与え，マクロ経済政策にひずみを与えることもないではない．

管理フロートは，変動制下でも金融，為替政策をある程度固定制のように運営することを意味する．ターゲット・ゾーンによって政府が為替レートの上下幅を公表し，あるいは公表しなくても民間に信じこませることによって投機を抑制し為替レートの変動をなだらかにしようとする政策である．政府の意図に対する民間の信頼が存在する限りそのような政策は有効であるが，政府に対する信頼がなくなると為替レートの介入は効力を失う．

計量モデルの発達によって経済政策の波及過程をある程度数量的にとらえることができるようになりつつある．しかし，どの程度為替市場に介入して為替レートをなだらかにしたらいいかに関する理論的，数量的な基礎は残念ながら十分ではない．

おそらくこれからの望ましい国際金融の制度は，変動制を基礎として，しかしそこで協調介入が何らかのルールで行われる形であろう．経済学の知識がより豊かになれば，そのようなフィードバック・ルールに関してのある程度の目印ができて，為替レートの不必要な変動を防げるかもしれない．

最後に，前章で考察したように，それぞれの通貨制度が採用されるための参加国の政治的，経済的なインセンティブを考えなくてはならない．

たしかに，固定制にはそれなりのメリットがある．仮に単一の通貨が世界中に流通していると考えよう．そのような事態の下では，通貨統合によってもたらされる利益は非常に大きい．他の事情が一定ならば，1つの統合された経済地域において，2つ以上の通貨が流通するより唯一の通貨が流通した方が良いに決まっているからである．交換に必要な情報の費用は減少するであろうし，人々は通貨の交換といった心配なしに国々を旅行することができるであろう．しかし，このような便益は，最後の瞬間，人々が為替レートの固定制に関して確信をもつに至った時，あるいは世界の政治統合が共通の通貨が世界中に通用することを可能ならしめたときにのみ実現する．

しかし，そこまでの道のりはきびしい．長期的に実現される便益と比較すると，政策の独立性の放棄にともなう費用は直接的であり，具体的である．投機アタックの危険も具体的である．現に，ブレトン・ウッズ体制は政策の調整の直接的費用のゆえに崩壊したのである．

　そして各国の経済的利害を考えると，すぐに世界各国が固定制に向けて進むようなインセンティブの構造はない．ヨーロッパ各国は，一応統一通貨にコミットしている．しかし，どのような為替レートで固定制に着地するのかは，経済統合の進んだヨーロッパでもはっきりしない．それゆえ1992年9月からの金融危機，変動幅拡大が起こったのである．

　時間的にみると，通貨統合の便益，あるいは統一通貨の便益は，固定制が（再調整が起こらないという形で）確立し，あるいは単一通貨が通用してから起こる．これに対して，固定制度に向かう過程での費用はすぐに生ずる．固定制によって金融政策の独立性を犠牲にする．つまりマクロ経済政策の目標達成を犠牲にするという費用は現在の瞬間からはじまるのである．そして固定制に着地する際の為替投機による金融市場攪乱の費用も現在のものである．したがって，各国が本当に長期的な時間視野をもたない限り，固定制に参加するインセンティブは十分に働かないであろう．

　欧州のような通貨統合の試みが，激しい通貨危機のリスクを冒しながらもくり返されて，結果的には統一通貨を実現することができるかもしれない．しかし，それが世界統一通貨，少なくとも完全に固定された固定相場制実現への道となる可能性はゼロではないが，その蓋然性は低いと考えられる．いずれにせよヨーロッパ通貨統合の試みが，今後どういう結果になるのかは，他地域の者にとっても有益な教訓を与えてくれるだけでなく，世界統一通貨の可能性についても重要な情報を提供してくれるだろう．

　欧州で通貨統合ができるかはともかくとして，世界の通貨が固定制によって結びつけられるようになるのは，各国のインセンティブからいってなかなか難しいのである．それまでは，世界経済全体では何らかの形の管理フロートが続くであろう．本書のしめくくりとしてははなばなしくない結論であるが，世界統一通貨ができるのは，今のところ遠い夢にすぎないといわざるを得ない．

第18章 注

1) 国際決済銀行(BIS)64次年次レポート．嘉治佐保子『欧州経済通貨同盟』三菱経済研究所, 1994年．

2) サラント, ヘンダーソン, クルーグマン等による理論モデルのわかりやすい説明として, Agénor, P-R, J. S. Bhandari and R. F. Flood, "Speculative Attacks and Models of Balance of Payments Crisis," IMF Staff Papers, Vol. 39, No. 2, 1992 をあげておく．

3) マンデル『国際経済学』(渡辺太郎・箱木澄・井川一宏訳), ダイヤモンド社, 1971年．

4) 2つの言葉はヒックス『ケインズ経済学の危機』(早坂忠訳), ダイヤモンド社, 1977年による．

5) Corden, W. M., *Monetary Integration*, (Essays in International Finance, No. 93), Princeton University Press, 1972.

6) Olson, M., Jr., *The Logic of Collective Action : Public Goods and Theory of Groups*, Harvard Economic Studies, Vol. 124, Cambridge : Harvard University Press, 1965. Olson, M., Jr. and Zeckhauser, "An Economic Theory of Alliances," *Review of Economics and Statistics* 43, 1966.

7) 浜田『国際金融の政治経済学』(前掲)第3章．

参 考 文 献

　外国為替，国際金融に関する入門書，教科書は日本に数多い．海外に住む関係で，そのすべてに目を通しているわけではないこともあって，ここでは入門書，教科書を掲げることを省略させていただく．ただ，高木信二氏は『入門 国際金融』(日本評論社，1992年)の執筆中にその原稿を私に見せて下さり，それが本書を書くときの参考となったことを感謝とともに述べておきたい．

　以下では，本書を書くとき参照した書物の中で，読者が比較的容易に理解できそうなものと，将来国際金融をより深く勉強するための手引となりそうな文献をあげておく．

　外国での国際金融の入門書も多く，"*International Economics*" と題する Krugman 他，Caves 他，Ethier, Williamson 等の教科書(邦訳のあるものもある)のマクロ経済学の部分はいずれも参考になる．短いページ数でマクロ経済学の国際的な連関を知るには

[1] Rudiger Dornbusch and Stanley Fischer, *Macroeconomics* 4th ed., McGraw-Hill, 1987(日本版，廣松毅・ドーンブッシュ，R.・フィッシャー，S.『マクロ経済学』上・下，シーエーピー出版，1995, 96年).

Part IV が簡潔に書かれている．また，国際金融を理解するには，国際経済学の実物(real な)面の理解もあった方がよい．その点に関しては本シリーズの

[2] 大山道広・伊藤元重『国際貿易』岩波書店，1985年．

をおすすめしたい．

　為替レート決定理論を，平易にしかも体系的に説明したものに，

[3] Anne E. Krueger, *Exchange Rate Determination*, Cambridge, Cambridge University Press, 1983.

がある．本書でも詳しくあつかったドーンブッシュの為替レート決定モデルは，

[4] Rudiger Dornbusch, *Open Economy Macroeconomics*, New York: Basic Book, 1980(大山道広他訳『オープン・マクロ経済学』文眞堂，1984年).

がよい手引となろう．

　為替レート決定理論を含めた現代国際金融論については，

[5] 伊藤隆敏編『国際金融の現状』有斐閣，1992年．

が新しい話題に富んでいる．

　国際金融と日本経済に関するトピックについては数多い文献があるが，ここでは，
［6］植田和男『国際収支不均衡の金融政策』東洋経済新報社，1992 年．
［7］翁邦雄『期待と投機の経済分析』東洋経済新報社，1985 年．
をあげておく．
［8］小宮隆太郎・須田美矢子『現代国際金融論』「理論編」「歴史・政策編」，日本経済新聞社，1983 年．
は日本の為替政策を理論的枠組みからとらえようとした労作である．「理論編」(為替レート決定理論の記述には本書とやや立場を異にするところもあるが)はさまざまな概念を明確に導入し，「歴史・政策編」は石油危機前後の通貨当局の失敗を生き生きと描写している．

　通貨先物・オプションに関しては，
［9］竹中正治・久保田真『通貨オプション戦略』日本経済新聞社，1990 年．
その経済的機能については，
［10］佐藤節也・吉野克文『金融ハイテクの経済学』東洋経済新報社，1991 年．
［11］William F. Sharpe, *Investments*, 4 th ed., Prentice-Hall, 1990.
などが参考になった．

　為替制度と経済政策，とくにマンデルのポリシー・ミックスの議論については，
［12］Robert A. Mundell, *International Economis*, Macmillan, 1968(渡辺太郎他訳『国際経済学』ダイヤモンド社，1971 年)．
［13］新開陽一『国際金融』日経文庫，1979 年．
等を参照されたい．

　為替レート決定理論の現実的な説明力と，不胎化介入の数量的効果などについては，
［14］R. MacDonald, *Floating Exchange Rates : Theory and Evidence*, London : Unwin Hyman, 1988.
が有益である．

　国際通貨制度については，
［15］Richard N. Cooper, *The International Monetary System*, Cambridge, Mass.: MIT Press(武藤恭彦訳『国際金融システム——過去・現在・未来』HBJ 出版局，1988 年)．
がある．それとともに，
［16］中村隆英『昭和恐慌と経済政策』日経新書，1978 年．
［17］R. F. Harrod, *The Life of John Maynard Keynes*, London : MacMillan, 1951

(塩野谷九十九訳『ケインズ伝』東洋経済新報社, 1967年, 特に下巻).
[18] 船橋洋一『通貨烈烈』朝日新聞社, 1988年.
などを読むと，読者は楽しみながら国際金融のもつ社会的重要性や国際交渉の機微などについて学ぶことができるであろう．

　経済政策の国際的協調の問題については，
[19] 浜田宏一『国際金融の政治経済学』創文社, 1982年.
[20] 石井菜穂子『政策協調の経済学』日本経済新聞社, 1990年.
そして債務累積問題については，
[21] Jeffrey D. Sachs, ed., *Developing Country Debt and the World Economy*, University of Chicago Press, 1989.
がいとぐちとなろう．

　本書のレベルからもう一段高いレベルで国際金融のフロンティアを学びたいと思う読者は，力作
[22] 河合正弘『国際金融論』東京大学出版会, 1994年.
と，国際金融のサーベイ論文集として定評のある，
[23] R. W. Jones and P. B. Kenen, eds., *Handbook of International Economics*, Vol. 2, Amsterdam, North-Holland, 1985.
などを参照されるとよい．(North-Holland のサーベイ集の続編は G. Grossman, K. Rogoff 共編で刊行される予定である．)

人 名 索 引

A
Alexander, S. S.　48
天野明弘　62, 71, 106
Arrow, K. J.　86

B
Balassa, B.　97
Barro, R. J.　105
Baumol, W. J.　64, 65
Bergsten, C. F.　168
Black, F.　85, 86
Boulding, K. E.　4
Brady, N. F.　182
Branson, W. H.　134
Buchanan, J. M.　237
Bush, G. H. W.　105

C
Cassel, G.　94, 96
Clinton, B.　184
Corden, W. M.　233

D
Debreu, G.　86
Dodge, J. M.　202
Dornbusch, R.　18, 67, 92, 100, 114, 115, 120, 123, 126, 127, 130, 134, 166, 221, 222, 227

F
Feldstein, M. S.　175
Fleming, M.　108, 109, 113, 114
Frenkel, J.　154, 155
Friedman, M.　15, 61, 64, 202

船橋洋一　161

G
Greenspan, A.　149
Gresham, T.　187

H
Harrod, R. F.　191
Hicks, J. R.　80, 231
Horioka, C. Y.　175
Hume, D.　36

I
池田成彬　199
井上準之助　199, 200
石橋湛山　199
伊藤博文　198
伊藤隆敏　161

J
Johnson, H. G.　49, 52

K
Kemp, M. C.　65
Keynes, J. M.　6, 14, 17, 117, 190, 191, 199, 212, 217
Kindleberger, C. P.　148
Klein, L. R.　118
小宮隆太郎　52, 174, 179, 180
クー, R.　179, 180
Kouri, P. J. K.　135
Krugman, P. R.　169, 185
Kuhn, T. S.　6
Kuznets, S. S.　198

L

Lucas, R. E., Jr.　118

M

MacDonald, R.　170
Marton, A.　119
Marton, R. K.　119
Marx, K. H.　119
McKinnon, R. I.　230
三上隆三　198
Mill, J. S.　28
宮崎義一　89
Mundell, R. A.　27, 52, 108, 109, 113, 114, 116, 126, 127, 218, 221, 222, 229, 230
Muth, J.　117, 118

N

Nixon, R. M.　4, 162, 193, 210
Nurkse, R.　189

O

Obstfeld, M.　167, 185
大平正芳　184
大隈重信　198
Olson, M., Jr.　237

R

Reagan, R. W.　105, 181, 184
Regan, D. T.　144
Ricardo, D.　8, 93, 178

S

Samuelson, P. A.　4, 18, 97, 216
Sargent, T. J.　118
Scholes, M.　85, 86
瀬尾純一郎　159
Sidrauski, M.　107
新開陽一　80, 114
白川方明　154, 159
Sohmen, E.　61, 62, 77, 78

T

高橋亀吉　199
高橋是清　200
高木信二　106
Triffin, R.　192, 212
Tsian, S. C.　77, 78
Tucker, J.　215

U

植田和男　139
宇沢弘文　17

W

Wallis, W. A.　118
Warlas, M. E. L.　29, 53, 94
White, H. D.　190
Williamson, J.　168

Y

Yeager, L. B.　39, 189
Young, R. M.　202

事 項 索 引

あ 行

IS-LM 分析　108
IMF(国際通貨基金)　10, 34, 36, 45, 181, 182, 190-93, 212, 224, 234, 239
　——憲章　38, 191, 217
　——体制　33, 39, 68, 76, 150, 203, 210, 225, 239
I. O. U.　→ 債務証書
IBRD　→ 国際復興開発銀行
逢引きのトラブル　215, 216
アジャスタブル・ペッグ　33, 34, 36-39, 66, 68, 191, 194, 195, 216, 225, 227, 232, 239, 240
　——制のコスト　213
アセット・アプローチ　→ 資産接近
新しい古典派　14, 16, 104
鞍点　125, 137
一物一価の法則　96, 104
一般均衡分析　51-53, 94
　——の応用例　59
伊藤の補助定理　86
インフレーション　212, 213, 227, 235
VAT(付加価値税)　195
ウィーナー=伊藤過程　86
売りオペレーション　164
売為替　21
売り持ち　21, 87
エイジェンシー・コスト　183
SDR(特別引き出し権)　10, 45, 143, 193, 194, 212, 219, 233
エディプス・マートン効果　119
エルゴード性の仮定　205
円切り上げ　68
円相場　150, 163

円の購買力　153
円の国際化　141-49
円の歴史　196
欧州通貨統合　226, 238, 239
大蔵省　36, 88, 89, 241
オーバーシューティング(為替レートの跳び越し)　121, 125, 128
　——・モデル　92, 133
オプション　72, 81-84
　——価格　81-86
　——取引　81
　——の組み合わせ　84
　アメリカ型——　81
　ヨーロッパ型——　81, 84, 86
オープン・マクロ経済学　11, 91
OPEC　143, 144

か 行

買いオペレーション　164
外貨準備　11, 22, 36, 43, 44, 150, 163, 164, 194, 220, 223, 225, 227, 231
　——の不足　45
外貨建て　12, 23, 28
外貨プレミアム　102
買為替　21
回帰的期待　126
　——形成　117, 124
外国為替市場　20, 22, 23, 25, 28, 66, 68, 158
　——の機能　9
　——の均衡　77
　——の調整の仕方　33
　——の必要性　20
　——への介入　68, 143, 162, 163, 165, 166

外国為替の需給　77
外国為替ブローカー　22
外挿的期待　116
買い持ち　21, 87
価格循環モデル　117
価格・正貨移動メカニズム　35, 36
貸付資金説　17
価値尺度　10, 194, 234
カバー　71, 77
株式　87
貨幣　100, 101
　——供給のkパーセント・ルール　16
　——錯覚　230
　——市場　130
　——数量説　101
　——成長率　217
　——制度　234
　——同盟　233
　——の機能　9
　——の需要　11
　——の超中立性　106
　——の流通速度　99, 100
貨幣拡張　121, 137
　——の効果　124
貨幣政策　103, 105, 116, 220
　——の協調　241
　——の独立性　235, 236
　拡張的な——　120
貨幣接近(国際収支の)　50-52, 98, 111, 120
貨幣接近(為替レート決定理論の)　98-102, 115, 154, 155, 166, 220
為替介入　→外国為替市場への介入
為替管理　76, 157
為替銀行(外国為替公認銀行)　21, 24, 44, 69, 71, 79
為替市場　→外国為替市場
為替政策の協調　241

為替相場　9, 22-24, 71, 76, 112, 158, 159, 192
　——の決定　28, 93, 98, 132
　——の下落要因　99
　名目的な——　91
為替投機の安定化効果　62
為替リスク　21, 22, 71, 82, 83, 87
為替レート　12, 18, 42, 74, 75, 90-98, 104, 109-16, 120, 129-31, 150, 151, 156, 160-69, 189, 194, 195, 225-27, 230, 240, 241
　——決定のメカニズム　77, 101, 132, 137
　——決定理論　52, 90
　——の経路　121, 130
　——の減価　100, 103
　——の変動　69
　——の役割　108
　——の乱高下　128
間接投資　174, 175
完全予見　123, 129
　——経路　121
管理通貨制度　37
管理フロート　39, 40, 45, 143, 150, 162, 195, 232, 240-42
管理貿易　201
協調介入　151, 167, 168, 195, 240, 241
機会費用　9
基礎収支　44
基礎的不均衡　36, 38
供給の弾力性　40
狂乱物価　128
居住者　42
金解禁　199
金為替本位制　192, 193, 210
金・銀・銭三貨体制　197
金銀二重為替制度　198
金銀二重通貨制　186, 187
金銀比価　197

事項索引　251

金現送点　35
銀行間相場　72
金の二重価格制　193
金ブロック　139
金本位制　4, 34-36, 39, 94, 186-89, 198, 199, 219, 239, 240
　　――のゲームのルール　35, 36
　　――への復帰　210
　　国際――　188
銀本位制　187, 198
金融恐慌　199, 202, 203
金融緊急措置令　202
金融資産　100, 131
金融市場　88
金融政策　9, 15, 56, 105, 108, 110, 112, 113, 166, 167, 213, 217, 220, 221, 223, 229, 239, 240
　　――の運営　147
　　――の協調　223, 233
　　――の効果　118, 126, 127
　　――の指標　149
　　――のスタンス　52, 155
　　――の独立性　235, 242
　　――の波及過程　148
金融制度　207
金融節度　194, 213
金融センター　147, 188
金融的統合　231
金融派生商品　81, 87-89
金利裁定　74-77, 123, 130, 158
　　――式　76, 78, 101-03, 120, 122, 157
　　――の役割　129
近隣窮乏化効果　221
くもの巣モデル　117
クラブの経済理論　237
クーリのモデル　135
クリーン・フロート　39, 45, 162, 195
グレシャムの法則　187, 197
クロス相場　10, 25

軍票　201
経営資源　174
経済学の「制度化」　6
経済人(ホモ・エコノミクス)　116, 119, 128
計算単位　142, 143, 146
経常勘定　42
経常収支　43, 44, 50, 56, 98, 109, 112, 135, 137, 156, 180, 192
　　――の赤字　172, 177, 179, 217
　　――の悪化　126, 228
　　――の黒字　49, 74, 127, 171-73, 176, 179, 180, 217
　　――の推移　155
ケインズ案　190, 191
ケインズ型失業　126
ケインズ経済学　48
ケインズ政策の無効性　118
ケインズ的世界　91, 108
ケインズ・モデル　92, 110, 120
ゲーム理論　208, 213
限界輸入性向　230
現古典派　→ 新しい古典派
現送費用　34
現物市場　78
公開市場操作　58, 134, 190
交換手段　194, 234
公共財　234
　　――の理論　237
公債発行　178
行使価格　81
合成財の定理　80
購買力平価(PPP)　120, 129, 227
購買力平価説　92-104, 115, 152, 153, 195
　　――の検証　96
効率的市場仮説　158-61
合理的期待　116, 129, 137, 141
　　――仮説　2, 118, 122, 158

――経路(為替レートの) 121
合理的期待形成 80, 119, 123
　　――学派 6
　　――モデル 118, 127
　　――理論 67
　　――論者 117
高齢化 176
国際資本移動 → 資本移動
国際収支 9, 49-52, 58, 98, 110-13, 164, 165, 212, 213, 233
　　――決定の理論 52
　　――の赤字 47, 177, 178, 190, 202, 217, 219, 220
　　――の悪化 45
　　――の一般均衡分析 53
　　――の概念 42-44
　　――の均衡 109, 210, 218
　　――の黒字 57, 217
　　――の決定要因 47
　　――の制約 203
　　――の調整過程 33, 230
　　――の表示 46
　　――の不均衡 22, 55
　　公的決済ベースの―― 45, 98
国際収支表 17, 42-45, 49, 68
国際通貨 142-47, 186, 190, 192, 193, 210-12, 219, 233
　　――発行権 212
国際通貨基金 → IMF
国際通貨制度 207-09, 224-26, 228
　　――改革 216, 239
国際復興開発銀行(IBRD) 190
国際貿易論 171
国債累積 178
国際流動性 192-94, 223
国民所得 18
　　――会計 17, 18
固定為替相場制度 9, 22, 34, 37, 39, 40, 47, 55, 56, 68, 112, 150, 162, 164, 168, 189, 193, 194, 202, 203, 217, 223, 227, 231, 232, 239, 240, 242
固定為替レート 231, 239
固定相場 192
　　――の長所 38
古典派経済学 14
古典派的失業 127
古典派的世界 91, 101, 104, 105, 108, 110, 120, 220
コール・オプション 81-83, 85, 86

さ 行

債権国 172, 173, 185, 190, 211
債券市場 130
在庫調整 231
財政赤字 179
　　アメリカの―― 177, 184
財政政策 104, 110, 112, 113
　　――の拡大 127
　　――の効果 126
　　アメリカの―― 105
財政バランス 176, 177
裁定相場 25
最適通貨圏 228-31
債務危機 183, 184
債務国 172, 182-84, 190
債務証書(I. O. U.) 42, 54, 228
裁定 25, 60, 76, 88, 98
財務省証券 → TB
先物為替 74, 79, 81
　　――市場 70, 74, 77-79, 81, 158
　　――相場 71, 72, 74, 75, 77, 78
　　――予約 79, 146
　　――レート 74, 75, 78
　　――のプレミアム 76
先物契約 74, 78
先物取引 22
先渡為替 79
　　――市場 70, 73

事項索引　253

先渡取引　79, 89
参加算術　235, 236
三国協定　190, 239
Jカーブ効果　33
シカゴ学派　106
直先マージン率　160
直物為替市場　70, 77-79
直物為替レート　74-76, 78
直物相場　74, 75, 77, 78, 158, 159
直物取引　22
時系列分析　205
思考実験　205
自己充足的予言　119
資産市場　129, 130, 158, 228
　──のストック均衡条件　133
資産接近(為替レート決定理論の)　74, 101, 115, 128, 133, 134, 136-38, 141, 155, 156
資産選択　141
市場の安定性　28
G5　151
G7　168
市中銀行　165
失業　235
　──の輸出　220
実効為替レート　13
実質為替相場　104
実質為替レート　12-14, 95, 153, 240
実質購買力　12, 13
実質量(実物量)　12, 15
シニョレッジ　→通貨発行権
　──・ゲイン　146, 147
支払接近(国際収支の)　49, 51
資本移動　9, 112, 113, 164, 171
資本勘定　42
資本市場(完全な)　89
資本収支　49, 50, 112, 177
　──の赤字　171
　──の概念　44

資本取引　43
資本輸出　171, 175, 176
資本流出　173
10ヵ国蔵相会議　224
需要の弾力性　29, 30, 40
準為替レート統合　233
準備通貨国　211
条件付債権　81
条件付資産　87
条件付証券　81, 86, 87
小国の仮定　120
商品本位制　240
情報のコスト　232
所得効果　172, 180
新外為法　4, 76, 157
新貨条例　197, 198
スクエア　22, 60
スタッケルベルグの図　218
スターリング地域　189
ストック　16-18, 53, 54, 60, 98, 128, 132
　──とフローの関係　18, 131
　──の市場　67, 68, 116, 154
　──の利得　210
ストック均衡　66, 131, 132
　──とフロー均衡の関係　135
　──モデル　133
ストップ・アンド・ゴー政策　203
ストラドル　84
スネーク　168
スミソニアン体制(協定)　68, 150, 152, 162, 194
スワップ取引　72, 75
静学的期待　113, 116
清算同盟　190, 217
政治参加の理論　235, 237
政府の赤字　178
世界銀行　181, 182, 190, 212
世界大恐慌　200

世界通貨　11, 193, 194, 212, 219
世界統一通貨　242
世界マネー・ゲーム　213
石油危機　69, 150, 157, 163, 181, 184
世代交代モデル　176, 178, 179
折衷モデル(為替レート決定理論の)　115, 120
潜在価格　76, 157
先進国蔵相会議　→ G5
全体貨幣　10
戦略代替関係　221
戦略補完関係　221
総合収支　44, 57, 58
　——の概念　44
相互需要の原則　28
総支出接近(国際収支の)　47-49, 56

た　行

対外資産　173
対顧客電信為替相場　24
代替効果　172
ターゲット・ゾーン　40, 151, 168, 170, 195, 240, 241
ダーティ・フロート　40
たなばた強調介入　163
為銀　→ 為替銀行
短資会社　22
弾力性接近(国際収支の)　47-49, 52, 56
弾力性悲観論　31
中央銀行　165-67, 190, 193, 223, 233, 239, 241
中心相場　72
超過貨幣供給率　99
超過貨幣成長率　220
長期均衡(為替レートの)　121, 128, 129
直接投資　173, 174
貯蓄投資バランス　177, 179, 180

ツィアン＝ゾーメン・モデル　78, 80, 140
通貨オプション　81, 82, 86
通貨危機　170, 194, 213, 225, 226, 232, 242
通貨圏(通貨地域)　226, 229-32, 235
通貨先物　79, 87, 89
　——市場　70
通貨代替モデル　141, 142, 147
通貨当局　36, 39, 40, 45, 68, 69, 143, 144, 150, 162-64, 168, 192, 193, 195, 202-04, 213, 227, 236, 240
通貨統合　232-39, 241, 242
　——の特徴　238
　——の便益　237
　完全な——　233
通貨発行権(シニョレッジ)　10, 11, 146, 197, 201, 210, 211
定位貨幣　197
ディスカウント　72, 76
TB　145, 174
　——市場　144
デノミネーション　14, 15
統一通貨　242
動学的分析　135, 137
投機　25, 38, 39, 60-69, 77, 90, 163, 189, 225, 241
　——の経済的機能　60, 61
投機アタック　239, 242
　——の理論　39, 225, 226
東京金融先物取引所　79
統計的手法　205, 206
道徳的危険　→ モラル・ハザード
ドッジ・ライン　202, 203
富の保蔵手段　10, 142, 143, 145, 147, 194, 234
取引手段　10, 142, 143, 146
取引費用　87, 146
ドル本位制　193, 211-13

事項索引　255

ドーンブッシュ・モデル　18, 100, 115, 116, 122, 127-29, 133, 137, 166, 227

な 行

内貨建て(邦貨建て)　12, 23, 28
ニクソン・ショック　1, 4, 36, 68, 150, 194
2段階ゲーム　214
日米経済摩擦　43
二分法　15
ニュー・クラシカル経済学　→新しい古典派
ニュー・ケインジアン　14
ニュー・リカーディアン　105
ノウハウ　174

は 行

ハイ・パワード・マネー　148, 164-66
破産　182, 183
派生商品　→金融派生商品
ハネムーン(蜜月)効果　169
ハーバーガー=ロールセン=メツラー・モデル　48
バブル　69, 128-30
　――解　129
　――の可能性　61
　――の理論　68
バンコー　190
万世一系(ダイナスティ)モデル　176, 178
比較静学　134
比較動学　137
比較優位の原理(比較生産費説)　8, 18
非居住者　42
非対称情報　87
非貿易財　93, 96, 104
標準バスケット方式　193
秤量貨幣　197
ピール条例　186

ファイナンス理論　119, 139
フェルドスタイン=ホリオカの逆説　175
不完全情報の効果　182
複式簿記の原則　42, 43, 45
複数為替レート　202
不胎化オペレーション　164, 166
不胎化介入　165, 166
　イギリスの――　167
　西ドイツの――　167
プット・オプション　81, 83
部分貨幣　10, 194
部分均衡分析　77
プラザ合意　4, 39, 162, 163, 167, 168, 195
ブラック=ショールズの公式　85
ブレトン・ウッズ協定　190, 191
ブレトン・ウッズ(旧IMF)体制　4, 36, 39, 68, 193-95, 203, 210, 211, 216, 217, 225, 232, 239, 242
ブレイディ案　182
プレミアム　81-83, 85
フロー　16-18, 53, 54, 112, 131, 132
　――均衡　66, 77, 131, 137
　――とストックの関連　135
　――の市場　100, 116, 154
　――の利得　210
フロート制　→変動為替相場制度
ベアリングス投資銀行　88
ペイ・オフ図　82-84
平価　192
ヘッジ　71, 84
変動為替相場　33
　――の長所　38
変動為替相場制度　1, 3, 18, 22, 28, 39, 40, 45, 55, 56, 68, 98, 105, 109-13, 150, 152, 162, 165, 189, 193, 194, 202, 204, 212, 219, 223, 225-28, 230-32, 235, 240, 241

──のコスト　213
──への移行　4
変動為替レート　220, 231
貿易財　96, 104
貿易収支　33
──の概念　43
邦貨建て　→内貨建て
保険制度　73
ホット・マネー　188
ポートフォリオ・アプローチ　→資産接近
ポリシー・ミックス(マンデル)　113, 116, 126
ホワイト案　191
ポンジ・ゲーム　179

　　　　ま 行

マクロ動学　177
マーシャル＝ラーナー条件　30, 32
マーストリヒト協定　226
マネー・サプライ　148, 149
マネタリー・アプローチ　→資産接近
マネタリスト　15
──・モデル　128
マネタリズム　14
マネタリー・ベース　164, 165, 167
マンデル＝フレミング・モデル　92, 112, 114, 120, 127
名目為替相場　104
名目為替レート　13, 14, 101, 153
名目量　12, 15
メキシコ銀(貿易銀)　197

メキシコドル　197, 198
モラル・ハザード　87, 183

　　　　や 行

有効需要政策の効果　231
融資買鉱　173
輸出点　93
輸入点　93
ユーロ・ドラー　196
要素価格均等の法則　96
ヨーロッパ通貨システム　168

　　　　ら 行

ラテン通貨同盟　186, 187
ランダム・ウォークの理論　2
リカード命題　177-79
利子裁定　→金利裁定
利子率　17
リーズ・アンド・ラッグス　228
流動性選好　100
──関数　99, 131
──説　17, 117
流動性のジレンマ　192
累積債務危機　181
ルーブル合意　40, 151, 168, 195
歴史的接近　206
ロールセン＝メツラーの条件　32

　　　　わ 行

ワルラスの安定条件　29, 30
ワルラス法則　50, 53, 56, 57
資産市場の──　134

■岩波オンデマンドブックス■

モダン・エコノミックス 15
国際金融

1996年 5月28日　第 1 刷発行
1998年 6月 5日　第 4 刷発行
2016年 9月13日　オンデマンド版発行

著　者　浜田宏一（はまだこういち）
発行者　岡本　厚
発行所　株式会社　岩波書店
　　　　〒101-8002　東京都千代田区一ツ橋2-5-5
　　　　電話案内　03-5210-4000
　　　　http://www.iwanami.co.jp/

印刷／製本・法令印刷

© Koichi Hamada 2016
ISBN 978-4-00-730492-7　Printed in Japan